ANDREA HUSS | ULRICH HOFFMANN

DER BEZIEHUNGSKOMPASS

echt EMF

Über die Autoren:

Andrea Huss, Jahrgang 1967, ist stellvertretende Chefredakteurin der „Emotion“ und systemischer Coach. Schwerpunkt ihrer journalistischen Arbeit sind die Themen Psychologie und Partnerschaft. **Ulrich Hoffmann**, geboren 1968, ist mehrfacher Bestsellerautor, Philosoph und Meditationslehrer. Seit knapp 30 Jahren schreibt er für Magazin- und Buchverlage u. a. über Liebe und Beziehungsthemen. Beide sind (nicht miteinander) verheiratet und leben in Hamburg.

ANDREA HUSS | ULRICH HOFFMANN

DER BEZIEHUNGS-KOMPASS

Was Wissenschaftler über das Geheimnis von Liebe und Partnerschaft herausgefunden haben

Das Fazit aller Studien

echt EMF

Für W., in Liebe

Für C., *seems I still always end up driving by*

Inhalt

Vorwort: Bei aller Liebe ...

Für dieses Buch haben wir mehrere Tausend Beziehungsstudien verglichen, studiert, bewertet. Mit zwei Zielen: herauszufinden, wie man neue Beziehungen besser beginnen kann, und wie man bestehende Beziehungen besser führen kann. Wir hoffen, Sie haben Freude beim Lesen und Umsetzen. Allerdings möchten wir auf ein paar Kleinigkeiten hinweisen.

Erstens: Beziehungsstudien forschen am lebenden Individuum. Nicht immer sind Blind- oder gar Doppelblindstudien möglich, wie beispielsweise bei Arzneimitteltests. Die Ergebnisse haben oft statistische Bedeutung, dennoch treffen sie auf die einzelne Beziehung vielleicht nicht zu.

Zweitens: Beziehungsstudien sind keine präzise Naturwissenschaft. Im Gegensatz zu vielen chemischen oder physikalischen Experimenten, bei denen in jeder Wiederholung das Gleiche herauskommt, muss das in unserem Feld nicht der Fall sein.

Drittens: Korrelation und Kausalität sind noch schwerer zu unterscheiden als in anderen Bereichen. Beispiel: Verheiratete Menschen leben länger. Das ist Fakt. Aber liegt es daran, dass die Ehe gesund ist – oder werden gesunde Menschen häufiger geheiratet? Und wie sollte man das herausfinden? Denn – siehe Punkte eins und zwei – man kann ja schlecht dieselben Menschen in zwei Paralleluniversen mal heiraten und mal nicht heiraten lassen.

Um es an einem weiteren Beispiel zu veranschaulichen: Die Anzahl der Hochzeiten in Hawaii von 1999 bis 2005 weist eine Übereinstimmung von immerhin knapp 95 Prozent mit der Entwicklung des Preises einer handelsüblichen Tüte Kartoffelchips im selben Zeitraum auf:

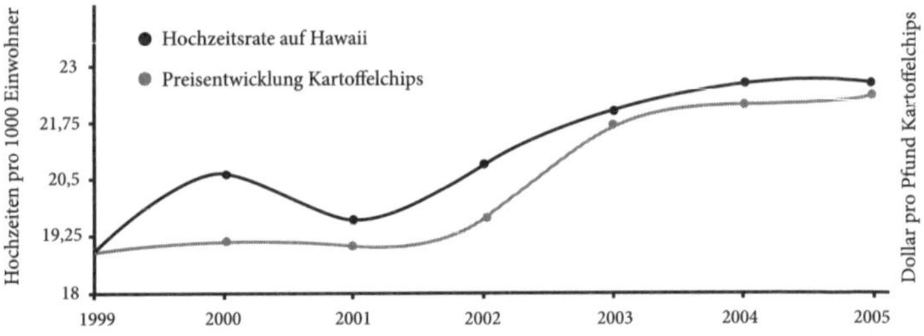

Eine Übereinstimmung beweist noch lange keinen Zusammenhang. Beispiel: Die Anzahl der Hochzeiten auf Hawaii zwischen 1999 und 2005 sowie der Preis einer Tüte Kartoffelchips im selben Zeitraum weisen eine Übereinstimmung von fast 95 % auf. Aber daraus kann man eben noch lange nicht schließen, dass eines das andere beeinflussen oder verursachen würde.

Aber verursacht das eine das andere? Sicher nicht. Der Angeber sagt in einem solchen Fall studientauglich: „cum hoc non est propter hoc" (lateinisch für: „Mit diesem ist nicht deswegen").

Viertens: Nicht jede Studie gilt für alle Kulturkreise in allen Ländern der Welt. Manche Erhebungen erfolgen in Deutschland oder Europa. Auch Nordamerika könnte man noch als recht ähnlich zu unserer Gesellschaft ansehen, obwohl in einigen wichtigen Punkten auch schon erhebliche Unterschiede bestehen. Eine Studie über die Zufriedenheit in Ehen, die von Eltern in bäuerlichen Gemeinden Indiens arrangiert wurden, hilft uns hingegen – möglicherweise – im eigenen Beziehungsalltag nicht so viel weiter. Oder doch? Andere Studien sind von vornherein weltweit angelegt. Wir haben uns entschieden, keine repräsentative, sondern eine bewusst kuratierte Studienauswahl zu treffen. Das heißt: Wir haben zusammengetragen, was uns interessant schien, und werden jeweils erklären, warum wir bestimmte Ergebnisse für relevant und nützlich halten.

Fünftens: Die weit überwiegende Anzahl der Studien ist heteronormativ, d. h. sie fanden explizit oder implizit unter heterosexuellen Paaren statt. Das liegt einerseits daran, dass es viel mehr Heteros gibt, die befragt werden können. Andererseits stoßen Ergebnisse für Heterobeziehungen auch auf größeres Interesse. In vielen Fällen gibt es keinen Grund zu der Annahme, dass die Ergebnisse sich nicht auf andere Beziehungsformen übertragen ließen. Genauso wie wir davon ausgehen, dass viele Ergebnisse, die für verheiratete Paare gelten, auf nichtverheiratete Paare in langjährigen Beziehungen übertragbar sind. Aber gesichert ist das nicht. Wo uns spezielle Daten über das Verhalten nicht heterosexueller Personen vorlagen, werden diese von uns genannt.

Sechstens: Beziehungsstudien sind deskriptiv, nicht präskriptiv. Es lässt sich nur untersuchen, was in der Vergangenheit geschehen ist. Man nennt das auch „ex post facto" („ex post" lateinisch: „aus danach", „facto" – aus dem „factum"): Aus vorgefundenen Fakten wird im Nachhinein auf deren mögliche Ursachen geschlossen[1]. Da „Beziehungsgesetze" bei aller Liebe nicht den Rang von Naturgesetzen haben, entstehen auf dieser Basis bestenfalls nachvollziehbare Spekulationen über zukünftige Verhaltensweisen. Diese lassen sich dann manchmal experimentell oder sogar lebenspraktisch überprüfen, aber ganz sicher sein kann man nie.

Siebtens: Einige einleuchtende und in der Beratungspraxis bewährte Ansichten wurden bislang nicht in Studien überprüft. Wir haben solche Positionen dann in dieses Buch aufgenommen, wenn aus belastbaren Beobachtungen ausreichend Hinweise vorliegen, dass die Deutung wissenschaftlichen Standards genügt. In diesen Fällen weisen wir ausdrücklich auf die Abweichung von unserem grundsätzlichen Vorgehen hin.

Achtens: Wissenschaftlich ist nicht gleich wissenschaftlich. Als Mindeststandard gilt eine „peer review", also die Durchsicht eines Artikels durch universitäre Kollegen sowie seine Veröffentlichung in einem anerkannten internationalen Journal. Alles, was diese beiden Prüfphasen nicht durchlaufen hat, gilt in wissenschaftlichen Kreisen als Privatmeinung. Wir haben nicht nur auf diesen Mindeststandard geachtet, sondern darüber hinaus auch geprüft, ob das Design einer Studie geeignet war, ihren Forschungsgegenstand angemessen zu erfassen und ob das Ergebnis im Einklang mit anderen Studien und/oder dem gesunden Menschenverstand steht. Oder wenn nicht, ob es dafür eine Erklärung gibt. Trotzdem ist gerade bei psychologischen Studien höchst umstritten, in welchem Umfang sie sich reproduzieren lassen. Eine entsprechende Probe[2] aufs Exempel kam zu dem Schluss: nur zur Hälfte. Das ist nicht viel. Aber auch nicht so schlecht, wenn man mal drüber nachdenkt. Wenn die Hälfte der Anregungen, die Sie aus diesem Buch mitnehmen, Ihre Beziehung tatsächlich stärkt (oder dabei hilft, sich aus ihr zu lösen), wären wir jedenfalls schon sehr zufrieden!

Aus all diesen Gründen funktioniert der „Beziehungskompass" nicht wie eine Möbelaufbauanleitung, ein Physikbuch oder eine Wanderkarte. Die hier zusammengetragenen wissenschaftlich gewonnenen Erkenntnisse scheinen uns plausibel. Die meisten lassen sich in der Praxis für Ihre ganz persönliche Beziehung leicht und risikolos testen. Doch, und das ist nicht nur unpraktisch, sondern wir empfinden es auch als Bereicherung: Jeder Mensch ist individuell, jede Beziehung ist individuell, jede Situation ist einzigartig. In diesem Buch geben wir keine Garantien, sondern bestenfalls gut begründete Faustregeln.

Wir wünschen Ihnen viel Freude und gutes Gelingen bei deren Umsetzung!

Andrea Huss & Ulrich Hoffmann

Aufbau des Buches

Wissenschaftliche Studien betrachten häufig nur einen kleinen Ausschnitt der Wirklichkeit. Fast möchte man sagen: Je schmaler das Studienthema, desto wissenschaftlicher. Doch unser Alltag ist komplex, schnell, ungeordnet. Daher haben wir versucht, Ergebnisse auf sinnvolle Weise zu bündeln. Denn Sie lesen dieses Buch ja aus einem ganz persönlichen Grund.

Die drei Abschnitte, in denen wir uns in einer Beziehung besonders fragil fühlen, und in denen die Erkenntnisse dieses Buches daher besonders von Nutzen sein können, sind

- die Phase des Kennenlernens: Deute ich die Signale des anderen oder der anderen richtig, gebe ich zu viel oder zu wenig, will ich zu schnell zu viel oder zu langsam nicht genug? Konkret: Ist es sinnvoll und lohnt es sich, weiter in diese Beziehung zu investieren?

- die Phase der Alltagsernüchterung: Wie halten wir unsere Liebe lebendig zwischen lauter Pflichten und zunehmender Gewöhnung? Konkret: Wie führt man eine möglichst gute Beziehung?

- die Phase, in der über Trennung nachgedacht wird: Streit, Frust, Ablehnung oder Untreue bestimmen den Alltag. Ist die Liebe da überhaupt noch zu retten? Konkret: Lohnt es sich, noch weiter in die Beziehung zu investieren – oder ist das Ende mit Schrecken dem Schrecken ohne Ende vorzuziehen?

Stets geht es darum, wie konstruktives, positives Verhalten gefördert und negative Erfahrungen minimiert werden können. Natürlich ist die individuelle Situation eines jungen, kinderlosen Paars nach drei Beziehungsjahren anders als die eines langjährigen Ehepaars mit Haus, Hund und zwei Kindern. Und doch: Die Probleme und auch ihre möglichen Lösungen ähneln sich.

Beginnen Sie daher dort im Buch zu lesen, wo Sie sich gefühlt in Ihrer Beziehung gerade befinden. Und blättern Sie trotzdem gern mal durch die anderen Abschnitte. Gerade weil alle Menschen und jede Liebe unterschiedlich sind, finden Sie vielleicht da oder dort etwas, das Ihnen nützt.

Am Ende jedes Abschnitts haben wir die wichtigsten Ergebnisse zu Kompass-Regeln zusammengefasst. Und am Schluss des Buches finden Sie eine kommentierte Übersicht der aus unserer Sicht hilfreichsten Hinweise.

Wir haben uns bemüht, möglichst handfeste Umsetzungsmöglichkeiten für den Beziehungsalltag anzugeben. Diese sind nicht Teil der Forschungsergebnisse, sondern sollen eine Handreichung darstellen, um die oft recht abstrakten Studienergebnisse ins Leben zu holen.

Eine Sache, die Sie unbedingt wissen müssen

Informationen über Beziehungen gehören zu den meistgeklickten Infos im Internet. Vor allem natürlich in Form von Listen und leicht verdaulichen Artikelchen. Aber nicht alles, was unter reißerischen Überschriften dargeboten wird, hält, was es verspricht.

Da solche sogenannten „Clickbait"-Überschriften jedoch gut funktionieren, haben wir uns den konstruktiven Spaß erlaubt, das Konzept für unser studienbasiertes Sachbuch zu übernehmen. („Bait" ist das englische Wort für „Köder", in diesem Zusammenhang ist gemeint, mit übertriebenen Versprechen Leser*innen zu ködern, auf einen Internetlink zu klicken.)

Zugleich macht das Stilmittel deutlich, wie handfest nützlich unsere Tipps sind.

PHASE 1:
KENNENLERNEN

Willkommen im Liebeslabor!

Henry ist ein netter Kerl und hat alles sorgfältig geplant. Strahlendes Lächeln, nettes Lokal, aufmerksame Konversation. Trotzdem funkt es nicht zwischen ihm und Charlotte. Nach dem Essen gehen beide enttäuscht nach Hause und fragen sich: Habe ich etwas falsch gemacht?

Wie den beiden geht es 40 Millionen Personen in Deutschland (okay, minus Babys und Greise). Denn etwa die Hälfte[3] der Bevölkerung[4] ist Single.

Warum fühlen wir uns zu manchen Menschen magisch hingezogen – und andere lassen uns völlig kalt? Warum verlieben wir uns immer wieder in den oder die Falsche*n? Und wie laviert man entspannt durch das Minenfeld der ersten Monate? Immerhin sind die gegenseitigen Erwartungen doch klar[5]: 77 Prozent der Deutschen würden dem (richtigen) Partner innerhalb der ersten sechs Monate eine Liebeserklärung machen. Auch der erste gemeinsame Urlaub (54 Prozent) und das gemeinsame Besuchen von Familienfeiern (53 Prozent) fallen in das erste Halbjahr. Nach ein bis zwei Jahren könnte man zusammenziehen, finden immerhin 53 Prozent, nach drei bis sechs Jahren heiraten (44 Prozent), Kinder bekommen (43 Prozent) und/oder ein Haus bzw. eine Wohnung kaufen (43 Prozent). Manche sind noch optimistischer: Immerhin 20 Prozent sind der Ansicht, man könne auch schon nach wenigen Wochen heiraten, „wenn alles passt"[6].

Und wenn nicht? Wenn die Liebeserklärung ausbleibt, wenn die Textnachrichten auch mithilfe der besten Freundin nicht zu entschlüsseln sind, wenn sich eine eigenartige Dynamik aus Nähe und Distanz einstellt? Was ist dann? Weiterziehen oder weiterhoffen? Wie viel Herzklopfen ist nötig, wenn alles andere stimmt? Sollten wir uns in der Kennenlernphase von der Sehnsucht leiten lassen – oder vom Intellekt? Könnte man schlechte Dates wie das von Charlotte und Henry mit mehr Wissen um die eigenen Liebesmuster in Zukunft vielleicht sogar vorausahnen und sich sparen?

Und lässt sich das Erfolgspotenzial einer bereits bestehenden Beziehung durch einen Rückblick auf die erste gemeinsame Zeit besser einschätzen?

Auf all diese Fragen sucht die Wissenschaft Antworten. Weltweit nehmen Forscher diese beiden Dinge intensiv unter die Lupe: die Phase, in der Beziehungen sich anbahnen, und die Frage, wie man eine Beziehung führt. Die Ergebnisse finden Sie auf den folgenden Seiten.

Warum wir alle uns nach einer glücklichen Beziehung sehnen

Was wünschen wir uns von einem (neuen) Partner oder einer neuen Partnerin? Das, was die anderen schon haben: 87 Prozent der deutschen Paare geben an[7], dass sie durch ihren Partner glücklicher sind, als sie es ohne ihn oder sie wären. Selbst nach 20 Beziehungsjahren sinkt diese Zahl nur geringfügig, der Partner bzw. die Partnerin trägt immer noch für 84 Prozent der Befragten maßgeblich zum Glück bei!

Knapp drei Viertel[8] der Deutschen haben zudem das angenehme Gefühl, dass ihr Leben aufgrund ihrer Beziehung „strukturierter" verläuft. Und über zwei Drittel fühlen sich durch die Beziehung „ausgeglichener". Und warum? Weil sie gut zueinander passen, einander bestätigen. Ein kleines, ganz banales Beispiel dafür: Fast die Hälfte aller Singles wünscht[9] sich vom Partner oder der Partnerin einen ähnlichen Geschmack bei Filmen und Serien. Knapp jede*r vierte Befragte wäre ernsthaft enttäuscht, wenn der potenzielle Partner eine Serie allein weiterschaut. Was noch? 56 Prozent der Frauen suchen einen Partner, der finanziell auf eigenen Beinen steht – Single-Männern ist hingegen guter Sex am wichtigsten (39 Prozent)[10].

Und wie finden wir so jemanden nun? Es ist erfreulich gut erforscht, was wir zu Beginn alles tun oder lassen sollten, um in der Liebe glücklich zu werden.

Wie Sie Ihren Traummann auf sich aufmerksam machen

Wie war es bei Ihnen? Liebe auf den ersten Blick? Ein Blind Date? 1000 Mal berührt, erst dann ist was passiert? Viele Wege führen ins Bett – denkt man.

Doch Flirt-Forscher sehen das anders. Die meisten zukünftigen Paare folgen bestimmten Signalen. Diese sind dabei gar nicht so leicht zu ermitteln. Denn wir flirten häufig nicht bewusst. Schlimmer noch: Was wir bewusst tun, ist oft gerade nicht das, was zum Erfolg führt. Deshalb besteht Flirt-Forschung über weite Strecken daraus, dass Wissenschaftler freitags abends in mittelprächtigen Bars herumsitzen und anderen Leuten bei der Anmache zusehen. Muss man auch wollen. Zur Abwechslung und der Vollständigkeit halber werden derartige Beobachtungen auch in Kantinen, dezidierten Singles-Bars oder Uni-Bibliotheken durchgeführt. Ergebnis von über 2000 Stunden Beobachtung[11]: Es gibt 52 typische Flirtsignale von Frauen, darunter: kurz Blickkontakt aufnehmen, Haare schütteln, durch die Haare streichen, lächeln, über Lippen lecken, Schmollmund, kichern, lachen und nicken.

Frauen schauen sich oft erst einmal in Ruhe nach interessanten Männern im Raum um (und in diesem Fall sind wirklich Männer gemeint, denn diese spezielle Untersuchung beschäftigte sich mit heterosexuellen Flirts. Auf lesbische Frauen lassen sich die Ergebnisse nur begrenzt übertragen, auf homosexuelle Männer noch weniger[12]). Ist ein Objekt der Begierde gefunden, wirft die Dame diesem Mann einen kurzen Blick zu, schaut danach weg, anschließend wieder zu ihm hin, und dann wieder weg. Das klingt dramatisch, wirkt jedoch meist beinahe indirekt und geradezu schüchtern.

Fast alle Flirts beginnen so, werden also von der Frau in Gang gesetzt, auch wenn Männer das häufig anders sehen. Für die Praxis wichtig zu wissen ist: Den größten Erfolg haben nicht die hübschesten Frauen, sondern diejenigen, die die meisten Flirtsignale aussenden. Im Vergleichsversuch immerhin 35 Signale pro Stunde statt bescheidene vier[13].

Evolutionsbiologen hatten das anders eingeschätzt. Sie hatten vorhergesagt, dass möglichst symmetrische Gesichter, bei Frauen ein gebärfreudiges Becken und bei Männern breite Schultern und die Größe entscheidend wären. Und all diese Faktoren haben auch tatsächlich Einfluss auf die Wahl eines Partners.

Doch bei der Anbahnung des allerersten Kontakts zählen vor allem die Frequenz und Vielseitigkeit, mit der eine Frau Flirtsignale aussendet[14]. Wenn der Auserwählte gar nicht begreift, was geht, stehen die Frauen durchaus auch mal auf und spazieren an ihm vorbei: Kopf hoch, Brust raus, Hüftschwung. Das Vorgehen ist angelernt: Teenagerinnen zeigen im Durchschnitt erst 31 der späteren 52 Signale. Ihr Flirten wirkt auf Beobachter zudem weniger fließend und natürlich, die Gesten erscheinen abgehackt und übertrieben.

Ähnlich verlief ein weiterer Versuch[15], in dem eine attraktive Schauspielerin wahlweise Männer in einer Bar bewusst nicht anschaute, nur anschaute, aber ohne zu lächeln, oder sogar wiederholt anschaute und anlächelte. Was geschah? Ohne vorhergehenden Blickkontakt sprach keiner der Männer die Dame an. Nach einem Blickkontakt ohne Lächeln waren es nur 20 Prozent – das Lächeln hingegen steigerte die Quote auf 60 Prozent!

Wobei Männer durchaus dazu neigen, das ihnen entgegengebrachte Interesse zu überschätzen. Wissenschaftler ließen dazu eine Frau nach präzisen Vorgaben „mit der Kamera" flirten[16], als sei diese eine Person. Insbesondere sollte sie Blickkontakt suchen, lächeln und nach einer Weile ein subtileres Flirtsignal einbauen, indem sie den Kopf schräg stellte. Anschließend wurde der Film Männern vorgespielt, die sagen sollten, wann für sie feststünde, dass die Frau mit ihnen flirtete. Für acht Prozent der Männer war das bereits nach 29 Sekunden klar – ein Blick hatte gereicht! Weitere elf Prozent waren sich nach dem zweiten Blick sicher, der nach 36 Sekunden fiel. Ein dritter nach 48 und ein vierter nach 77 Sekunden überzeugten schließlich über die Hälfte der Zuschauer davon: Diese Frau will nur noch mich[17]!

Anders gesagt: Ein paar Blicke und ein freundliches Lächeln reichen vonseiten einer Frau im Regelfall, um einen Flirt zu beginnen. (Bonustipp: Diese Erkenntnisse bedeuten auch, dass ablehnende Signale schon früh möglichst deutlich gemacht werden sollten, sonst werden sie zwar wahr-, aber nicht ernst genommen. Das ist insofern wichtig, als es scheint, dass

Frauen fast ständig zumindest einige „unspezifische“ Flirtsignale aussenden. Vielleicht, um möglicherweise passende Partner nicht zu sehr anzuziehen, aber auch nicht direkt abzuweisen, sodass sie diese erst einmal in Ruhe begutachten können[18].)

Darüber hinaus genutzt werden auch Gesten, die aus dem Tierreich bekannt sind und dort als unterwürfig gelten, wie ein schüchternes Lächeln und eine Kopfdrehung, die den Hals seitlich freilegt[19]. Doch wenn diese Signale den Verlauf des Flirts bestimmen, und das ist unstrittig, dann lassen sie sich nicht mehr als Demutsgesten interpretieren. Sondern als Ausdruck von (sexueller) Macht.

Im Idealfall synchronisieren die Beteiligten mit der Zeit ihr Verhalten: Sie neigt den Kopf, er neigt den Kopf; sie greift nach dem Glas, er greift nach dem Glas[20]. Dabei, und das sollten vor allem die Leser unter unseren Leser*innen im Kopf behalten, bestimmt weiterhin stets die Frau das Tempo. Sie beschleunigt oder verlangsamt den Flirt, und wer hier versucht, so richtig Gas zu geben, um schneller ans Ziel zu kommen, schießt sich ins Aus.

WARUM WIR HEIMLICH DOCH AUF MACHOS STEHEN

Einzige Chance der Männer, den Flirtverlauf positiv zu beeinflussen[21]: raumgreifende, nach außen gerichtete Bewegungen. Männer, mit denen besonders gern geflirtet wurde, breiteten häufiger die Arme aus, saßen breitbeiniger und aufrechter. Sie berührten zudem öfter als andere die Freunde, mit denen sie beisammensaßen. Ein anderer Versuch[22] zeigte, dass Männer mit besonders viel Testosteron im Blut dominanter auftreten und ihre möglichen Nebenbuhler im Zweifel eher abwerten. Die umworbenen weiblichen Versuchspersonen empfanden das als besonders attraktiv. Typisches Machogehabe kommt also offenbar, zumindest im ersten Moment, (leider) doch gut an.

Wer sich je gefragt hat, warum der Film „Magic Mike“ so supererfolgreich ist, kennt jetzt die Antwort …

Es kommt übrigens noch schlimmer, jedenfalls aus einer emanzipatorischen Position betrachtet. Denn in der fruchtbaren Phase direkt vor dem Eisprung stehen Frauen – das ließ sich in vielen Studien bestätigen – ganz besonders auf solche „echten Kerle“ mit dominantem Kinn und symmetrisch-markigem Nussknackergesicht[23].

Evolutionsbiologen gehen davon aus, dass wir – wie alle Tiere – in erster Linie auf der Welt sind, um erfolgreich genetisch optimal durchmischte Nachkommen zu zeugen. Erfolgreich bedeutet: Die Nachkommen sind gesund und stark, und sie überleben. Gesund und stark werden Menschenbabys durch eine möglichst günstige Genkombination, das Überleben sichert in den ersten Jahren vor allem die Mutter. Deshalb wünschen sich Männer eine Frau, die den Anschein erweckt, im gebärfähigen Alter und möglichst gesund zu sein. Frauen halten unbewusst nach Männern Ausschau, die a) stark und kräftig wirken (= gute Gene), b) aber im Idealfall nicht direkt nach der Zeugung weiterziehen, sondern mit dem Baby helfen (= unterstützender Charakter, eine eher „weiblich“ konnotierte Eigenschaft). Das führt dazu, dass Frauen an ihren fruchtbaren Tagen, also etwa in der Mitte des Zyklus, besonders männliche Männer attraktiv finden: kantiges Kinn, breite Schultern, muskulös, es darf sogar Richtung „bad boy“ gehen, denn der Körper will zu diesem Zeitpunkt Anführer-Spermien! In der übrigen Zeit fühlen sich dieselben Frauen eher von Männern angezogen, die etwas weiblicher wirken, also vielleicht gute Väter abgeben und beim Aufziehen des Nachwuchses helfen. Solche Auswahlkriterien sind weder Frauen noch Männern bewusst, sie lassen sich aber nachweisen.

Das Geheimnis der „Liebe auf den ersten Blick"

Über derart unterhaltsamen und auch durchaus relevanten Erkenntnissen sollten wir allerdings nicht vergessen: Hier werden gezielt Äpfel mit Äpfeln verglichen. Die Reaktion der Frauen wird unter absolut gleichen Versuchsbedingungen verglichen, die so in Wirklichkeit nie gegeben sind. Nur wenn sehr viele Frauen unter möglichst gleichen Bedingungen sehr viele Männer kennenlernen, ist Kriterium X sozusagen „das Zünglein an der Waage" und stellt den entscheidenden Unterschied dar.

Jenseits der Testsituation können aber auch allerhand andere Kriterien spielentscheidend sein. Denn wir sind ja immer nur ein einzelner Mensch und bringen daher unsere Vorlieben und Befindlichkeiten, aber auch unsere Tagesform und unsere ganz persönlichen Erlebnisse mit. Außerdem begegnen wir im Alltag nicht unter auch nur annähernd ähnlichen Bedingungen in schneller Folge 30 potenziellen Partnern, die sich nur in einer Eigenschaft deutlich unterscheiden. Sondern wir treffen monatelang niemanden, der infrage kommt, und dann auf einmal gleich drei, die dummerweise grundverschieden und deshalb nicht vergleichbar sind.

Das ist die Realität, mit der wir klarkommen müssen. Wir möchten Sie also nicht dazu auffordern, allwöchentlich eine Hengstparade in der Stammkneipe abzuhalten, bis endlich „der Richtige" (oder *die* Richtige bei der entsprechenden Stutenparade) dabei ist. Sondern wir können bestenfalls zusammenfassend darstellen, was für interessante, bizarre, eigenwillige Faktoren Auswirkungen auf unsere Partnerwahl haben. Darüber können Sie sich amüsieren, und vielleicht erkennen

Sie sich sogar da und dort wieder und nehmen sich vor, den einen Faktor ab jetzt etwas ernster zu nehmen, den anderen etwas weniger wichtig. Im Idealfall bleibt von diesen Studien zumindest hängen: Warum wir uns für wen entscheiden, oder auch nicht, unterliegt sehr komplexen Gründen, die uns zu einem Großteil nicht zugänglich sind. Und wie und wo treffen Sie einen möglichen Partner oder eine mögliche Partnerin? Über gemeinsame Freunde (40 Prozent), in der Bar/Kneipe/Disco (27 Prozent), bei der Arbeit (25 Prozent) oder auf einer Party (23 Prozent)[24]. Und wie viele Paare lernen sich über Onlinepartnerbörsen kennen? Zwölf Prozent, Tendenz steigend. Also letztlich: irgendwann, irgendwo, durch Zufall. Wie es im Leben eben so ist. Nicht gezielt den „richtigen Ort" aufsuchen zu können, ist zwar einerseits lästig, andererseits aber eben Teil des Ganzen. Sonst wären das Leben und die Liebe doch deutlich planbarer und verlören vermutlich erheblich an Reiz.

Aber was bringen uns nun all diese Untersuchungen über die Folgen des Aussehens und ersten Eindrucks für das Verlieben? Sie bestätigen im Grunde nur, was die meisten Menschen bereits wissen: Es gibt wirklich so etwas wie „Liebe auf den ersten Blick". Immerhin 70 Prozent der Deutschen sehen[25] das auch so, und 45 Prozent haben es sogar schon erlebt!

Und welche Eigenschaften konkret finden[26] die Deutschen nun relevant?

Männer achten auf	Frauen achten auf
Gesicht	Augen
Augen	Stimme
Lange Haare	Gesicht
Stimme	Groß gewachsen
Ideale Maße	Gut trainierter Körper
Große Oberweite	Kleidung
Mund	Dreitagebart
Gut trainierter Körper	Mund
Kleidung	Kein Bart
Kleine Oberweite	Kurze Haare
Kleiner Hintern	Ideale Maße
Großer Hintern	Lange Haare

Bei den inneren Werten geht es ähnlich vorhersagbar zu[27]:

Männer mögen	Frauen mögen
Humor	Humor
Intelligenz	Intelligenz
Höflichkeit	Höflichkeit
Selbstbewusstsein	Anstand
Guter Geschmack	Selbstbewusstsein
Anstand	Handwerkliches Geschick
Spontanität	Guter Geschmack
Umgang mit Geld	Spontanität
Kochen und Kreativität *(Wer hat nur diesen Fragebogen entworfen?)*	Umgang mit Geld

Wer nicht fragt, der nicht gewinnt

Männer sind sich weitgehend einig darin, welche Frauen sie als „schön" empfinden. Frauen hingegen liegen in ihren Idealvorstellungen weiter auseinander. Das hat zur Folge, dass besonders attraktive Frauen auch von besonders vielen Männern umlagert werden. Die Interessen der Frauen an Männern verteilen sich gleichmäßiger. Doch selbst in derart instinktgesteuerten Situationen bietet die Wissenschaft[28] einen Ausweg: Extravertierte Kerle legen am Ende stets größten Wert auf das Aussehen ihrer Partnerin – wogegen Männer, die von den Forschern als besonders „verträglich" ausgemacht wurden, letztlich vor allem auf das Lächeln einer Frau abfuhren.

Bei einem in den USA unter Aufsicht durchgeführten Speeddating wurde zudem deutlich, dass dort lebende Männer Wert auf ein Mindestmaß an Attraktivität ihrer Partnerin legen – man kann diese „überraschende" Erkenntnis gar nicht oft genug betonen.

Das reicht jedoch nicht, sonst wäre die Tinder-App der beste Partnervermittler. Tatsächlich geht es im direkten Gespräch dann doch immerhin um den Check wichtiger Beziehungsfaktoren wie sportliches Interesse, Selbstbewusstsein, emotionale Stabilität, Geselligkeit, Verträglichkeit. US-amerikanische Männer bevorzugen zudem Frauen, die wenig ängstlich sind und überhaupt wenig negative Emotionen erleben (das würden die Frauen, wenn sie es sich aussuchen könnten, sicher selbst auch tun). Kurz: Sie achten darauf, ob eine Frau rundum beziehungsfähig ist, bevor sie eine weitere Verabredung vereinbaren. Ganz anders reagierten die Damen bei demselben Speeddatingversuch: Je besser der Mann aussah, desto besser gefiel er, fertig[29].

Völlig unerwartet ging hingegen der Reproduktionsversuch[30] dieser US-Studie in Deutschland aus: 400 Singles zwischen 18 und 54 absolvierten ihre Speeddates an 17 Wochenenden in einem Berliner Uni-Labor. Ergebnis: Figur und Attraktivität ihres Gegenübers waren beiden Geschlechtern am wichtigsten. Dann aber kam die Überraschung: Deutsche Single-Männer interessierten sich, im Gegensatz zu den Amerikanern, nicht für weitere Eigenschaften der Frauen. Gutes Aussehen reicht. Deutsche Frauen hingegen wollten wissen, ob die Männer offen waren für neue Erfahrungen, gebildet, wohlhabend, gesellig. Sie mochten insbesondere auch Männer, die angaben, einer außerehelichen Affäre nicht abgeneigt zu sein, obwohl das ihrem erklärten Ziel (einer langfristigen monogamen Beziehung) doch widersprach.

Was schließen wir daraus? Kulturelle Unterschiede sind möglicherweise größer als man im Alltag so denkt.

Untersucht wurde in den Studien auch, wie es nach dem Speeddating weiterging: Enttäuschend, wenn man bedenkt, wie sehr sich viele Menschen eine Beziehung wünschen. Von allen Paaren, die einander sympathisch waren, trafen sich überhaupt nur 40 Prozent ein zweites Mal. Es kommt noch schlimmer: Nur bei sechs Prozent aller Teilnehmer*innen kam es zu einer sexuellen Affäre – und zwar vor allem dann, wenn der Mann ein hohes Interesse an einem solchen Abenteuer hatte. Und nur in vier Prozent aller Fälle ergab sich aus beiderseitiger Sympathie beim Speeddate eine feste Beziehung – dafür musste am besten die Frau ein großes Interesse daran haben.

Von zweihundert Personen, die einander mochten, verfolgten also überhaupt nur 80 die Sache, die übrigen 120 dachten sich offenbar: Andere Mütter/Väter haben auch schöne Söhne/Töchter. Von den anfänglichen zweihundert hatten dann zwölf eine Affäre und acht wurden zu Pärchen. Wenn die Männer mit Frauen, denen sie sympathisch waren, gern ein kurzes Techtelmechtel wollten, machten die offenbar bereitwillig mit. Und nur wenn die Frauen den Mann richtig toll und als Langzeitpartner geeignet fanden, wurde eine echte Beziehung daraus.

Wieder einmal, wie schon beim Flirten, sind es also am Ende die Frauen, die festlegen, wohin die Reise geht.

WELCHE ANGEWOHNHEITEN SIE UNWIDERSTEHLICH WIRKEN LASSEN

Studien über das Speeddating lassen nicht nur Aussagen darüber zu, wer wen warum anziehend findet. Man kann auch erkennen, welches Sozialverhalten gut ankommt[31]. Gute Gespräche zeichneten sich durch ein Interesse am Dating-Partner aus. Die Teilnehmer*innen redeten also nicht nur von sich, sondern gingen in besonderem Maß auf das Gegenüber ein. Je engagierter sich beide Gesprächspartner gleichermaßen am Verlauf beteiligten, desto besser bewerteten sie hinterher das Treffen. Gespräche, die als besonders unerfreulich empfunden wurden, waren hingegen durch Coolness und Oberflächlichkeit geprägt. Das bedeutet, dass Sie sich für ein erfolgreiches Date einerseits für Ihr Gegenüber ernsthaft interessieren und auf sie oder ihn einlassen sollten. Andererseits müssen Sie auch etwas von sich preisgeben, damit ein substanzielles Gespräch möglich wird.

Das ließ sich u. a. in einer Auswertung[32] bestätigen, die ein Team der Harvard-Universität durchführte. Die computergestützte Analyse von knapp 1000 Speeddate-Tonaufnahmen führte zu der Annahme, dass die Anzahl der gestellten, ernst gemeinten Fragen (also ohne „Wie geht's?" und „Heiß hier, was?") ein Indikator für die Wahrscheinlichkeit ist, mit der das Gegenüber ankreuzt: Ich möchte die Person wiedertreffen.

Die anschließende manuelle Auswertung ergab, dass dabei sogenannte „Anschlussfragen" den entscheidenden Faktor darstellten. Personen, die ein erfolgreiches Ergebnis erzielten, stellten im Schnitt knapp zehn Fragen, davon vertiefte die Hälfte ein Thema („Wie meinst du das?", „Wie kommt man auf eine solche Idee?", „Macht das Spaß?" usw.). Wer im Schnitt drei oder mehr derartige Reaktionen zeigte, bekam im Verlauf von 20 Speeddates ein Wiedersehen mehr angeboten!

Auch im Labor ließ sich der Effekt nachvollziehen. Dabei konnten andere Ursachen wie z. B. das Aussehen oder die Kleidung ausgeschlossen werden. Über Instant Messenger sollten einander nach dem Zufallsprinzip zugewiesene Probanden 15 Minuten lang chatten. Je eine*r sollte dabei entweder höchstens vier oder aber mindestens neun Fragen stellen, der zweite Teilnehmer bzw. die zweite Teilnehmerin wusste nichts von diesem Teil des Experiments. Ergebnis: Die Durchschnittsteilnehmer*innen, die sich ganz normal verhielten, wurden von allen etwa gleich bewertet. Vielfrager hingegen wirkten erheblich sympathischer als Wenigfrager! Auch in diesem Fall wurde sogenanntes „responsives Fragen" (also: vertiefende Nachfragen) als besonders zugewandt, einfühlsam und verständnisvoll gewertet.

WARUM WIR FRAGEN SO SCHMEICHELHAFT FINDEN

Spannend: Obwohl der Effekt so deutlich und eindeutig war, erschien den Teilnehmer*innen das Fragenstellen als nicht relevant für die Bewertung der eigenen Persönlichkeit. Sie gingen vielmehr davon aus, dass dieses Element keine Auswirkungen auf die Wahrscheinlichkeit eines Folgedates haben würde. Auch neutrale Mitleser des Chats fanden die Vielfrager nicht netter als andere Teilnehmer*innen. Das galt nur für diejenigen, denen die Fragen gestellt wurden und die somit mehr von sich erzählen konnten.

Das heißt, auch wenn es Ihnen unnütz oder unnötig erscheint, Nachfragen zu stellen, ist das eindeutig eine sehr gute Möglichkeit, Interesse bei jemandem zu wecken. Logisch, denn man geht davon aus, dass wir alle in unserer Einzigartigkeit wahrgenommen werden wollen. Wenn wir nun jemandem ein Info-Häppchen über uns selbst anbieten und derjenige oder diejenige fragt interessiert nach, ist uns das angenehm und wir fühlen uns gesehen.

Achtung: Aus genau diesem Grund wird scheinbar interessiertes Nachfragen z. B. auch im Verkauf angewendet. Das bedeutet zweierlei.

1) Nur weil jemand interessiert wirkt, ist sie oder er es noch lange nicht. Gehen Sie optimistisch, aber mit einer gesunden Portion Misstrauen an die nächsten Dates heran.

2) Ja, Sie können mithilfe dieser „Technik" jemanden für sich einnehmen, vielleicht sogar ins Bett kriegen. Toll. Und dann? Wollen Sie sich die nächsten Jahrzehnte die langweiligen Geschichten anhören? Deshalb: Wenn Sie sich tatsächlich für jemanden interessieren oder interessieren könnten, ist es sicher hilfreich, eher mehr Fragen zu stellen, als Sie es von sich aus täten. Wenn jemand Sie jedoch von Anfang an langweilt, tun Sie niemandem einen Gefallen damit, diesen „Trick" auszuprobieren.

36 Fragen zum Verlieben

Apropos Fragen: Mithilfe von 36 Fragen lässt sich tatsächlich eine Art „Abkürzung" zum Verlieben nehmen. Das stellte ein New Yorker Psychologe bereits 1997 fest, doch erst in den letzten Jahren wurde die Fragenliste im Internet wirklich populär. Was wohl auch daran liegt, dass sie ein wenig überverkauft wird als „36 Fragen zum Verlieben"[33]. Die Studie, heißt es in einem Artikel[34], habe ergeben, dass sich zwei Menschen verlieben könnten, wenn sie die Fragen diskutieren und sich anschließend vier Minuten lang in die Augen sehen.

Allerdings ist das Schlüsselwort hier nicht „verlieben", sondern „könnten". Und das stimmt natürlich auch. Nehmen Sie die Fragenliste mit aufs nächste Date, und Sie *könnten* sich ineinander verlieben.

Dennoch ist hier mehr als eine grundsätzliche Möglichkeit gemeint. Werden sie ernst genommen, erzeugen die Fragen in kurzer Zeit ein Gefühl der Intimität und des Vertrauens. Ebenso wie der lange Blick in die Augen. Nachvollziehbar. Läuft ein Date von sich aus gut, erfahren wir schließlich auch einige interessante Eigenheiten übereinander und schauen einander sehnsuchtsvoll an.

Verlieben sich also zwei ineinander, weil sie die Fragen abhaken? Bestimmt nicht. Fühlen sie nach 45 Minuten Beschäftigung mit speziell diesen Fragen eine größere Nähe zueinander als wenn sie bloß Small Talk gemacht hätten? Sehr wahrscheinlich. Zumal immerhin 24 Prozent der deutschen Männer und 18 Prozent der Frauen angeben[35], sich „leicht" zu verlieben.

Also: Nehmen Sie die Liste lieber doch nicht mit aufs nächste Date. Das ist creepy. Denn wahre Zuneigung braucht Zeit und lässt sich nicht kurzschließen.

Ist hingegen eine Frage dabei, die Sie spannend finden, dann nehmen Sie diese gern in Ihr Repertoire auf. Und wenn Sie bereits in einer Beziehung sind, Samstagnachmittag nichts Wichtiges vorhaben und sich mehr emotionale Nähe wünschen[36]: Dann mal los![37]

1. Wenn du dich für jede Person auf der Welt entscheiden könntest: Wen würdest du als Gast zum Essen zu dir nach Hause einladen? Wärst du gern berühmt? Wie würde das sein und wie wärst du?

2. Hast du jemals geprobt, was du sagen willst, bevor du jemanden angerufen hast? Warum?

3. Stell dir deinen perfekten Tag vor … Wie würde der aussehen?

4. Wann war das letzte Mal, dass du einfach so für dich selbst gesungen hast? Und wann hast du das letzte Mal für jemand anderen gesungen?

5. Stell dir vor, du wirst 90 Jahre alt. Wenn du dir aussuchen könntest, ob du entweder den Geist oder den Körper eines (oder einer) 30-Jährigen für die letzten 60 Jahre behalten könntest … Was wäre deine Entscheidung?

6. Hattest du schon mal eine Vorahnung, wie du mal sterben wirst?

7. Nenne drei Dinge, die du und ich deiner Meinung nach gemeinsam haben.

8. Was ist es, für das du in deinem bisherigen Leben am dankbarsten bist?

9. Wenn du auf deine Erziehung zurückblickst. Und du heute etwas ändern könntest. Was würdest du ändern?

10. Nimm dir vier Minuten Zeit und erzähle deinem Partner die Geschichte deines Lebens, so detailliert wie möglich.

11. Stell dir vor, du würdest morgen mit irgendeiner neuen Eigenschaft oder Fähigkeit aufwachen. Welche hättest du gern?

12. Wenn dir eine Wahrsagerin die Wahrheit über deine Zukunft vorhersagen könnte, also alles was in den nächsten Jahren passiert. Was würdest du wissen wollen?

13. Was wolltest du schon immer gerne machen?

14. Was ist bisher der größte Erfolg deines Lebens?

15. Was ist für dich in einer Freundschaft das Wichtigste?

16. Wenn du dir die schönsten Momente deines Lebens vorstellst. Welcher Moment ist deine schönste Erinnerung?

17. Und da leider nicht immer alles gut läuft im Leben: Was ist deine schlimmste Erinnerung?

18. Stell dir vor, du wüsstest mit Sicherheit, dass du in einem Jahr stirbst. Würdest du etwas an deiner Lebensweise ändern? Was und warum?

19. Was für eine Bedeutung hat Freundschaft in deinem Leben?

20. Welche Rolle spielen Liebe und Zuneigung in deinem Leben?

21. Das ist eine Aufgabe an beide: Sagt euch abwechselnd, welche positiven Charakterzüge euer Gegenüber hat. Jeder soll dabei fünf nennen.

22. Wie nah stehst du deiner Familie und wie herzlich geht Ihr miteinander um? Hast du das Gefühl, dass deine Kindheit glücklicher war als die der meisten anderen?

23. Wie ist die Beziehung zwischen dir und deiner Mutter?

24. Jeder von euch macht drei wahre „Wir"-Aussagen. Zum Beispiel: „Wir sind beide in diesen Raum und fühlen uns …"

25. Vervollständige den folgenden Satz: „Ich wünschte, ich hätte jemanden, mit dem ich … teilen könnte."

26. Wenn du mit deinem Gegenüber eng befreundet sein wolltest, was wäre dann für ihn oder sie wichtig zu wissen?

27. Sage deinem Partner, was du an ihm magst. Sei ehrlich und sage auch Dinge, die du einer Person, die du zum ersten Mal triffst, vielleicht sonst nicht sagen würdest.

28. Erinnerst du dich an einen extrem peinlichen Moment?

29. Wann hast du das letzte Mal vor einer anderen Person geweint? Wann hast du das letzte Mal alleine geweint?

30. Sag deinem Gegenüber etwas, dass du jetzt schon an ihm oder ihr magst.

31. Worüber sollte man keine Witze machen?

32. Wenn du heute Abend sterben würdest, ohne mit noch jemandem gesprochen zu haben. Was würdest du bereuen, nicht gesagt zu haben? Warum hast du das nicht schon vorher jemandem erzählt?

33. Dein Haus, mit allem was dir gehört, fängt Feuer. Nachdem du deine Liebsten und die Haustiere gerettet hast, bleibt dir noch Zeit, um genau einen Gegenstand zu holen. Was würdest du retten und warum?

34. Der Tod welches Familienmitgliedes wäre für dich am schlimmsten? Warum?

35. Erzähle deinem Partner von einem persönlichen Problem und frage, wie er oder sie mit dem Problem umgehen würde. Bitte deinen Partner auch zu reflektieren, wie du gewirkt hast, als du ihm von deinem Problem erzählt hast.

Die Liste durchzugehen, allein oder gemeinsam, kann Freude bereiten. Das Experiment, in dem Fremde zu Instant-Freunden oder vielleicht sogar mehr wurden, zeigt jedenfalls eines: Echte Verbindung entsteht, wenn wir uns gegenseitig einander zeigen, ehrlich und wahrhaftig sind. Und zwar nicht so sehr auf der Alltagsebene („Boah, regnet schon wieder, ich könnte kotzen"), sondern eher bei ganz grundsätzlichen Themen und Eigenschaften, die uns prinzipiell prägen oder ausmachen.

Kaum zu glauben: Warum hässliche Fotos zu besseren Dates führen

Müssen wir eigentlich gut aussehen, um geliebt zu werden? Da One-Night-Stand-Apps wie Tinder oder Grindr mittlerweile weitgehend auf Infos verzichten und allein das Foto entscheidet[38], könnte man sehr wohl zu dem Schluss kommen, dass es zumindest um so leichter gelingt, einen Partner oder eine Partnerin zu finden, je besser man aussieht. Ist aber nicht so!

Die Anzahl der Nachrichten, die Frauen auf Partnersuche-Webseiten erhalten, kann als Indikator dafür gelten, wie groß das Interesse an ihnen ist. Lässt man ihre Bilder auf einer Skala von 1 bis 5 bewerten, dann bekommen die vornehmlich als „fünf" eingestuften Frauen auch tatsächlich die meisten Zuschriften. Sehr gut aussehende Frauen sind also beliebt. Das hätte man sich auch denken können.

Dann aber folgt die Überraschung: Frauen mit der Attraktivitäts-Durchschnittsnote 4 erhielten deutlich weniger Zuschriften als Frauen mit einem weit geringeren Durchschnitt. Zugegeben: Frauen, die vornehmlich als, vorsichtig formuliert, wenig gutaussehend bewertet wurden, hatten es auch nicht leicht.

Diesseits der allgemein anerkannten Schönheit war jedoch vor allem die Bandbreite der Bewertungen der Indikator für die Zahl der Zuschriften. Heißt: Frauen, die von einigen Männern mit 4 oder 5 bewertet wurden, von anderen jedoch mit 2 oder 3 (oder gar einer 1), erhielten fast genauso viele Zuschriften wie die eindeutigen Schönheitsköniginnen[39].

Vermutlich, weil große Einigkeit darüber herrscht, was allgemein als „hübsch" gilt. Wir wissen also alle, welche Frauen superviele Nachrichten bekommen werden. Dann aber gibt es eben auch Frauen, die findet der eine ganz großartig, der andere indiskutabel. Und zwar aller Wahrscheinlichkeit nach aus denselben Gründen. Das bedeutet: Die *Individualität*, die sich auf unserem Foto zeigt, sorgt für großes Interesse bei genau denjenigen, die diese Eigenschaft(en) mögen. Seien es ein paar Kilo mehr oder ein prägnantes Tattoo … daran erkennen die Interessenten, dass der Wettbewerb geringer sein wird als bei den 08/15-Beautys, die sich vor Zuschriften nicht retten können, und zugleich schreiben sie nur, wenn sie echtes Interesse haben.

Wir kennen dieses Phänomen alle von Restaurantbewertungen im Internet. Es gibt welche, die sind einfach unbestreitbar spitze, fünf Sterne, aber dann meist auch unbezahlbar. Und dann gibt es welche, die sind indiskutabel, einfach schlecht, ein Stern, keine Frage. Aber die mit dreieinhalb oder vier Sternen … da finden sich dann auch mal ein paar Verrisse unter den Reviews. So eine düstere Countrykneipe oder ein veganes Café ist eben nicht jedermanns Sache. Die einen lieben es, die anderen nicht. Doch die Fans sind dann eben vielleicht auch begeisterte Stammgäste.

Und da wir uns unbekannte Menschen erst mal ähnlich oberflächlich bewerten, gilt: Es ist nicht sinnvoll, möglichst schöne Porträts hochzuladen (sofern diese nicht der Wahrheit entsprechen, weil Sie ein 5-Sterne-Mensch sind), sondern möglichst *treffende!*

Unglaublich, aber wahr: Ein wenig Angst erhöht die Anziehungskraft

Wenn Sie sich fragen sollten: Warum bin ich eigentlich mit ihm oder ihr zusammen – wie konnte das passieren? Dann wären die äußeren Umstände eine mögliche Antwort. Denn die beeinflussen uns ganz erheblich – ohne dass uns dies bewusst wäre. Schließlich erscheinen Liebesgeschichten immer erst im Rückblick zwingend, wenn überhaupt.

In der Nähe der kanadischen Stadt Vancouver gibt es zwei sehr unterschiedliche Brücken. Die Capilano Canyon Suspension Bridge ist eine der längsten Fußgängerhängebrücken der Welt. Sie ist 140 Meter lang – und nur etwa einen Meter breit. Die Schlucht darunter ist 70 Meter tief. In geringer Entfernung führt neben der Hängebrücke eine stabile Holzbrücke mit ordentlichem Geländer über einen schmalen Nebenarm des Flusses.

Nun wurde folgender Versuch[40] durchgeführt: Eine gut aussehende Mitarbeiterin bittet erst auf der wackeligen, dann auf der stabilen Brücke männliche Spaziergänger, ein paar Fragen zu beantworten. Danach notiert sie scheinbar spontan ihre Nummer und gibt sie dem Gesprächspartner – er könne sie ja mal anrufen.

Man könnte nun denken: Klar, Männer kennt man, die rufen alle an. War aber nicht so. 50 Prozent der Teilnehmer von der Hängebrücke meldeten sich – aber nur 12,5 Prozent derjenigen, die auf der Holzbrücke ungefragt die Nummer einer hübschen Frau in die Hand gedrückt bekamen!

Mit Frauen klappte die Masche übrigens nicht – sie riefen männliche Interviewer weder nach einem Treffen auf der Wackelbrücke noch auf der Holzbrücke zurück.

Was schließen die Forscher nun aus diesem Experiment? Männer, so die Deutung, verlieben sich nicht so sehr in eine bestimmte Frau, sondern sie interessieren sich *unter bestimmten Bedingungen* für eine bestimmte Frau. Knapp gesagt: Je mehr Adrenalin in ihren Adern, desto besser für die Liebe.

Lässt man Männer zwei Minuten auf einem Laufband joggen und direkt danach Fotos von Frauen beurteilen, erscheinen Ihnen die hübschen Frauen noch toller, die weniger hübschen aber auch noch unattraktiver[41].

Daraus kann man wohl folgern: Bereits Alltagsabenteuer, die mit ein wenig Bewegung und ein wenig Adrenalin einhergehen, können problemlos dazu beitragen, dass Männer sich (erneut) in die eigene Partnerin verlieben. Gemeinsam verbrachte Alltagslangeweile hingegen nicht.

Und falls das nicht klappt, wissen Sie jetzt wenigstens, wo Sie Ihre nächste Lovestory starten. Im Hochseilgarten, in der Boulder-Halle, beim Bungee-Jumping … oder vor einem Blumenladen. Dort reagieren Frauen nämlich weit positiver als sonst auf Flirtversuche. Ein französischer Soziologe ließ einen gut aussehenden jungen Mann vor einer Konditorei, vor einem Schuhgeschäft für Damen und vor einem Blumenladen 600 Frauen immer auf die gleiche Art nach ihrer Telefonnummer fragen[42]. Vor dem Schuhladen bekam er 11,5 Prozent der Nummern, vor der Konditorei 15,5 Prozent – und vor dem Blumenladen 24 Prozent, also fast jede vierte! Bei anderen Experimenten wurde festgestellt, dass Blumen die Laune und das Sozialverhalten von Frauen positiv beeinflussen[43], sie zum Lächeln bringen und ihr Herz schneller schlagen lassen[44].

Mit dieser Masche kriegen Sie jeden Mann

Über das Flirten wird viel geforscht. Vielleicht, weil es sich so gut beobachten lässt. Möglicherweise auch, weil das Interesse an entsprechenden Meldungen groß ist. Denn wenn das Flirten misslingt, kommt die Beziehung gar nicht erst zustande. „Wir haben was gemeinsam: Ich mag hübsche Frauen und du bist eine hübsche Frau. Das kann doch kein Zufall sein!" „Wie wär's, wenn wir morgen zusammen frühstücken?" „Du bist so heiß – kein Wunder, dass die Gletscher schmelzen!"

Solche Sprüche funktionieren im Film, aber sonst nirgends. Doch was funktioniert in der Praxis gut?

Sprechen Männer eine Frau an, können zwei Vorgehensweisen zum Erfolg führen[45]. Eine direkte Ansprache: „Du bist mir aufgefallen, und ich würde dich gern kennenlernen." Und der ganz unverbindliche Gesprächsbeginn: „Schönes/schlechtes Wetter, was?" Warum klappt das? Weil jedem klar ist, dass auch alle anderen wissen, wie das Wetter gerade ist. Somit lässt sich der Satz leicht als Einladung zum Gespräch dechiffrieren.

Freche Sprüche hingegen führen in 80 Prozent aller Fälle zu einer direkten Ablehnung. Was immer noch erstaunlich ist, denn es bedeutet ja im Umkehrschluss, dass Mann (!) mit dummen Anmachsprüchen bei ganzen 20 Prozent der Frauen dennoch punkten kann.

Frauen haben es noch leichter. Sie können sagen, was sie wollen. Wetter, Kennenlernen, Anmachspruch, einfach nur „Hallo" – alles führt mit hoher Wahrscheinlichkeit zu einem Gespräch. Tja, das Leben ist nicht fair – und Frauen müssen dafür ja auch sonst genug Nachteile ertragen. Die Frage: „Wie spreche ich ihn an?" können Sie jedenfalls ab sofort aus Ihren Gedanken streichen. Denn die Antwort ist ganz schlicht:

irgendwie, es ist ganz egal. Am allererfolgreichsten: „Hi." Im Ernst. Wissenschaftlich erwiesen[46].

Im Gegensatz zu Frauen haben Männer übrigens auch eine Art Wunderwaffe, um ein weiteres Kennenlernen zu verhindern: Wenn sie zu viel reden, schalten die Frauen nach einer Weile komplett auf Durchzug[47]. Das wird von einer Frau nämlich so interpretiert: Der Mann stellt sich in den Mittelpunkt, nicht mich als das Objekt seines Begehrens. Und das wird bestraft. Also auf keinen Fall zu viele „Mein Job, mein Haus, mein Auto/Boot"-Sätze fallen lassen, wenn Sie eine Frau für sich gewinnen wollen. Sollten Sie sie wieder loswerden wollen, gibt es allerdings kaum eine bessere Methode.

Diese Farbe macht jedes Date zu einem Erfolg

Rot ist offenbar eine nützliche Farbe, zumindest für Frauen. Vielleicht, weil z. B. ein rosiger Teint oder rote Lippen Gesundheit versprechen, errötende Wangen für Erregung sprechen, rot geschwollene Geschlechtsteile im Tierreich Paarungsbereitschaft signalisieren. Oder weil wir gelernt haben, rot mit Liebe (rote Rosen, rote Herzen) und Erfolg (roter Teppich) zu assoziieren. Ringer im roten Trikot gewinnen bei den Olympischen Spielen mehr Goldmedaillen, obwohl die Farben ausgelost werden[48].

Jedenfalls: Kellnerinnen, die ein rotes T-Shirt tragen, bekommen von Männern häufiger und höheres Trinkgeld[49]. Anhalterinnen mit einem roten Kleidungsstück werden von Männern öfter mitgenommen[50], und Männer finden Frauen attraktiver auf Schwarz-Weiß-Fotos (!), die sie vor einem ursprünglich roten Hintergrund zeigen[51].

Vielleicht sollten wir also viel öfter unsere Kleidung bewusst wählen, um attraktiver auf andere zu wirken. Im Alltag tun das nämlich nur 11 Prozent der deutschen Männer und 13 Prozent der Frauen immer[52] und 42 Prozent der Männer sowie 50 Prozent der Frauen zu bestimmten Anlässen. Satten 44 Prozent der Männer und 34 Prozent der Frauen ist es egal, ob sie in ihrer Kleidung anziehend wirken oder nicht. Dabei wäre es so einfach: Rot!

Unglaublich, Alter! Das ist der wichtigste Grund, aus dem wir uns *wirklich* für einen bestimmten Partner entscheiden!

Warum schauen wir der einen hinterher, dem anderen nicht? Eine Vermutung: Menschen, die den gegengeschlechtlichen Elternteilen ähneln, erscheinen uns anziehend. Frauen hätten demnach eine Schwäche für Männer, die wie ihre Väter aussehen, Männer für Frauen, die an ihre Mutter erinnern.

Darüber hinaus gibt es bestimmte subjektive Kriterien, die unbemerkt Wirkung zeigen.

Bereits Ende des vergangenen Jahrhunderts befragte ein Wissenschaftler mehr als 10 000 Menschen in 33 Ländern danach, was ihnen an einem Partner unverzichtbar erscheint. Ergebnis: Männer wie Frauen wünschen sich weltweit jemanden, der freundlich, verständnisvoll und intelligent ist[53]. Macht Sinn, warum auch sollte man seine Zeit mit jemandem verbringen oder gar Sex mit jemandem haben und vielleicht sogar Kinder bekommen, der unfreundlich, verständnislos und dumm ist. Obwohl man manchmal das Gefühl hat, dass viele Leute genau das tun.

Damit haben wir schon mal ein erstes Kriterium, um die eigene Beziehung zu prüfen. Empfinden Sie Ihren Partner (meist) als freundlich, verständnisvoll und intelligent? Wenn nicht, nimmt sie oder er schon die niedrigste Hürde nicht. Woran kann es liegen, dass Sie dann trotzdem mit ihr/ihm zusammen sind?

Na ja, man kann niemandem ansehen, ob die- oder derjenige diese Eigenschaften mitbringt. Deshalb entscheiden wir zunächst nach relativ einfachen optischen Kriterien, wer uns interessiert.

Erstaunlicherweise herrscht bei der Deutung von Äußerlichkeiten trotzdem nahezu Konsens. Lässt man viele Menschen viele Porträts nach dem Kriterium „diese Person ist besonders durchsetzungsfähig“ einschätzen und kombiniert die ausgewählten Aufnahmen dann zu einem Gesicht, so wird dies in einem nachfolgenden Versuch von 90 Prozent der Teilnehmer*innen als „besonders durchsetzungsfähig“ eingestuft. Dasselbe lässt sich für andere Charaktereigenschaften zeigen: Extravertiertheit, Introvertiertheit, sogar für Neurosen[54].

Das könnte darauf hindeuten, dass sich Persönlichkeitsmerkmale, zumindest im jeweils eigenen Kulturkreis, im Regelfall in einer bestimmten Mimik ausdrücken, die sich sozusagen in das Gesicht „einbrennt“. Es könnte auch andere Gründe haben. Sicher weiß man das noch nicht. Jedenfalls sind wir erstaunlich treffsicher darin, grundsätzliche Charaktereigenschaften aus dem Gesicht zu lesen – allerdings (leider) scheinbar nicht, ob jemand freundlich, verständnisvoll und intelligent ist (siehe oben).

Wen also finden wir attraktiv? Für Männer ist das Alter einer Frau weltweit das wichtigste Auswahlkriterium. Wieder mal hat die Evolutionsbiologie Schuld, denn je jünger die Frau, desto größer die Wahrscheinlichkeit gesunder Kinder. Und woran erkennt man das Alter bzw. die Jugendlichkeit einer Frau? Genau, je weniger Falten im Gesicht, desto attraktiver wirkt es[55]. Logisch, dass Männer also Frauen bevorzugen, die jünger sind als sie. Dagegen ist Frauen ein etwas älterer Mann lieber. Vielleicht, weil der im Leben besser zurechtkommen mag als ein junger, unerfahrener Typ. Und damit der bessere Vater und Ernährer sein könnte. In Deutschland liegt der Altersunterschied zwischen Mann und Frau bei Paaren aktuell im Durchschnitt bei vier Jahren[56]. Ist er größer oder ist gar die Frau älter, nimmt die gesellschaftliche Akzeptanz schnell ab[57].

WIE ALT IST ZU ALT (FÜR EINE FRAU)?

Doch es gibt Ausnahmen, und eine solche Beziehung muss für die, die sich dafür entschieden haben, nicht unerfreulich sein. Im Gegenteil, siehe Heidi Klum, Emmanuel Macron, Nena, Caroline Beil, Iris Berben. Immerhin 450 000 männliche User einer weltweit erfolgreichen Datingplattform[58] zwischen 20 und 29 suchten gezielt eine solche Partnerin, im Durchschnitt eine elf Jahre ältere. 55 Prozent der deutschen Männer hätten[59] nichts dagegen einzuwenden, der ältere Part in der Beziehung zu sein; für immerhin jeden fünften Deutschen[60] spielt das Alter in der Beziehung grundsätzlich „keine Rolle“. Anders sieht es allerdings aus, wenn es um die eigene Partnerschaft geht, dann können sich nur noch zwei Prozent der Männer und ein Prozent der Frauen einen Altersunterschied von mehr als zehn Jahren vorstellen[61]. In entsprechenden Untersuchungen zeigt sich dann auch, dass nicht nur die Kommunikationsgewohnheiten unterschiedlich sind (junge Menschen telefonieren kaum noch, sondern schicken Textnachrichten[62]), sondern auch die kulturellen Vorlieben (Musik, TV etc.)[63]. Verdient die ältere Partnerin mehr Geld als der junge Lover, ist das hingegen für keinen der beiden ein nennenswertes Problem mehr[64] (ganz im Gegensatz[65] zum konservativen Bevölkerungsdurchschnitt, s. S. 142 und S. 198). Dennoch gilt statistisch: Je größer der Altersunterschied, desto wahrscheinlicher eine Trennung. Allerdings ist die entsprechende Untersuchung[66] zugleich ein wunderbares Beispiel dafür, warum Statistiken ebenso wie die Berichte über diese mit Vorsicht zu genießen sind.

1. Die Untersuchung ermittelt aus einem großen Datenpool mit allen möglichen Daten rund um über 3000 Eheschließungen allerlei mathematische Zusammenhänge wie:

- wer keinen Verlobungsring kauft und für unter 1000 Dollar heiratet, wird mit höherer Wahrscheinlichkeit geschieden,

- wer über 8.000 Dollar für einen Verlobungsring ausgibt, wird seltener als der Durchschnitt geschieden,

- Männer, die zwischen 2.000 und 4.000 Dollar für den Verlobungsring ausgeben, werden 1,3-Mal häufiger geschieden als Männer, die zwischen 500 und 2.000 Dollar für den Ring auf den Tisch legen,

- Frauen, deren Hochzeitsfeier über 20.000 Dollar kostete, werden mit einer 1,6-fachen Wahrscheinlichkeit geschieden,

- ein überdurchschnittlicher Altersunterschied spricht ebenso für eine höhere Wahrscheinlichkeit, geschieden zu werden, wie die Ansicht, der Partner bzw. die Partnerin sehe besonders gut aus.

All das steht so in der Originalstudie. Was nie behauptet wird, ist ein Kausalzusammenhang (also eine ursächliche Beziehung). Lassen sich Paare später scheiden, weil der Verlobungsring zu billig oder zu teuer war? Oder kaufen geizige Männer, mit denen man ein paar Jahre später nur noch rumstreitet, vielleicht billigere Verlobungsringe? Und könnten die besonders teuren Verlobungsringe nicht auch von besonders reichen Männern stammen, die möglicherweise überdurchschnittlich oft ihre Gattin nach ein paar Jahren gegen ein jüngeres Modell austauschen und sich das auch (finanziell) leisten können? Wie viel Gewicht man einer solchen Studie zubilligen möchte, ist, sagen wir mal, Einstellungssache. Unterhaltsam ist sie dennoch allemal.

2. Wie „hilfreich" dann aber die Berichte über derartige Auswertungen sind, zeigt der folgende Absatz:

   Bei einem Altersunterschied von einem Jahr lag die Trennungsrate bei drei Prozent. Bei fünf Jahren Unterschied stieg die Rate auf 18 Prozent. Bei den Paaren, die bis zu zehn Jahre auseinanderlagen, erhöhte sie sich auf 39 Prozent. Bei 20 Jahren Altersdifferenz waren es 95 Prozent, und wenn die Partner mehr als 30 Jahre auseinander waren, lag die Trennungsrate bei 172 Prozent.[67]

Noch mal langsam. Bei Paaren mit einem Altersunterschied von mehr als 30 Jahren lang die Trennungsrate bei 172 Prozent. Von 100 solchen Paaren trennten sich also 172. Ach so. Aha.

Hm. Wirklich? Wie soll denn das gehen? Wie könnten sich mehr Paare trennen, als es gibt?

Nein, natürlich nicht. Denn die Bezugsgröße in der Auswertung ist nicht „die Trennungsrate“ (= wie viel Prozent aller Paare mit einer bestimmten Eigenschaft trennen sich?). Sondern die Bezugsgröße, der sogenannte Referenzpunkt, war „die Trennungsrate von Paaren ohne Altersunterschied“). Richtig wäre also gewesen[68]: Die Trennungsrate von Paaren mit einem Altersunterschied von einem Jahr ist drei Prozent höher als die durchschnittliche Trennungsrate von Paaren ohne Altersunterschied (Referenzpunkt). Sie beträgt damit 103 Prozent der Referenzrate.

Bei fünf Jahren Unterschied ist die Trennungsrate 18 Prozent höher als im Durchschnitt, sie liegt damit also bei 118 Prozent *vom* Referenzwert ... und bei über 30 Jahren Altersunterschied beträgt die Wahrscheinlichkeit, geschieden zu werden, 272 Prozent *vom* Referenzwert, sie liegt also 172 Prozent *höher* als der Referenzwert. Auf ein Referenzpaar ohne Altersunterschied, das sich trennt, kommen also knapp drei Paare mit XL-Altersunterschied, die sich trennen (drei Mal so viele wären es bei 200 Prozent *über* bzw. 300 Prozent *vom* Referenzwert).

Was ja so schlimm auch wieder nicht ist. Jedenfalls nicht so schlimm wie eine „Trennungsrate von 172 Prozent“. Die Statistik besagt also, und das ist ja im Grunde eine viel erstaunlichere Tatsache: Über 30 Jahre Altersunterschied verdreifachen die Trennungswahrscheinlichkeit, und das sogar nur knapp.[69]

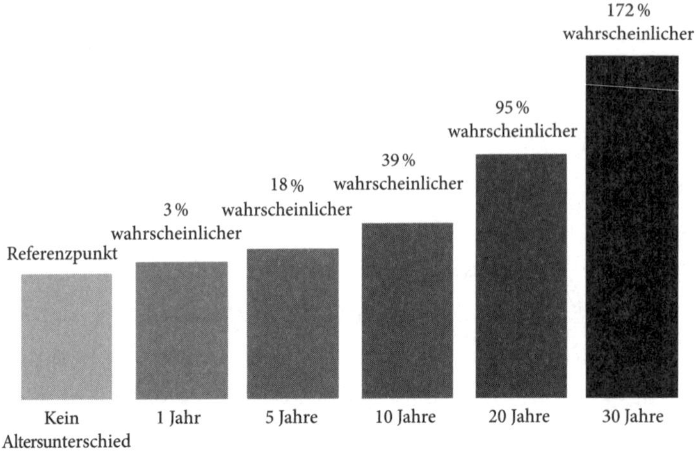

Die Trennungsrate für Paare mit 30 oder mehr Jahren Altersunterschied liegt knapp drei Mal so hoch wie bei Paaren ganz ohne Altersunterschied.

Die einzige echt nützliche Info hier: Offenbar erhöht *jeder* Altersunterschied, egal in welche Richtung, das Scheidungsrisiko. Ebenso scheint das generell für eine Überromantisierung der Ehe zu gelten (s. die Preise für Verlobungsringe oben). So ergab eine Untersuchung von über einer Million Hochzeits- und Scheidungsinformationen, dass die Trennungsraten für Paare, die am Valentinstag geheiratet haben, etwa ein Drittel über dem Durchschnitt liegen; das Gleiche gilt für andere besondere Daten wie Schnapszahlen à la 10.10.2010[70]!

Unglaublich, aber bewiesen: Ab wann Sie zu alt sind für eine glückliche Ehe

Durchaus interessant ist die Beobachtung, dass früher geschlossene Ehen glücklicher zu sein scheinen als später geschlossene[71]. Das – ehrlich gesagt – nicht so superhilfreiche

Ergebnis der Studie: Später geschlossene Ehen halten länger, möglicherweise weil beide Beteiligte wissen, dass sie nicht mehr so viele Alternativen haben; diejenigen, die schon zwischen 22 und 25 geheiratet hatten, waren in ihrer kürzeren Ehe jedoch glücklicher.

Das heißt, man kann – statistisch – den Teufel mit dem Beelzebub austreiben. Denn Scheidungen und allein zu leben sind schlecht für die Gesundheit (mehr dazu später), aber eine miese Ehe natürlich auch. (Hingegen sind eben stabile soziale Beziehungen nicht nur gut für Singles und Alleinlebende, sondern auch für Eheleute, s. S. 224.)

Die Deutschen scheinen von dieser Statistik über junges Glück übrigens nichts gehört zu haben, oder sie scheren sich nicht darum: Männer sind im Durchschnitt 34 Jahre alt, wenn sie heiraten, Frauen knapp 32[72].

Und wie viele Frösche oder Fröschinnen müssen Sie nun küssen, bis der Prinz oder die Prinzessin erscheint? Das ist aus zwei Gründen nicht leicht zu sagen:

- Sie können unmöglich wissen, wen Sie später im Leben noch kennenlernen würden.

- Sie können unmöglich wissen, wie Ihr Liebesleben verlaufen wäre, wenn Sie bei einem früheren Partner bzw. einer früheren Partnerin geblieben wären.

Trotzdem kann man erstaunlicherweise berechnen, wann unter gegebenen Annahmen *statistisch* der ideale Moment für eine Entscheidung ist, und welche Kriterien Sie anlegen sollten[73].

Was Sie vielleicht auch schon beobachtet haben: In jungen Jahren sind wir von zahlreichen potenziellen Partner*innen umgeben. Und auf einmal sind die „guten“ alle weg. Wie kommt das? Es liegt daran, dass Ihre Konkurrenz nicht so wählerisch war, sondern sich jemanden gegriffen hat, der oder die „gut genug“ erschien. Zugegeben, ein paar „richtig tolle“ Frauen und Männer sind auch noch im Angebot, aber die wollen sich ihrerseits meist nicht festlegen. Vermutlich, weil sie das Gefühl haben, so tolle Hechte zu sein, dass sie später auch noch jemand Besseres finden werden als ausgerechnet Sie. Tja, deren Pech!

Mathematisch sinnvoll ist es, sich früher oder später von den ersten 37 Prozent aller Partner*innen zu trennen und danach eine feste Bindung einzugehen mit dem oder der ersten, der oder die „besser“ ist als alle davor[74]. Der Grundgedanke ist: Man muss erst mal ein paar Exemplare testen, bevor man weiß, welche Eigenschaften einem wichtig sind. (Nach derselben Methode können Sie übrigens einen Fernseher aussuchen, einen Computer, ein Auto, einen neuen Mitarbeiter.)

Problem: Damit das funktioniert, müsste man *vorher* wissen, wie viele Partnerschaften man im Lauf des Lebens eingeht. Nehmen wir mal an, Sie würden 25 Beziehungen haben (damit längen Sie dann schon deutlich über dem Durchschnitt). Dann sollten Sie die ersten 9,25 Beziehungen (37 Prozent) als Probeläufe ansehen. Danach würden Sie dann mit dem ersten Partner oder der ersten Partnerin eine dauerhafte Beziehung eingehen wollen, der oder die Sie lieber mögen als die 9,25 Partner*innen davor.

Da wir aber nicht wissen, wie viele potenzielle Beziehungspartner wir im Leben treffen werden, müssen wir uns irgendwie behelfen. Das gelingt, indem man die Rechnung statt auf die Anzahl der Beziehungen auf die Zeit der Partnersuche anwendet. Und die können die meisten von uns gut schätzen.

Konkret: Nehmen wir an, Sie sind 20 und möchten mit

30 heiraten. Dann stehen Ihnen zehn Jahre zur Verfügung. Die ersten 3,7 davon sehen Sie sich entspannt um. Danach sollten Sie sich festlegen auf den ersten Partner bzw. die erste Partnerin, die Ihnen „besser" erscheint als all jene, mit denen Sie vorher zusammen waren.

(Um nicht zu viel zu versprechen: In der Berechnung ist die Annahme eingepreist, dass wir nicht den „bestmöglichen" Partner suchen, was man ja immer erst im Nachhinein entscheiden könnte, wenn überhaupt, sondern mit jemandem aus den oberen fünf Prozent happy wären. Das bedeutet zugleich auch, dass wir davon ausgehen, dass es so etwas wie „Seelenverwandte" oder den einen und einzig richtigen Partner nicht gibt, sondern dass wir mit jedem oder jeder mehr oder weniger gut zusammenleben könnten.

Da es sich um eine Statistik handelt, ist auch klar: Es ist natürlich möglich, dass in Ihrem ganz speziellen Fall Ihre Sandkastenliebe (also: Partner*in Nr. 1) die ideale Wahl wäre. Oder dass Sie umgekehrt in den ersten 37 Prozent Ihrer Datingzeit solchen Flachpfeifen begegnen, dass danach zwar jemand „Besseres" auftaucht, die Latte aber so niedrig liegt, dass aus der Beziehung dann trotzdem nix wird.

Alles, was die Mathematik sagt, ist: Wenn Sie so vorgehen, werden Sie mit der statistisch größtmöglichen Wahrscheinlichkeit einen Partner oder eine Partnerin aus den Top Five Prozent ihrer imaginären, nur rückwirkend erstellbaren Partnerhitliste wählen. Oder anders gesagt: Ihre Chance, dass es klappt, liegt bei deutlich über 60 Prozent[75]. Das ist keine Garantie, aber schon mal eine sehr, sehr gute Richtschnur. Oder, um es mit den Worten des Statistikers George Box zu sagen: „Alle Modelle sind falsch, aber manche sind nützlich."[76]

Warum jüngere und ältere Männer die bessere Partie sind

Jüngere und ältere Männer sind im Schnitt deutlich zufriedener mit ihren Beziehungen als Männer mittleren Alters. Frauen unter 34 sind zufriedener mit ihrer Beziehung als in späteren Jahren[77]. Was nützen solche Erkenntnisse? Erstens sind Sie und Ihre Beziehungszufriedenheit vielleicht normaler als Sie dachten, das ist doch auch schön. Und zweitens, falls Sie die Wahl zwischen einem Mann mittleren Alters und einem älteren haben, ist der ältere vielleicht doch nicht die schlechtere Wahl. Kann man ja im Hinterkopf behalten.

Weshalb Frauen manchmal so tun, als würden sie weniger verdienen (Psst: Um das zerbrechliche Männer-Ego zu schonen!)

Gern darf ein interessanter Mann über ein festes Einkommen verfügen[78]. In Zeiten finanzieller Unabhängigkeit von Frauen eigentlich kein notwendiges Kriterium zur Familiengründung – aber so schnell ändern sich eben unsere tief ins Hirn programmierten Auswahlkriterien nicht. Das heißt zugleich, wenn Sie eine gut verdienende Frau sind, sollten Sie bewusst prüfen, ob Ihnen das Kriterium „Mann verdient mehr" wirklich wichtig ist oder ob Sie dies nur aus Gründen gesellschaftlicher Akzeptanz für unabdingbar halten. Solche Rollenbilder bleiben nämlich noch lange in unseren Köpfen, auch wenn die Realität sie längst überholt hat. So streben die meisten jungen Männer[79] zwischen 12 und 25 nach wie vor die Rolle des Alleinverdieners an. Die Frau an ihrer Seite soll Hausfrau und Mutter sein. Für 41 Prozent der deutschen Singles zwischen 18 und 24 gehören[80] Hochzeit und Kinder zur „perfekten Beziehung".

In einer anderen Studie[81] zeigte sich, wie Frauen mit der Gehaltswirklichkeit umgehen – und für wie zerbrechlich sie die Egos ihrer Männer halten. Dafür wurden Befragungsergebnisse mit Sozialversicherungsdatensätzen verglichen. Bei immerhin 23 Prozent der untersuchten Paare verdienten die Frauen mehr als die Männer. In Bezug auf diese grundlegende Tatsache stimmten die Befragungsergebnisse und die Informationen der Sozialversicherungsträger noch überein. Doch genau diese Paare schummelten dann bei den tatsächlichen Gehaltsangaben: Männer gaben ihr Gehalt knapp drei Prozent höher an, als es war. Und Frauen minderten ihre Einnahmen um immerhin 1,5 Prozent.

Warum? Vielleicht, so mutmaßen die Forscher, weil den Beteiligten ihre „Exotenrolle" unangenehm ist. Und zwar so sehr, dass sich die Männer quasi auf ein Podest stellen und die Frauen sich ein wenig ducken müssen, um den häuslichen Frieden zu wahren. Und zwar nur in ihrem eigenen Inneren, denn die Umfrage wurde geheim durchgeführt, d. h., die Angaben dienten nicht dazu, den Partner zufriedenzustellen, sondern dem eigenen Wohlgefühl!

Übrigens: Falls Geld immer wieder ein Problemthema in Ihren Beziehungen wurde, blättern Sie weiter auf S. 142, um beim nächsten Mal von Anfang an anders damit umgehen zu können.

Warum unsere Befürchtungen in der Liebe immer eintreffen - und was Sie ab sofort dagegen tun können

Eine weitere Frage, die man sich im Anfangsstadium einer Beziehung ruhig ab und zu stellen darf: Löst meine Partnerin oder mein Partner ein, was ich mir verspreche? Dabei sollten wir nicht vergessen, dass unsere Erwartungen unbewusst und grundlos entstehen. Doch wenn ich mein Gegenüber als eine Art „Mogelpackung" wahrnehme, dann ist das nicht gut. Heißt: Sieht er oder sie zwar gut aus, ist aber kein guter Mensch, jedenfalls nicht auf der Basis meiner Werte und Weltsicht, dann ist eine gemeinsame Zukunft nicht die beste Option.

Wobei offen ist, in welchem Umfang man sich jemanden sozusagen „schöndenken" kann. Lässt man Männer mit einer ihnen unbekannten Frau telefonieren, von der sie glauben, sie sei hübsch, läuft das Gespräch deutlich besser. Und zwar, weil die Männer sich sympathischer verhielten, offener und humorvoller sprachen. Zeigte man ihnen jedoch vor dem Telefonat das Foto einer unscheinbaren Frau, so gaben sich die Männer im Gespräch ernster und strenger. Die Frauen am anderen Ende der Leitung – die über den Zweck der Untersuchung nicht informiert waren – gingen in beiden Fällen mit. Waren die Männer freundlicher, wurden die Frauen freundlich und das Gespräch war angenehm. Waren die Männer unfreundlich, wurden auch die Frauen knapper und barscher, und das Gespräch blieb in eher unangenehmer Erinnerung[82].

Im Licht solcher Erkenntnisse erscheint es plausibel, dass unsere Vorstellung vom Partner dessen Verhalten weit mehr prägt, als wir glauben. Denn wir gehen im Alltag ja meist davon aus: Ich bin so, wie ich bin, und du bist so, wie du bist. Und ich nehme dich so wahr, wie du bist. Mal abgesehen von der Frage, ob wir überhaupt irgendwen oder irgendwas so wahrnehmen können, wie er, sie oder es in einem bestimmten Moment „ist"… sollte deutlich geworden sein, dass jemand anders sich eben nicht losgelöst von uns seiner eigenen Persönlichkeit nach verhält, sondern dass unser Verhalten das des anderen beeinflusst und umgekehrt. Kurz: Erwarten wir von jemandem nur das Beste, wird er es auch eher zeigen als wenn wir skeptisch auf den nächsten Fehler warten.

Wir werden zu diesem Aspekt später im Buch noch zurückkehren. Vorerst mag genügen: Wenn Sie in der Anfangsphase einer Beziehung das Gefühl haben, Ihr Partner oder Ihre Partnerin verhält sich aus Ihrer Sicht unerfreulich, dann wird diese Wahrnehmung mit hoher Wahrscheinlichkeit zunehmen. Warum? Weil unsere Annahmen unbewusst unser Verhalten prägen und unser Verhalten wiederum die Reaktionen der anderen prägt. Wenn ich also jemanden als barsch, blöd oder blasiert ansehe, dann leiste ich damit meinen Beitrag dazu, dass diejenige oder derjenige sich genauso verhält.

Noch zugespitzter formuliert: Wir erwarten von anderen, dass sie ihre „schlechten Eigenschaften" ablegen, aber gerade diese Erwartung führt zu einer Verstärkung dieser Verhaltensmuster. Deshalb sollten Sie deutliche Unannehmlichkeiten in der Frühphase ernst nehmen. Denn je überbordender die Begeisterung der Partner füreinander zu Beginn der Beziehung, desto glücklicher waren diese ein Jahr später[83]. So übernehmen wir eine positive Sicht auf unsere Person wohl mit der Zeit vom Partner. Nach einem Jahr fanden Menschen, die vom Partner oder der Partnerin idealisiert wurden, sich selbst auch toller[84]. Das wiederum hatte eine positive Auswirkung auf die Beziehung. Wenn Sie jemanden anhimmeln, ist das also nicht etwa peinlich, sondern sehr nützlich für beide! Sehen Sie hingegen den Partner oder die Partnerin schon zu Beginn nicht durch eine rosarote Brille, sondern finden ihn oder sie nur so mittel, dann wird es höchstwahrscheinlich noch weiter bergab gehen.

Warum Sie auf keinen Fall zu gut aussehen sollten

Ähnlich verhält es sich mit dem Aussehen. Für die Untersuchung wurde die Attraktivität von Paaren, Mann und Frau jeweils einzeln betrachtet, von jeweils zehn wissenschaftlichen Mitarbeitern beurteilt. Als am stabilsten erwiesen[85] sich Beziehungen mit einem bestimmten Verhältnis des Aussehens zueinander. Und zwar nicht etwa: gut aussehender Mann plus gut aussehende Frau. Oder: hässlicher Mann, hässliche Frau, was bleibt ihnen auch übrig? Sondern: gut aussehende Frau mit mittelattraktiv aussehendem Mann. Oder auch: hässlicher Mann mit mittelattraktiv aussehender Frau. Solange eine Frau attraktiver ist als der Mann, scheinen alle Beteiligten zufrieden zu sein. Das passt auch zur empfundenen Beziehungswirklichkeit: Immerhin 54 Prozent der deutschen Männer finden ihre Partnerin attraktiver als sich selbst[86].

Auch ließ sich feststellen: Gut aussehende Frauen verhielten sich in Problemsituationen konstruktiv und hilfreich, gut aussehende Männer nicht unbedingt. Diese waren auch unzufriedener mit ihren Beziehungen.

Beziehungen, in denen der Mann besser aussah als die Frau, erwiesen sich als weniger dauerhaft. Die Forscher mutmaßen, das könnte daran liegen, dass gut aussehende Männer in der Liebe wenig kompromissbereit seien, weil sie jederzeit eine andere Partnerin finden könnten. Oder das zumindest glauben[87].

Wann also hat Ihre Beziehung statistisch betrachtet gute Zukunftschancen? Wenn die Leserinnen unter Ihnen besser aussehen als der aktuelle Partner – und wenn die Leser unter Ihnen nicht so gut aussehen wie die aktuelle Partnerin.

Überhaupt ist es vielleicht gar nicht schlecht, nur so mittel auszusehen. In immerhin vier Studien[88] wiesen Harvard-Forscher nach: Die Beziehungen von besonders attraktiven Personen halten weniger lange!

Dazu ließen sie u. a. die Attraktivität auf Schul-Jahrbuchfotos einschätzen und überprüften dann, wie lange die Beziehungen der jeweiligen Personen gehalten hatten. Klares Ergebnis: Wer in der Schule gut aussah, stand schneller und/oder öfter vor dem Scheidungsrichter. Ähnlich sah es unter Hollywood-Schauspielern aus, einer notorisch gut aussehenden Gruppe, sowie unter den 100 einflussreichsten Promis der Welt. Es mag unschön (ha, ha) sein, schlecht auszusehen – und wer optisch kaum etwas zu bieten hat, ist auch schwer vermittelbar. Sie müssen sich aber keinesfalls grämen, wenn Sie nur im Mittelfeld liegen. Im Gegenteil: Es kann gut sein, dass Ihnen das Zeit, Nerven und Tränen sparen wird (und wer weniger Trennungsstress hat, kriegt auch weniger Falten, vielleicht gleicht es sich so auf lange Sicht noch aus).

Geheimcode: Was die „berühmten drei Worte" wann wirklich bedeuten!

Wann ist der richtige Zeitpunkt gekommen, „Ich liebe dich" zu sagen? Erstens natürlich: Wenn Sie es fühlen. Ja, ja, schön, schön. Zweitens denken erstaunlicherweise Männer im Verlauf von Beziehungen früher an Liebe als Frauen: nämlich im Durchschnitt schon nach 14 Wochen. Frauen hingegen brauchen sechs Wochen länger, um sich ihrer Gefühle sicher zu sein. (Schätzungen in Befragungen lagen übrigens doppelt falsch: Frauen, wurde vermutet, würden bereits nach acht Wochen „Ich liebe dich" sagen, Männer nach elf.)[89]

Hat das Voranpreschen der Männer vielleicht einen Grund? Sehr wahrscheinlich. Immerhin reagieren Männer ganz besonders positiv auf die berühmten drei Worte, wenn sie vor dem ersten Sex geäußert werden (denn dann ist es hoffentlich bald so weit). Dagegen rührt es sie hinterher recht wenig. Bei Frauen ist es genau andersherum: Ein „Ich liebe dich" vor dem ersten gemeinsamen Sex erscheint ihnen unehrlich (weil vermutlich triebgesteuert), im Anschluss hingegen freuen sie sich sehr.

Was man bei der Interpretation im Hinterkopf haben sollte: Die US-Studie ist zwar aus dem Jahr 2011 – also noch nicht besonders alt –, aber offenbar wartet in den Vereinigten Staaten eine relevante Anzahl der Paare mit dem ersten Sex Wochen bis Monate. Ob das dem Bevölkerungsdurchschnitt in Europa entspricht, möchten wir ernsthaft infrage stellen. Kann man daraus also schließen, wann ein guter Zeitpunkt ist für Liebesbekenntnisse? Eher nicht.

Immerhin, wenn Sie Ihrem Partner eine Freude machen wollen: Heben Sie sich Ihr „Ich liebe dich" auf bis nach dem Sex (Männer) oder für den Moment vor dem nächsten Mal (Frauen).

Ein Zeichen, an dem Sie Ihre*n Traumpartner*in sicher erkennen

Ein Indiz dafür, ob Sie Ihre aktuelle Beziehung weiterführen sollten oder nicht, haben Sie bei jedem Treffen vor Augen. Und vermutlich können Sie auch einfach Ihr Handy herausholen und nachsehen.

Mehrere Studien haben gezeigt, dass Personen, die auf Profilfotos, Jahrbuchfotos etc. intensiv lächeln, erfolgreicher und glücklicher sind und auch länger leben. Das Lächeln junger Frauen auf dem Abschlussfoto im Highschooljahrbuch wies auf eine höhere Wahrscheinlichkeit hin[90], in den nächsten sechs Jahren zu heiraten, und auf ein geringeres Risiko, mit 40 noch Single zu sein. Offenbar signalisiert das Lächeln also den höheren Marktwert und die größere Vermittelbarkeit. Sogar noch mit 52, dreißig Jahre nach Beginn der Studie, waren die ehemals strahlend lächelnden Schülerinnen glücklicher in ihren Beziehungen. Vielleicht machen sie wirklich, wie man so schön sagt, „gute Miene zum bösen Spiel“, wahrscheinlicher ist jedoch, dass das Spiel gar nicht böse ist, weil sie dem Leben einfach grundsätzlich positiv begegnen.

Junge Männer schauen auf Jahrbuchfotos meist zu ernst, um darauf eine entsprechende Studie stützen zu können, darum wichen die Forscher auf Freizeitfotos aus. Hier ließ sich der entsprechende Effekt auch für Männer zeigen.

Also: Schauen Sie sich ein Foto Ihres Liebsten oder Ihrer Liebsten an. Lächelt er oder sie? Gut. Wenn nicht … suchen Sie vielleicht erst mal ein bisschen weiter. Werden Sie gar nicht fündig, ist das jedenfalls kein Argument für diese Partnerschaft.

Kaum zu glauben, wie unser Geburtsdatum das Liebesleben beeinflusst

Ob Sie das jüngste, das älteste oder ein mittleres Kind sind, wissen Sie. Bringen Sie das auch über Ihren neuen Partner oder Ihre neue Partnerin in Erfahrung, können Sie wichtige – statistische – Schlüsse ziehen und eine solide Einschätzung des möglichen Paarerfolgs abgeben. Denn: Ein ältestes und ein jüngstes Kind ergeben eine sehr stabile Beziehung[91]. Wissenschaftler vermuten, dass in dieser Konstellation eine*r das Nesthäkchen gibt und gern verwöhnt wird, und die/der andere damit groß geworden ist, sich um alle und alles zu kümmern. Im Business-Kontext[92] weiß man: Erstgeborene werden häufiger Firmengründer und Geschäftsführer, jüngste Geschwister sind es gewohnt, für ihre Rechte zu kämpfen und kreative Wege zu gehen. Mittlere Geschwister sind meist Mischtypen[93]. Einzelkinder[94], sagt das Vorurteil, seien übrigens besonders schwer auszuhalten, weil sie in der Kindheit nicht gelernt hätten, Kompromisse zu machen. Finden sich also jüngste und älteste Geschwister zu einem Liebespaar, so fühlen sich beide in ihren Rollen anerkannt und müssen nicht groß umlernen. Zwei Erstgeborene, die beide „Beziehungsboss“ sein und sich durchsetzen wollen, können es schwer miteinander haben. Die Letztgeborenen übernehmen tendenziell weniger Verantwortung und sind frecher, deswegen können Beziehungen zwischen zwei jüngsten Geschwistern erfreulich lebhaft, aber etwas ziellos werden. Zwei mittleren Geschwistern kann es passieren, dass sich unbemerkt eine gewisse Distanz in die Beziehung einschleicht und beide sich so durchwursteln[95].

Im Zweifel also gilt: Jüngstes plus ältestes Geschwisterkind = größte Chancen auf eine langfristig stabile Beziehung.

Der wichtigste Onlinedating-Tipp für Kevin und Chantal

Sogar der eigene Vorname, für den wir ja genau so wenig können wie für unsere Position in der Geschwisterfolge, beeinflusst den Dating-Erfolg. Die folgenden Namen werden beim Onlinedating bis zu 20 Prozent seltener angeklickt als andere[96]:

Frauen	Männer
Chantal	Kevin
Johanna	Uwe
Sylvia	Mike
Petra	Peter
Laura	Heiko

Es gibt auch besonders beliebte Namen, die 10 bis 20 Prozent mehr Klicks bringen:

Frauen	Männer
Hannah	Felix
Lena	Paul
Katharina	Lukas
Claudia	Jens
Sophie	

Und jede Menge Namen, die weder positiv noch negativ besetzt sind:

Frauen	Männer
Susanne, Ines, Cornelia, Katrin, Marie, Julia, Andrea, Anna, Lara, Birgit, Silke, Manuela, Sabine, Jana, Sarah, Lea, Kerstin, Simone	Tim, Luca, Jan, Niklas, Christian, Torsten, Frank, Holger, Alexander, Leon, Olaf, Thomas, Andreas, Florian, Michael, Maximilian, Matthias, Mario, David, Dirk

Dabei handelt es sich natürlich ganz offensichtlich um zum Datensatz gewordene Vorurteile. Sobald wir einen Namen hören oder lesen, entsteht in unserem Gehirn eine Erwartung[97]. Hieß die erste Liebe Jasmin und hat einen ganz fies sitzen lassen, haben es für den Rest des Lebens alle Jasmins schwerer bei uns. Die Namen in der Liste oben stehen gesamtgesellschaftlich eher für Personen, die nicht zu den hellsten Leuchten im Lampenladen zählen. Wenn Sie so heißen, versuchen Sie es möglicherweise besser mit ihrem Spitznamen oder dem zweiten Vornamen.

Warum Sie nie allein auf Partys gehen sollten – und worauf Sie dabei unbedingt achten müssen

Vielleicht kennen Sie aus US-TV-Serien das Konzept des „Wingman“ oder der „DUFF“ (designated, ugly, fat friend). Es bedeutet nichts anderes, als dass die Partnersuche besser läuft, wenn Sie zu zweit auf Jagd gehen. Dabei ist allerdings ein Kriterium von überragender Wichtigkeit. Das zeigte u. a. der folgende Versuch[98]:

Man nehme zwei Fotos von zwei Männern, nennen wir sie der Einfachheit halber Ernie und Bert. Rein statistisch müsste sich, eine in etwa gleiche „objektive“ Attraktivität vorausgesetzt, die Hälfte aller Frauen für Ernie, die andere Hälfte für Bert entscheiden.

Erstellt man nun in einem Bildbearbeitungsprogramm eine leicht unattraktivere Version *eines* der Gesichter und bietet alle drei zur Auswahl, geschieht etwas Eigenartiges. Die Versuchspersonen finden auf einmal das „schöne“ Gesicht, zu dem eine unschöne Alternative angeboten wird, viel attraktiver als das unbearbeitete Gesicht des Begleiters. Konkret: Zeigt man Ernie, Bert und Ugly-Ernie, präferieren 75 Prozent der Proband*innen den Original-Ernie. Präsentiert man Ernie, Bert und Ugly-Bert, gefällt 75 Prozent der Teilnehmer*innen auf einmal der Original-Bert!

Daraus lässt sich leicht folgern: Wenn Sie ausgehen, sollten Sie am besten eine Freundin oder einen Freund mitnehmen, der oder die Ihnen möglichst ähnelt, aber weniger gut aussieht. Und umgekehrt sollten Sie natürlich vermeiden, Freund*innen zu begleiten, die Ihnen ähneln, aber besser aussehen, denn dann sind Sie das hässliche Entlein. (Wenn Sie daran zurückdenken, wie Sie ihren aktuellen Partner oder Ihre aktuelle Partnerin kennengelernt haben, kann Ihre damalige Begleitung natürlich umgekehrt auch Schlüsse darauf zulassen, wie unwiderstehlich Sie wohl gewirkt haben. Hat er oder sie sich quasi zwangsläufig für Sie entscheiden müssen – oder sogar gegen die Wahrscheinlichkeit?)

Wie Sie den bestmöglichen Partner finden - oder feststellen, ob Sie ihn schon haben

Nehmen wir mal an, Sie könnten alle potenziellen Partner*innen auf einer Liste anordnen. Also: Max lieber als Tom, aber Tom allemal lieber als Jens. Diese Rangfolge wäre „transitiv“, was heißt, dass Ihnen automatisch Max auch lieber wäre als Jens.

Das ist im richtigen Leben nicht immer so. Aber oft näher dran, als uns lieb ist.

Konkret heißt das[99]: Wenn ich nicht die Königin von England heiraten kann, dann nehme ich vielleicht lieber die Königin von Norwegen, statt Single zu bleiben. Aber bislang wissen weder die Königin von England noch die von Norwegen davon. Nun kann ich abwarten, ob mich eine der beiden anruft und zum Tee einlädt. Wenn ich Pech habe, passiert das aber nicht, sondern stattdessen meldet sich die geschiedene Nachbarin von schräg gegenüber, und in Ermangelung besserer Alternativen heirate ich halt die. Und frage mich mein Leben lang: Hätte ich es nicht besser treffen können?

Die – rein statistisch – Erfolg versprechendere Vorgehensweise besteht darin, die interessant erscheinenden Personen in absteigender Reihenfolge (also von Platz 1 aus abwärts) anzusprechen. Also erst Max, dann Tom, dann Jens. Wenn Max ja sagt: Super! Lehnt er ab, versuche ich es bei Tom. Sagt der ja: immerhin besser als Jens! Sagt er Nein, mache ich bei Jens weiter. Sagt der Ja: immerhin besser als Alleinsein.

Und so weiter, denn grundsätzlich ist die Liste ja unendlich lang. Übrigens: Viele von uns daten sowieso nach genau diesem Schema. Insbesondere bei Jugendlichen lässt sich das beobachten.

Vielleicht ist Ihnen bereits aufgefallen, dass die Beschreibung dieser Partnersuche eine Art Wenn-dann-Vorschrift enthält. Das nennt man mathematisch einen „Algorithmus“ (mithilfe sehr viel mehr solcher Regeln funktionieren dann irgendwann auch selbstfahrende Autos). Speziell handelt es sich hier um den Gale-Shapley-Algorithmus. Mit dessen Hilfe sich eine optimale Verteilung herstellen lässt. Für eine von zwei beteiligten Gruppen.

Klassisch gehen wir erst mal von Männern und Frauen aus, die zueinanderfinden wollen. Dasselbe funktioniert aber auch mit Ausbildungsplätzen und Auszubildenden. Dabei, und das kann man eben mit diesem Algorithmus beweisen, fährt immer die Gruppe besser, die aktiv wird. Also: Sprechen auf einer Party nur die Männer auf die geschilderte Weise die Frauen an, landet jeder Mann bei der für ihn bestmöglichen Partnerin. Die Frauen jedoch finden auf diese Weise nur den am wenigsten ungeeigneten Partner von ihrer (imaginären) Liste.

Sprechen Frauen die Männer an, ist es umgekehrt: Die Frauen enden von oben ausgehend bei dem ersten Partner, der sie gern mag (also dem bestmöglichen Treffer von ihrer Liste), die Männer hingegen schließen sich mit der ersten Frau zusammen, die sie nicht so furchtbar finden, dass sie sie ablehnen, weil sie dann doch lieber Single bleiben.

Heißt: Haben *Sie* Ihre Partnerin oder Ihren Partner angesprochen? Dann herzlichen Glückwunsch! Die Chance ist groß, dass es sich um den größtmöglichen Erfolg handelt.

Wurden Sie angesprochen? Dann ist Ihre Partnerin oder Ihr Partner immerhin noch die am wenigsten schlechte Option gewesen.

Lesen Sie das Buch aus rein akademischem Interesse im Hinblick auf die Zukunft? Dann wissen Sie jetzt: Ja, wer sich aus der Deckung wagt, kriegt natürlich auch mehr Absagen, heiratet aber am Ende, wenn schon nicht die Königin von England, dann wenigstens die von Norwegen, und nicht als Notlösung die Nachbarin.

Warum Scheidungskinder doch gar kein so schlechter Fang sind

Sind die Eltern Ihrer Liebsten oder Ihres Liebsten geschieden oder haben sich getrennt, dann ist es viel wahrscheinlicher, dass auch er oder sie sich später scheiden lässt. Sagt man. Und die Begründung lautet: Kinder, deren Eltern auseinandergegangen sind, haben eben nicht gelernt, Konflikte konstruktiv zu lösen und glauben auch nicht wirklich an die Liebe. Sie sind es gewohnt, einfach hinzuschmeißen, wenn's nicht läuft.

Demzufolge wäre es sinnvoll, mit Scheidungskindern keine langfristige Beziehung einzugehen. Solche Fehl-Fänge also schnell wieder in den Datingpool zurückzuwerfen. Aber stimmt das?

Jedenfalls nicht unter jungen Leuten. Bei einer ausführlichen Befragung[100] von College-Studenten ließ sich feststellen, dass das Eheglück der Eltern keine Auswirkungen auf die verinnerlichten Überzeugungen der Kinder hatte. Sie waren weder unsicherer noch ängstlicher oder bindungsschwächer, sie waren begeisterungsfähig und mitfühlend, und sie verfügten sogar über eine etwas größere Weitsicht als ihre Altersgenossen. Einzig die Sorge, (erneut) verlassen zu werden war tatsächlich etwas größer als bei der Kontrollgruppe. Die Nachkommen geschiedener Eltern engagieren sich also sehr wahrscheinlich sogar mehr für die Beziehung.

Es war zwar eine eher kleine Studie, doch sie räumt endlich auf mit dem verbreiteten Vorurteil, dass die Bindungsfähigkeit von Scheidungskindern automatisch geringer sei. Im Übrigen: Wenn Sie das Gefühl haben, durch Ereignisse aus der Herkunftsfamilie in einer Weise geprägt oder beeinflusst zu werden, die Ihnen nicht zusagt, so lassen sich diese mithilfe eines sogenannten Genogramms untersuchen[101]. Das Genogramm macht die Beziehungsmuster im eigenen Familienstammbaum sichtbar, sodass Prägungen besser erkannt und bearbeitet werden können.

Wie Sie es schaffen, alles über den Partner zu wissen, und ihn trotzdem nicht zu hassen

Manche Versuche[102] sind gar nicht so unangenehm. Um zu testen, welche Auswirkungen Lust und Liebe auf unsere Wahrnehmung haben, baten Psychologen die eine Gruppe der Proband*innen, sich einen romantischen Waldspaziergang mit einer Partnerin oder einem Partner vorzustellen – die andere Gruppe sollte sich in dieser Zeit einen One-Night-Stand ausmalen. Danach mussten sogenannte „Navon"-Konzentrationstests absolviert werden, mit deren Hilfe sich zeigen lassen soll, ob jemand aktuell eher „lokal" oder „global" denkt – also an das Hier und Jetzt oder an das große Ganze.

In einem zweiten Test erfolgte das sogenannte „Priming", also die Hinführung auf entweder Lust oder Liebe, auf indirekte Weise, indem den Teilnehmer*innen bestimmte Wortgruppen gezeigt wurden. So sollte ausgeschlossen werden, dass die Ergebnisse auf einer unbewussten Erwartungshaltung der Teilnehmer*innen beruhten.

Ergebnis beider Versuche: Ein Gefühl von Liebe verbessert die globale Wahrnehmung, ein Gefühl von Lust die lokale. Macht auch Sinn: Wenn man mit jemandem Sex haben möchte, ist die unmittelbare Umgebung und Situation wichtiger, als wenn man jemanden „nur" ganz grundsätzlich liebt. Es erklärt auch, warum wir ohne Probleme Sex mit jemandem haben wollen können, den wir nicht lieben. Etwas überspitzt könnte man sagen: Lust macht dumm. Jedenfalls nimmt sie uns die Weitsicht. Der Versuch wurde mittlerweile mit Proband*innen aus 80 Ländern überprüft, die Ergebnisse scheinen also auch über unterschiedliche Kulturräume hinweg zu gelten.

In längeren Beziehungen mischen sich die lokalen und globalen Erkenntnisse miteinander. Man kann also feststellen: Er oder sie ist echt ein schlechter Autofahrer (lokal, also ein konkretes Detail) – und ihn oder sie trotzdem lieben (global, eine grundsätzliche Aussage).

Diese Erkenntnisse bestätigen nun nicht nur auf unterhaltsame Weise gängige Vorurteile. Sie lassen sich auch im Beziehungsalltag nutzbringend verwerten. Beispielsweise ist der romantische Moment nach dem Sex vermutlich kein guter Augenblick, um langfristige gemeinsame Pläne zu schmieden. Und wenn Ihr Partner oder Ihre Partnerin einen wichtigen Termin hat und keinesfalls zu spät kommen möchte, ist es wenig hilfreich, sich mit nacktem Oberkörper an den Frühstückstisch zu setzen. Das motiviert ihn oder sie nicht, sondern lenkt ab.

Sie könnten dieses Wissen auch ganz gezielt einsetzen. Möchten Sie gern wissen, wohin die gemeinsame Reise geht? Machen Sie einen romantischen Waldspaziergang oder betonen Sie auf andere Art den Liebes-Teil der Beziehung, bevor Sie das differenzierte Gespräch beginnen. Oder möchten Sie lieber konkrete Pläne für das nächste Wochenende schmieden, aber Ihr Partner oder Ihre Partnerin wird immer so grundsätzlich? Dann knutschen Sie vorher ein bisschen oder schüren Sie mit anderen Mitteln die Lust.

Unglaublich: Eine Sache, die alle von ihrer Beziehung wollen!

Liebesbeziehungen können heute eine Quelle größeren Glücks sein als je zuvor in der Geschichte der Menschheit. Oder größeren Unglücks.

Denn unser Anspruch an die Liebe ist gestiegen. Romantisch soll sie sein, klar. Aber auch verlässlich. Wir wollen in der Entfaltung unserer Persönlichkeit unterstützt werden. Und uns zugleich frei fühlen.

Das ist, vielleicht, ein bisschen viel verlangt. Auf alle Fälle ist der Anspruch nicht unbedingt größer, sehr wohl aber höher als früher. Lange Zeit dienten Ehen in erster Linie der finanziellen Versorgung und der Reproduktion. Heute geht es eher um das persönliche Wachstum. Zwei Persönlichkeiten können gemeinsam höher fliegen – aber auch tiefer fallen.

Eine Ehe und vermutlich auch jede langjährige Beziehung kann tiefe emotionale Verbundenheit bieten und das Persönlichkeitswachstum erleichtern. Wenn das gelingt, ist es großartig. Ehen und langjährige verbindliche Beziehungen sind aufgrund dieser hohen Erwartungen aber auch schwieriger geworden[103]. Möglicherweise ist das ein Grund für die hohen Scheidungs- und Trennungsraten.

Partner, für die über längere Zeit ein deutliches Ungleichgewicht besteht zwischen dem, was sie in die Beziehung hineingeben, und dem, was sie sich wünschen, werden immer unzufriedener. Natürlich kann man versuchen, Auswege zu finden (mehr dazu im nächsten Kapitel).

Dennoch erscheint es auf der Grundlage dieser Forschungsergebnisse sinnvoll, bereits zu Beginn einer Beziehung darauf zu achten, ob beide Beteiligten in etwa dasselbe wollen.

Eine Liebe zwischen zwei konservativen Persönlichkeitstypen kann auf eine traditionelle Art wunderbar funktionieren, eine Liebe zwischen zweien, die sich entwickeln und entfalten wollen auch – wenn beide bereit sind, einander zu unterstützen und mit den zugehörigen Unsicherheiten zu leben. Wünscht sich einer eine klassische Beziehung und der oder die andere eine moderne oder gar offene, wird es schon schwieriger.

Natürlich lässt sich nicht im Voraus festschreiben oder absehen, wie das Leben verlaufen wird, welche Wünsche noch auftreten und wie sich die Persönlichkeiten verändern werden. Dennoch scheint dieser neue Anspruch an Beziehungen die Anregung zu rechtfertigen, erst mal für sich allein zu überlegen, was Sie sich wünschen, worauf Sie hoffen, und ob das zumindest möglicherweise zu den Ansichten des aktuellen Partners oder der aktuellen Partnerin passt. In diesem Abschnitt geht es schließlich um die Frage: Ist die laufende Beziehung vielversprechend genug, um sie weiterführen zu wollen – oder sollten Sie lieber die Notbremse ziehen (oder zumindest noch mal gründlich über die Sache nachdenken)? Wir möchten im Zweifel zu einem offenen Gespräch und nicht zu einer abrupten Trennung anregen. Nicht unbedingt im Sinne von: „Wie stellst du dir eigentlich unsere Zukunft vor?“, das kann durchaus verschreckend wirken. Sondern mehr erkundigend: Richtet Ihre Partnerin bzw. Ihr Partner das Leben eher auf Persönlichkeitsentwicklung aus oder auf handfestere Ziele (mein Job, mein Haus, mein Pferd)? Diese beiden Ebenen müssen nicht im Widerspruch zueinander stehen, können es aber. Wichtig ist nicht, dass Sie irgendwelche pseudoverbindlichen Einigungen erzielen. Sondern uns erscheint es hilfreich, eine Beziehung vor dem nächsten Schritt, wie immer der aussehen mag, auch mal im Geiste in Ruhe darauf abzuklopfen, wie gut sie zu Ihnen und Ihren Bedürfnissen passt. Es mag sein, dass uns das Ergebnis nicht passt, es kann aber auch passieren, dass es unsere Unsicherheit erheblich lindert.

IST DIE EHE ÜBERHAUPT NOCH ERSTREBENSWERT?

Mit welchen Hoffnungen, Fantasien und Ansprüchen Sie in Beziehungen gehen, ist nicht nur evolutionsbiologisch bedingt, sondern auch eine Frage des Zeitgeistes[104]. Und damit bei genauerem Hinschauen für uns selbst erkennbar. Je ehrlicher Sie mit sich sind, desto besser können Sie dann die Eignung der Beziehung einschätzen.

Statistisch[105] lässt sich festhalten: In den Sechzigerjahren des letzten Jahrhunderts waren fast zwei Drittel aller Amerikaner verheiratet, heute sind es nur noch etwa 50 Prozent. Mehr als ein Drittel aller Befragten hält die Institution der Ehe mittlerweile für „überflüssig". In Deutschland sieht es ähnlich aus, nur noch 60 Prozent der Bürger finden[106] die Ehe „noch zeitgemäß", und 31 Prozent sprechen sich gar für eine Art Bindungsvertrag aus, der nach einer gewissen Zeit ausläuft, wenn er nicht von beiden Partnern verlängert wird.

Der Trend zu mehr unverheirateten Eltern, Regenbogenfamilien und Beziehungen mit unterschiedlichen Hautfarben lässt den Großteil der Befragten[107] hingegen kalt – sie sind nicht „dafür", aber auch nicht (mehr) „dagegen". Familie hat dennoch weiter einen hohen Stellenwert. Nur wird der Begriff anders aufgefasst als früher: Auch alleinerziehende Eltern und ihr Kind oder ein unverheiratetes Paar mit Kind gelten inzwischen ganz selbstverständlich als Familien. Sogar, wenn die Eltern gleichgeschlechtlich sind. Andererseits sind Kinder nicht allentscheidend für die Einschätzung: Auch kinderlose Paare werden als „Familie" angesehen – allerdings nur, wenn sie verheiratet sind. Die romantische Liebe ist immer noch das Ideal – über 90 Prozent halten „Liebe" für das wichtigste Element einer Beziehung, „finanzielle Stabilität" liegt abgeschlagen bei nur 31 Prozent.

Diese Ergebnisse stammen, wie gesagt, aus den USA. Weitestgehend lassen sie sich jedoch wohl, wie viele Erhebungen, auf Europa übertragen. So lassen sich beispielsweise 48 Prozent der Frauen in Deutschland ohne große Gefühle gar nicht erst auf eine Beziehung ein[108], und 56 Prozent der Männer finden, erst eine Beziehung mache das Leben perfekt.

Im Übrigen scheint[109] „äußere Unsicherheit", also mangelnde gesellschaftliche Anerkennung des eigenen Beziehungsmodells (z. B. der „Ehe für alle") zu „innerer Unsicherheit" zu führen. Heißt: Je mehr Beziehungsmodelle allgemein akzeptiert werden, desto weniger Stress haben die Betroffenen, und desto stabiler laufen die Beziehungen[110].

Warum stellen wir diese Entwicklung hier so ausführlich dar? Weil wir der Ansicht sind, dass die meisten Erkenntnisse, die in den letzten Jahren ausdrücklich über Ehen gewonnen wurden, sich auf andere auf Dauer angelegte Partnerschaften übertragen lassen. Mag sein, dass es etwas aufwändiger ist, eine Ehe aufzulösen, und manche Menschen es sich deswegen länger überlegen. Zumindest aber gehen wir davon aus, dass sich die Überlegungen, welche Partnerschaft die richtige ist und wie sich eine Beziehung verbessern oder vielleicht sogar retten lässt, für andere verbindliche Beziehungsmodelle ebenfalls gelten.

WARUM KAPITALISMUS DER LIEBE SCHADET

Die israelische Soziologin Eva Illouz geht noch einen Schritt weiter und weist darauf hin, wie sehr der Kapitalismus in den letzten Jahrzehnten die Liebe möglicherweise beeinflusst haben könnte. Die sexuelle Befreiung sei nämlich vor allem ein Vorteil für die Männer, da die Bedingungen für Männer und Frauen auf den „sexuellen und romantischen Märkten“ ungleich seien. Der sexualisierte Körper von Frauen sei, zumindest als Bild, allgegenwärtig. Das erzeuge eine Norm: Frauen müssten in erster Linie sexy aussehen, zumindest wenn sie Erfolg haben wollen. Und zwar, das ist der Clou an ihren Aussagen, ist das nicht immer noch so, sondern es ist mehr denn je der Fall. Das Problem sei größer geworden, nicht geringer.

Die Scheidung ohne Schuldprinzip, als Erfolg der Neuzeit gefeiert, habe nicht nur die Rechtspraxis vereinfacht, sondern auch den Vorgang der Scheidung „normalisiert“[111]. Und obwohl es als Privileg angesehen würde, den Ehepartner selbst auswählen zu dürfen, führe dies auch immer häufiger zu einer „Nichtwahl“ oder „Abwahl“. Beziehungen kämen nicht zustande oder würden beendet. Das sei die „Schattenseite der Freiheit“[112]. Der Industriekapitalismus habe sich seit den Siebzigerjahren des letzten Jahrhunderts in einen Konsumkapitalismus gewandelt, und durch die sexuelle Revolution seien Intimität und Sexualität zu Bereichen geworden, in denen unser ökonomisches Selbst regiere.

Es ist uns laut Eva Illouz längst allen zur zweiten Natur geworden, ständig zu beurteilen und beurteilt zu werden. Das Unverbindliche würde immer mehr zur Gewohnheit, wir bestellten uns per App Intimpartner wie Pizza oder Sushi. Unsere Beziehungen und unsere Sexualität würden immer mehr bestimmt von kapitalistischen Werten wie dem Wunsch, stets alles unter Kontrolle haben zu können[113].

Ist unsere Sicht auf Beziehungen vielleicht wirklich zu stark durch den Kapitalismus geprägt? Und ebenso unser Verhalten in Beziehungen? Obwohl wir gleichzeitig vermutlich der

Ansicht sind, dass sich Liebe nicht den Regeln des Marktes unterwerfen lässt? Immer wieder sprechen Therapeuten und Soziologen vom dem „Nutzen“ oder „Zweck“, den all unser Handeln habe – und da das so sei, betreffe das auch die Liebe. Oftmals wird auf den unausgesprochenen Vertrag zwischen den beiden Partnern Bezug genommen („ich verdiene das Geld, du erziehst die Kinder; ich mähe den Rasen, du kochst das Abendessen“). Zugleich ist das Verhältnis der Partner zueinander eben nicht mehr offen vom gegenseitigen Nutzen geprägt. Das wollen wir auch gar nicht. Aber steckt in unserer konkreten Ausgestaltung der Suche nach romantischer Liebe vielleicht mehr eiskalter Kapitalismus, als wir uns eingestehen? Darauf möchte Illouz aufmerksam machen. Und wenn Sie immer wieder mal an dem Punkt waren, dass Ihnen die Partnerin oder der Partner „nicht (mehr) gut genug“ erschien, oder wenn Sie Nähe als ein Konsumgut unter vielen betrachten, so wie Essen, Fernsehen, Internet, Sex, dann *kann* das dazu führen, dass Ihnen langfristige Beziehungen nicht gut gelingen. Und *wenn* Sie das stören sollte, dann wären Illouz' Überlegungen ein guter Ausgangspunkt für Veränderung.

Eine ähnliche Position vertritt die Ethnografin Kristen Ghodsee in ihrem Buch[114] *Warum Frauen im Sozialismus besseren Sex haben: Und andere Argumente für ökonomische Unabhängigkeit.* Dasselbe Phänomen lässt sich im Übrigen auch mit Blick auf die Klimakrise oder die (ausbleibende) Forschung an wichtigen, aber nicht lukrativen Medikamenten beobachten. Die Annahme, „der Markt“ werde es schon richten, ist an der Tatsache gescheitert, dass diejenigen Bedürfnisse, für die wir zu zahlen bereit sind, sich oft nicht mit dem decken, was wir wirklich brauchen. Anders gesagt: Wenn wir uns Liebe und Partnerschaft als einen Raum frei von ständigen gegenseitigen

Ansprüchen und Verträgen vorstellen und erhalten wollen, müssen wir uns manifest wehren gegen die zunehmende Entfremdung durch Optimierungsbemühungen. Und auch bereit sein, dafür mehr Unbequemlichkeit und weniger gegenseitige Performance in Kauf zu nehmen.

Vier Bindungstypen, die wir alle kennen

Der britische Kinderpsychiater John Bowlby, der schottische Psychoanalytiker James Robertson und die amerikanisch-kanadische Psychologin Mary Ainsworth entwickelten bis etwa 1970 eine Theorie der kindlichen Bindungsmuster. Sie beobachteten, wie Kinder auf neue Situationen reagieren, und stellten vier sich wiederholende Muster fest:

- Sichere Bindung: das Kind ist emotional offen und verleiht seinen Gefühlen Ausdruck.

- Unsicher-vermeidende Bindung: Kinder tun so, als wäre es ihnen egal, wenn die Bezugsperson den Raum verlässt.

- Unsicher-ambivalente Bindung (auch „unsicher-verstrickt"): Kinder verhalten sich widersprüchlich-anhänglich zu ihrer Bezugsperson.

- Desorganisierte Bindung: Kinder zeigen merkwürdige Verhaltensweisen (drehen sich im Kreis, erstarren, schaukeln), wenn die Bezugsperson den Raum verlässt, wirken emotionslos.

Sichere Bindungstypen können ihre Bedürfnisse wahrnehmen und ausdrücken. Rückblickend beschreiben sie ihre Eltern meist als warmherzig und unterstützend[115].

Unsicher-vermeidende Personen geben sich pseudounabhängig und lenken sich ab. Oft beschreiben sie später ihre Mutter als abweisend und kalt[116].

Unsicher-ambivalente Typen geben sich eher anhänglich, fallen dabei aber durch Widersprüchlichkeit auf. Sie erzählen als Erwachsene häufig von einem Vater, den sie als unfair empfanden[117].

Heute geht man davon aus, dass diese Bindungstypen in den ersten Kindheitsjahren geprägt werden und uns ein Leben lang begleiten. Das heißt nicht, dass wir entsprechenden Verhaltensmustern hilflos ausgeliefert wären. Sie stellen jedoch vermutlich so eine Art „Startpunkt“ für unsere Beziehungen dar.

Und tatsächlich lässt sich zeigen, dass bestimmte Beziehungsstile besonders gut zueinander passen und Menschen mit unterschiedlichen Stilen sich mitunter meiden. Da diese Auswahl intuitiv zu Beginn der Beziehung erfolgt, wollen wir dieses Thema hier zumindest streifen, um Ihnen die Möglichkeit zu geben, Ihre Beziehungen und Ihren Beziehungsstil zu reflektieren und zu hinterfragen.

Es gibt ausführliche Tests, auch online, mit deren Hilfe Sie den eigenen Bindungstyp herausfinden und sich eine Meinung über den Typus Ihres Partners oder Ihrer Partnerin bilden können. Faustregel: Wenn es für Sie in Ordnung ist, allein zu sein, Sie sich jedoch auch freuen, Zeit mit dem Partner oder der Partnerin zu verbringen, sind Sie wahrscheinlich ein sicherer Bindungstyp. Ist es Ihnen, wenn Sie erst mal in einer Partnerschaft sind, tendenziell unangenehm, allein zu sein, ist Ihr Bindungstyp vielleicht eher unsicher. Tun Sie dann gern so, als würde Ihnen die Abwesenheit des anderen/der anderen nichts ausmachen, könnten Sie eher unsicher-vermeidend sein, schwanken Sie hingegen zwischen Nähe und Abwehr, spräche dies eher für unsicher-ambivalent. Die Bezeichnungen hören sich leider recht negativ an, alle drei Bindungstypen sind jedoch sehr weitverbreitet und stellen im Alltag grundsätzlich kein großes Problem dar.

Anders ist es mit dem desorganisierten Bindungstyp. Wenn Sie dazu gehören, haben Sie sicher schon gemerkt, dass es Ihnen irgendwie besonders schwerfällt, zuverlässige und beruhigende Beziehungen einzugehen. Das ist anstrengend und frustrierend, lässt sich aber in den meisten Fällen therapeutisch gut bearbeiten.

Die autonomen Bindungstypen (sichere Bindung) machen einem wenig Ärger. Sie sagen, was sie wollen, und meinen, was sie sagen. Nicht sehr aufregend, aber sehr angenehm. Die meisten Menschen, immerhin 56 Prozent[118], fallen in diese Kategorie.

Unsicher-vermeidende Typen, etwa ein Viertel der Bevölkerung[119], verdrängen oder idealisieren die eigene Kindheit, obwohl sie meist recht wenig Erinnerung an diese haben. Sie möchten gern unabhängiger sein, als es ihnen gelingt. Es fällt ihnen in der Tendenz eher schwerer, Emotionen auszudrücken.

Personen mit einem unsicher-verstrickten Bindungsstil werden noch im Erwachsenenalter durch Erinnerungen an die eigene Kindheit belastet. Sie schwanken zwischen Wut und Idealisierung, sehnen sich nach Zuwendung, fürchten diese aber auch ein wenig. Etwa ein Fünftel[120] aller Menschen gehört zu diesem Typ.

Personen mit einem dieser beiden unsicheren Bindungsstile neigen, da sie einem entsprechenden Schema folgen, dazu, Beziehungen bzw. bestimmte Elemente von Beziehungen auch dann zu vermeiden, wenn gar keine Beeinträchtigung droht. Auf diese Weise passen Sie die Realität an Ihre Vorstellung von der Wirklichkeit an[121].

Betrachtet man eine Beziehung nach der Zeit des Kennenlernens und dem Abklingen der Verliebtheit mit Blick darauf, ob man sie weiterführen möchte oder nicht, dann kann sich eine Untersuchung des Bindungsverhaltens lohnen. Und zwar des eigenen wie des Partners!

Denn die unsicher-vermeidenden und unsicher-ambivalenten Bindungstypen machen auf die Dauer durchaus Arbeit. Eine solche Persönlichkeit muss kein Dealbreaker sein. Doch im Zweifel mag es helfen, sich bewusst auf sie einzulassen – oder eben bewusst von dem Wunsch zu verabschieden, mit dieser Person eine bestimmte Art von Beziehung führen zu können.

WER BIN ICH, UND WENN JA, WIE VIELE?

Wie ermittelt man nun die Bindungstypen? Es gibt dazu verschiedene Tests oder Fragebögen. Ganz grob und außerhalb der klinischen Umgebung (wo es um eine präzise psychologische Diagnose geht), kann man als Faustregel sagen:

- Wer sich im Grunde mit jedem und jeder einigermaßen wohlfühlen würde, ist vom Bindungstyp 1 („autonom“ bzw. „sicher“).

- Wer häufig so tut, als würde er den Partner gar nicht brauchen, könnte vom Bindungstyp 2 sein („unsicher-vermeidend“).

- Und wer vor allem eifersüchtig klammert, zeigt möglicherweise Bindungsstil 3 („unsicher-verstrickt“).

Vor allem, wenn zwei nicht ganz einfache Bindungstypen aufeinandertreffen (also Typ 2 und Typ 3), kann das viel Stress und Arbeit bedeuten.

Eigenartigerweise scheinen viele von uns auf einen bestimmten (Bindungs)Typ zu stehen, z. B. „bad boys“ oder „anhängliche Mauerblümchen“. Deswegen scheitern bei manchen Menschen Beziehungen immer wieder nach einem bestimmten Muster. Hier kann die Beschäftigung mit dem eigenen Beziehungstyp sinnvoll sein, um solche Schemata zu durchbrechen. Denn sie hindern uns manchmal daran, zu erreichen, was wir uns wünschen.

An dieser Stelle ein ganz spezifischer Hinweis. Gerade Frauen, die Angst vor Gewalt haben, bevorzugen starke, dominante „bad boys“ als Partner. Die Logik dahinter: Ein testosterongesteuerter, aggressiver Mann ist zugleich „beschützungskompetent“. Er kann seine Partnerin also verteidigen, wenn nötig. Der Preis dafür ist jedoch manchmal, dass diese Männer sich auch innerhalb der Beziehung dominant bis gewalttätig verhalten – und die tendenziell schüchternen Frauen dem nichts entgegenzusetzen haben bzw. unbewusst der Ansicht sind, die Sicherheit nach außen sei diesen Preis wert. In Versuchen[122] ließ sich zeigen, dass die Partnerwahl völlig unabhängig von einer tatsächlichen Gefahr geschah, sondern ausschließlich durch das Gefühl von Angst gesteuert wurde. Heißt: Wenn Sie die Welt als einen gefährlichen Ort wahrnehmen, neigen Sie möglicherweise zu Partnern, die daherkommen, als könnten sie Sie beschützen – die dann aber das Gegenteil tun. Das verstärkt auf die Dauer leider noch die Angst. Sie sollten es dann bei der nächsten Gelegenheit vielleicht mal ganz bewusst mit einem „nice guy“ versuchen. Der lässt Ihr Herz dann vermutlich nicht ganz so schnell schlagen, knallt Ihnen aber auch keine. Und das ist unterm Strich besser.

DIE VORTEILE AN DEN EIGENEN NACHTEILEN ENTDECKEN

Alternativ zu einem Partnerwechsel – oder einer Veränderung des Beuteschemas – bleibt Ihnen noch eine weitere Lösung. Sie können Ihre Sichtweise ändern. Oder sogar den eigenen Bindungsstil.

1. Jeder Stil hat Vorteile. Wer sich sicher gebunden fühlt, streitet am konstruktivsten[123]. Vermeider lassen dem Partner bzw. der Partnerin viel Freiraum. Und ängstliche („ambivalente") Partner sind besonders sensibel, leidenschaftlich und engagiert für die Partnerschaft. Sie können sich also vielleicht mit Ihrem Partner oder Ihrer Partnerin darauf verständigen, die positiven Aspekte zu feiern.

2. Außerdem bleibt der Bindungsstil, auch wenn wir wohl frühkindlich erst mal auf einen geprägt werden, letztlich nur bei 70 Prozent der Menschen lebenslang gleich. Bei den anderen ändert er sich[124]. Zum Beispiel kann eine überraschende Trennung uns unsicherer werden lassen. Oder eine feste Bindung gibt uns Tag für Tag mehr Sicherheit. Eine solche Veränderung lässt sich natürlich nicht erzwingen, und schon gar nicht im Eilverfahren. Doch wenn Ihnen die eigene Art auf die Nerven geht, können Sie sich angewöhnen, eine alternative Sichtweise zu kultivieren und zumindest „neben" die intuitive Wahrnehmung der Beziehungswelt zu stellen. Ja, vielleicht war Ihre Frau oder Ihr Mann unachtsam. Vielleicht ist sie oder er aber auch nur überarbeitet. Vielleicht klammert Ihr Mann oder Ihre Frau. Vielleicht liebt er oder sie Sie aber auch nur sehr. Möglich, oder?

Ausführliche Untersuchungen[125] der Bindungsstile zeigten, dass sich Menschen offenbar nicht einfach irgendwie zusammenfinden. So gab es unter den Befragten kein einziges Mal die Kombinationen unsicher-vermeidend mit unsicher-vermeidend bzw. unsicher-ambivalent mit unsicher-ambivalent. Als besonders stabil (jedenfalls über die drei Jahre Studiendauer hinweg) erwiesen sich Beziehungen zwischen unsicher-vermeidenden Männern und unsicher-ambivalenten Frauen. Knapp auf Platz zwei: unsicherer Mann plus sichere Frau. Wogegen ein sicherer Bindungsstil des Mannes keine besonderen Vorteile für das Paar mit sich brachte.

Mehr als die Hälfte aller Paare bestand aus einem sicheren und einem unsicheren Partner[126]. Man geht davon aus, dass die „unsicheren" Partner die Geborgenheit einer Beziehung besonders intensiv suchen und sich daher ausgesprochen engagiert und kompromissbereit zeigen. Falls Sie oder Ihr*e Partner*in dazugehören: Solange sich beide damit im Normalfall wohlfühlen und nicht verbiegen müssen, ist alles in Ordnung. Einziger Wermutstropfen: Statistisch gehen Personen mit einem unsicheren Bindungsverhalten zwar häufiger Ehen ein, werden aber auch öfter geschieden[127].

Insbesondere das Bedürfnis nach Nähe oder Distanz beeinflusst die Paarzufriedenheit. Es sind wichtige Faktoren, denn Liebe resultiert aus der Spannung, die zwischen übermäßiger Nähe (erdrückend) und zu großer Distanz (Fremdheit) entstehen kann. Wenn Jonas seiner neuen Freundin Mia zwanzig Textnachrichten am Tag schickt und immer wissen will, was sie macht und wo sie gerade ist, findet Mia das anfangs vielleicht schmeichelhaft. Doch nach einem halben Jahr nervt Jonas' Verhalten sie – Mia fühlt sich eingeengt. Sie antwortet seltener, langsamer, ignoriert Jonas' Nachrichten manchmal sogar.

Der wiederum hat das Gefühl, Mia lasse ihn „am langen Arm verhungern". Früher hätten sie doch immer aneinandergeklebt, sich schon vermisst, noch bevor sie auseinandergingen. Und jetzt? Hat er etwas falsch gemacht, hat sie einen anderen? Jonas versteht die Welt nicht mehr!

Dabei ist die Erklärung ganz einfach: Mia wünscht sich im regulären Alltag mehr Distanz als Jonas. Der braucht ganz viel Nähe, um sich geborgen zu fühlen.

Daraus ergibt sich eine verhängnisvolle Dynamik. Je mehr Mia sich zurückzieht, desto hektischer hechelt Jonas ihr hinterher. Sie empfindet das als störendes Klammern. Verbringen die beiden jedoch mal einen entspannten Abend miteinander, und Mia fühlt sich Jonas näher, muss der sie nicht mehr ständig kontrollieren – und auf einmal fühlt Mia sich im Stich gelassen. Warum meldet er sich nicht?

Eine derartige Forderungs-Rückzugs-Spirale gilt als deutlicher Indikator für eine mögliche Trennung. Nicht unbedingt ursächlich (also kausal), aber auf alle Fälle trennen sich Paare, bei denen sich ein solches Muster zeigt, häufiger.

WIE (UN)GESUND IST BEZIEHUNGSINTERNER WETTBEWERB?

Über das unterschiedliche Verlangen nach Nähe und Distanz kann man sprechen und verhandeln. Denn Mia will Jonas ja gar keine Angst machen, und er will sie auch nicht bedrängen. Sich damit auseinanderzusetzen ist vor allem deshalb wichtig, weil wir dazu neigen, Nähe-Distanz-Muster in Beziehungen zu wiederholen. Das können wir nur lassen, wenn wir es zuvor erkennen.

Ein unterschiedliches Bedürfnis nach Nähe und Distanz kann sich auch in sogenannten „Machtspielchen" ausdrücken.

Wer verdient mehr, wer hat den besseren Filmgeschmack, wer drückt sich erfolgreicher vor der Hausarbeit? Manchmal mogeln sich Wettbewerbsdenken und Narzissmus in eine Liebesbeziehung. Das muss nicht schlecht sein, denn Nähe und Distanz müssen immer wieder neu ausgehandelt werden, verbal oder nonverbal. Ein bisschen interner Wettbewerb kann da ganz nützlich sein: Wer findet das tollste Urlaubsziel, das spannendste Buch? Doch sobald der spielerische Charakter verloren und es nur noch um Macht geht, ist Vorsicht geboten. Leonie hat sich über Ben geärgert und will daher nicht mit ihm schlafen – damit übt sie Macht aus! Ben schmollt daraufhin und spricht tagelang nicht mit ihr. So übt er ebenfalls Macht aus. Bloß agieren die beiden nicht mehr miteinander, sondern gegeneinander. Bald schon geht es in diesem Hin und Her nur noch darum, dem anderen oder der anderen etwas „heimzuzahlen". Das ist selten böse gemeint, sondern meist reine Verzweiflung und Hilflosigkeit!

Konkret bedeutet das: Wenn Sie sich fragen, ob Ihre aktuelle Beziehung Zukunft hat, könnten Sie einmal die Beziehungsstile bedenken. Gehören Sie beide zur gleichen Untergruppe der Unsicheren, dann täuscht Ihr Gefühl Sie nicht, sondern warnt vor einer Kombination, die in der Lebenspraxis offenbar wenig Erfolgsaussichten hat. Dagegen helfen am besten Therapie oder Trennung. Weisen Sie jedoch unterschiedliche Beziehungsstile auf (oder sind beide sichere Typen), dann können Sie dieses Thema jedenfalls zu den Akten legen. Auch schön.

Fragen, die Ihnen dabei helfen können, der Beziehungsdynamik auf die Spur zu kommen:

- Wer bestimmt (meist), wie oft man sich sieht?

- Wer bestimmt, wie oft Sie Sex haben?

- Wer bestimmt (meist), wie Sie die gemeinsame Zeit verbringen?

- Wer redet mehr, wer hört mehr zu?

- Wer kritisiert mehr, wer lobt mehr?

- Behält mein*e Partner*in bis zum nächsten Treffen, was ich gesagt habe?

- Verträgt sie oder er Widerspruch?

Auch aus Alltagsbeobachtungen lassen sich erstaunlich belastbare Schlüsse ziehen. So agieren aggressive Autofahrer nachweislich[128] auch in der Partnerschaft rücksichtslos, und wer beim ersten Date schon geizig abrechnet, ist auch sonst eher ein Kontrollfreak[129].

Warum Sie sofort Schluss machen sollten, wenn Ihr Partner eine dieser drei Eigenschaften hat

Da wir schon bei Charaktereigenschaften sind: Narzissmus, Machiavellismus und sogenannte „subklinische Psychopathie" werden als „dunkle Triade" oder „dunkler Dreiklang" bezeichnet. Das klingt spannend – und ist für viele Menschen auch ausgesprochen anziehend. Aber was bedeutet es?

- Narzissten halten sich für wertvoller oder wichtiger als andere Menschen.

- Machiavellisten gieren opportunistisch nach Macht.

- Psychopathen fehlt die Empathie (das Einfühlungsvermögen).

Eine betriebswirtschaftliche Faustregel besagt, dass Personen, die über deutliche Persönlichkeitsanteile dieser drei Störungen verfügen, sich sehr gut als Führungspersönlichkeiten eignen. Sie fühlen sich wenig durch Werte und soziale Bindungen eingeschränkt, also können sie „tun, was getan werden muss". Letztlich sagt das erst mal nur, dass rücksichtslose Menschen es leichter haben, erfolgreich zu sein. (Damit wollen wir keineswegs behaupten, dass alle oder auch nur viele Führungskräfte über diese Persönlichkeitsmerkmale verfügen. Das ist nicht der Fall. So wie die Betroffenen, entgegen dem Klischee, auch keineswegs immer nur Männer sind.)

Diese Menschen wirken häufig besonders charismatisch, fast magisch anziehend. Da es sich um Merkmale handelt, die auch in Liebesbeziehungen besonders verlockend wirken können, hat man untersucht[130], welche Auswirkungen der „dunkle Dreiklang" auf die Liebe hat. Von jemandem geliebt zu werden, der oder die diese Eigenschaften aufweist, fühlt sich besonders intensiv an. Machiavellismus führt z. B. zu einer besonders aufopferungsvollen Liebe. Und Narzissten gelten als sehr gut darin, Ihrem Gegenüber (anfänglich) das Gefühl von Einzigartigkeit zu vermitteln.

Mitglieder der „dunklen Triade" neigen zu kurzen, sexuell orientierten Beziehungen, bei denen die körperliche

Attraktivität eine überdurchschnittlich große Rolle spielt. Zudem scheinen die Betroffen zwei Liebesstile (von sechs möglichen) zu bevorzugen.
Die sechs Liebesstile[131] nach John-Allen Lee sind

- die leidenschaftliche oder romantische Liebe
- die freundschaftliche Liebe
- die altruistische, aufopfernde Liebe
- die obsessive, eifersüchtige Liebe
- die spielerische und unverbindliche Liebe
- die pragmatische Liebe

Menschen, in denen der „dunkle Dreiklang" tönt, neigen entweder zur spielerischen, unverbindlichen Liebe (auch *ludus* genannt), oder zur pragmatischen Liebe (*pragma*). Das heißt, eine solche Person lässt sich entweder nie ganz auf die Beziehung ein, bleibt sozusagen immer auf Armeslänge entfernt – oder bleibt aus „nützlichen" Gründen (mein Haus, mein Pferd, mein Boot) und will seine Errungenschaften auf keinen Fall wieder hergeben.

Die spielerische, unverbindliche Liebe nervt die meisten Menschen auf Dauer. Jedenfalls sollte, wer auf eine „herkömmliche, durchschnittliche" Beziehung aus ist, sie meiden.

Die pragmatische „Liebe" kann sich auf die Dauer anfühlen wie ein Gefängnis.

Natürlich könnten wir es uns einfach machen und dazu

raten, Personen mit derartigen Charaktereigenschaften einfach weiträumig zu meiden. Aber warum? Beziehungen sind nicht einfach. Diese Menschen haben auch viele Stärken und „Vorteile".

Wir raten nur dazu, sich in der Frühphase des gemeinsamen Lebens Gedanken zu machen, falls Indizien dafürsprechen, dass Ihr Liebster oder Ihre Liebste zu denjenigen gehört, die diese Eigenschaften aufweisen.

Woran erkannt man Narzissmus, Machiavellismus und subklinische Psychopathie? Am ehesten an der Rücksichtslosigkeit, die im Alltag immer wieder mal – oft für das Gegenüber unerwartet – auftritt. Das ist wohl auf die mangelnde Empathie zurückzuführen. Die Betroffenen wissen durchaus, dass Rücksichtslosigkeit im Job „okay" ist, privat aber nicht. Sie können sich jedoch nicht immer hinreichend in Ihre Partner*innen hineinversetzen.

Wenn Sie also gelegentlich mit offenem Mund und Tränen in den Augen dastehen, dann könnten Sie in einer solchen Beziehung sein. Die sich vielleicht wenig später wieder wahnsinnig toll anfühlt. Gerade deshalb kann es schwierig sein, einen objektiven Blick auf die eigene Beziehung zu erlangen.

In diesem Fall raten wir: Überprüfen Sie, vielleicht auch mithilfe einer Therapeutin oder eines Therapeuten, worauf Sie sich einlassen, und ob Sie das auch wollen. Der Preis ist oft hoch. Wie gesagt, wir wollen nicht unbedingt davon abraten, diese Beziehungen weiterzuführen … aber eigentlich doch. Immerhin kommen auch die Autoren der oben erwähnten Studie zu dem Schluss: „Die dunkle Seite [der Liebe] scheint sich auszuzeichnen durch ein herzloses Spiel mit der Beute."

Drei Fehler bei der Partnerwahl, die Sie unbedingt vermeiden sollten

Diese Betrachtung möglicher Paarkombinationen ist für uns Anlass zu einem Exkurs über die Welt der Beziehungsstudien hinaus. Denn im Alltag gibt es Varianten, die Grenzbereiche der eben geschilderten Paarbeziehungen darstellen können oder die sogar deutlich über diese hinausgehen. Und sie führen zu einigen Fragen, die sich nicht im Labor beantworten lassen:

- Kann man jemanden dazu bringen, einen zu lieben?
- Kann man zu intensiv lieben?
- Kann man die falsche Person lieben?

Die Antworten lauten: Nein, ja, ja.

Kann man jemanden dazu bringen, einen zu lieben? Nein, wie denn? Eine unerwiderte Liebe kann zu großem Schmerz führen. Wir rackern uns ab, plustern uns auf, geben unser Bestes. Ja, wir können um jemand anderen werben. Wir können versuchen, ihn oder sie zu verführen. Und manchmal gelingt das auch. Doch wenn es nicht gelingt, bleibt nichts anderes übrig, als das zu akzeptieren. Niemand kann die Gefühle einer anderen Person gezielt verändern. Man kann nicht „machen", dass jemand sich in uns verliebt[132]. Diese Unverfügbarkeit der uns entgegengebrachten Emotionen macht ja genau ihren Reiz aus! Es ist (auch) deshalb so faszinierend und großartig, gemocht oder sogar geliebt zu werden, weil wir nur sehr begrenzt Einfluss darauf nehmen können.

Wann sollten wir anerkennen, dass aus einem Flirt nicht mehr wird? Auf diese Frage gibt es keine korrekte Antwort. Wir vertreten jedoch die Ansicht: Wenn sich die Anbahnung einer Beziehung nicht mehr spielerisch und vielversprechend, sondern anstrengend und angespannt anfühlt, oder wenn vielleicht sogar schon ein Hauch Verzweiflung mitklingt, dann haben Sie es lange genug versucht und sollten sich lieber verabschieden von einer Hoffnung, die sich leider nicht erfüllen will.

Können wir „zu viel" oder „zu intensiv" lieben? Ja, das geht. Solche „rasenden" Liebesbeziehungen werden als „Amour fou" bezeichnet (französisch l'amour: die Liebe, fou: verrückt). Sie fühlen sich wahnsinnig (!) aufregend an, sind aber selten von Dauer. Eher scheint das lodernde Feuer den gesamten Sauerstoff aufzubrauchen und eine mögliche Beziehung zu ersticken. Derart feurig kann man eine Sommerliebe erleben, aber keine langjährige Beziehung. Das wird früher oder später viel zu anstrengend. Oft scheint es, als wäre ein übermäßiges Bedürfnis nach Zuneigung und Bestätigung, nach Gemochtwerden, die Ursache. Es ist überhaupt nichts gegen außerordentlich aufregende Gefühle gerade in der Anfangsphase einer neuen Liebe zu sagen. Doch wenn Sie das Gefühl haben, Sie befinden sich in einem Film, der sich jederzeit von einer Romanze in einen Psychothriller verwandeln könnte, dann sind die Gefühle vielleicht ein bisschen zu intensiv, und es ist Zeit für eine Feedbackrunde mit Freund*innen oder dem Therapeuten bzw. der Therapeutin.

Sogenannte „toxische Beziehungen" (altgriech. toxa: Pfeil und Pharmakon: Gift) sind Beziehungen, die uns Schaden zufügen. Auch wenn wir das in dem Moment nicht bemerken. Oft gerade, *weil* wir es nicht bemerken. Zu den häufigsten toxischen Beziehungen gehört die Liebe zu einem Narzissten oder einer Narzisstin. Diese Menschen denken im Grunde immer nur an sich und können sehr abweisend, im nächsten Moment aber auch sehr charmant sein. Und gerade ihre Unerreichbarkeit lässt sie für manche von uns so anziehend wirken. Das passiert offenbar vor allem Frauen. Sie denken dann ständig an den Partner, grübeln, ob dieser sie mag, und – so eigenartig das erscheinen mag – interpretieren diesen wiederkehrenden Gedanken als Interesse[133]. Schlimmer noch: Narzissten leben häufig hart am Limit, sind beispielsweise drogen- oder sexsüchtig. Für die betroffenen Frauen ist das dann jedoch nicht etwa ein Quell der Frustration. Im Gegenteil: Ihr Glaube daran, den Mann durch die Kraft ihrer Liebe ändern – sozusagen: retten – zu können, verstärkt ihre Zuneigung zu ihm sogar noch[134]. Das klappt jedoch nicht und kostet sehr viel Kraft.

Und gerade die Tatsache, dass es nicht klappt, erhöht wieder den Reiz. Es ist wie bei einem Glücksspielautomaten oder Instagram, der Suchtfaktor besteht in der Tatsache, dass wir nicht wissen, ob und wann wir „gewinnen".

Psychologen spekulieren, dass Menschen, die sich immer wieder auf derartige Beziehungen einlassen, vielleicht unbewusst gar keine Nähe zulassen können und daher Distanz durch Drama suchen.

Nun ist nicht jede*r, der Sie dann und wann nervt, gleich ein Narzisst. Und nur weil Sie seit zwei Wochen nicht aus dem Bett rauskommen, ist Ihre Beziehung nicht zwangsläufig zu intensiv. In diesen Fällen geht es um Muster. Scheitern Ihre Partnerschaften immer wieder auf ähnliche Art? Verdrehen Ihre Freundinnen oder Freunde schon die Augen, wenn Sie „wieder damit anfangen"? Dann könnte es Zeit für eine schonungslose Bestandsaufnahme sein. Denn, ja, solche Liebesbeziehungen fühlen sich sehr intensiv und unmittelbar an. Die vergebliche, die übermäßig intensive, die toxische. So richtig,

richtig lebendig. Doch können sie nicht glücklich machen. Und das wäre doch auch ganz schön, oder nicht?

No drama, llama!

Vielleicht hatten Sie gestern noch das Gefühl, es ist für immer, und heute wünschen Sie sich, ihn oder sie nie kennengelernt zu haben? Anna und Paul geht es so. Mal lieben sie sich, dann fetzen sie sich. Pauls Kumpel Linus hat ebenfalls eine neue Freundin, und Patrizia und er sind sich auch nicht immer in allem einig – aber es ist doch deutlich weniger dramatisch.

Was ist nun besser, vielversprechender, hoffnungsvoller? Beziehungen, in denen beide ihre Emotionen voll ausleben? Oder haben Paare, die sich öfter zurücknehmen, eine größere Chance auf das Glück? Forscher befragten[135] Paare über neun Monate hinweg nach besonderen Ereignissen und der akuten Beziehungszufriedenheit, um zu ermitteln, welche Verhaltensmuster zur Hochzeit führten – und welche zur Trennung. Das Ergebnis waren vier Paartypen:

Dramatische Paare (34 Prozent) verzeichneten, wie der Name schon sagt, viele steile Stimmungswechsel in der Beziehung. Sie verbrachten weniger Zeit zusammen als der Durchschnitt, hielten weniger von der Beziehung, und ihre Freunde und Familien ebenfalls. Kurz: Drama ist unterhaltsam, aber nicht gut für die Liebe.

Bei partner-zentrierten Paare (30 Prozent) hing die Zufriedenheit mit der Beziehung davon ab, wie viel Zeit sie miteinander verbringen konnten. Konnten Sie das umsetzen, waren sie happy.

Die sozialen Paare (19 Prozent) achteten vor allem darauf, was Freunde und Familie von der Beziehung hielten. Mochten die den Partner, verlief alles okay. In einer solchen Beziehung ist es also wichtig, bei Treffen mit Freunden oder Eltern einen guten Eindruck zu hinterlassen.

Die Streithammel (12 Prozent) schließlich erlebten viele Beziehungstiefs, und sie gingen fast immer auf Konflikte innerhalb der Partnerschaft zurück. Wie zu erwarten, hatten Partner wenig Gutes über den jeweils anderen Partner bzw. die Partnerin und die Beziehung zu sagen und erhielten wenig Unterstützung von Freunden oder Familie.

Es klingt offensichtlich, aber manchmal braucht man eine Studie, um nicht den Wald vor lauter Bäumen zu übersehen: Verstehen Paare sich gut, ist das ein gutes Zeichen. Streiten sie viel, ist es ein schlechtes Zeichen. Paare, die viel streiten, suchen und/oder erhalten weniger Unterstützung durch Freunde und Familie, und ihre Beziehungen halten nicht so lange wie die von Paaren, die wenig streiten. Wer gern viel Zeit mit dem Partner oder der Partnerin verbringt und das Beziehungsleben eher als langen ruhigen Fluss erlebt, hat statistisch die größten Chancen auf ein Happy End.

Ein Test, der Ihnen verrät, ob Sie glücklicher sein könnten

Wird Ihre aktuelle bzw. die bevorstehende Liebe Sie glücklich machen? Oder wenigstens nicht unglücklich werden lassen? Es scheint uns plausibel, dass zwei Menschen sich aus den unterschiedlichsten Gründen das Leben zur Hölle machen können. Da kann man noch so lange argumentieren, dass wir unsere Weltsicht selbst bestimmen und es an uns liegt, wie wir Partner, Beziehung, Job und Umwelt einordnen. Es gibt Konstellationen, die nicht sonderlich erfreulich wirken.

Viel spricht dafür, dass es nicht *die eine* richtige Töpfchen-Deckelchen-Beziehung für jede und jeden gibt. Warum sollte das so sein? Wer könnte acht Milliarden Menschen pärchenweise zuordnen, nach welchen Kriterien und über den ganzen Erdball verstreut? Die Vorstellung mag romantisch sein, sie ist jedoch wenig plausibel.

Gehen wir also mal davon aus, dass die allermeisten Menschen mehr oder weniger beziehungsfähig sind, und dass mehr oder weniger viele Partner*innen mit ihnen eine dauerhafte, einigermaßen zufriedenstellende Beziehung eingehen könnten. (Das Gegenteil wird sich auch schlecht per Studie zeigen lassen, schließlich kann ein und dieselbe Person nicht gleichzeitig probeweise mehrere unterschiedliche monogame Partnerschaften eingehen und als eigene Kontrollgruppe auch noch Single bleiben.)

Der Wunsch, der Partner oder die Partnerin möge uns „glücklich machen" scheint uns allen naheliegend. Und bringt doch Probleme mit sich. Zuerst einmal die Unschärfe des Begriffs „machen". Kann jemand mich glücklich oder unglücklich „machen"? Nein, wie denn?

Kann sich jemand so verhalten, dass es zu meinem Unglück beiträgt und sich anfühlt, als habe er oder sie das ausgelöst? Jeder und jede hat das wohl schon mal erfahren.

Was wir also meinen, wenn wir von „unglücklich machen" sprechen, ist vielleicht in etwa Folgendes: Jemand verhält sich auf eine Weise, mit der ich große Schwierigkeiten habe, und das beeinträchtigt mich sehr, weil die Beziehung für mich wichtig ist.

Wenn wir uns nun von jemandem wünschen, dass er uns „glücklich macht“, dann stufen wir damit die Beziehung bewusst als wichtig ein und hoffen darauf, dass der andere oder die andere Dinge tut, die uns Freude machen. Wie viel Freude wir einander auf diese Weise bereiten können, ist wohl einerseits soziologisch geprägt (also durch unsere angelernte Weltsicht), einen Teil können wir auch bewusst trainieren, und darüber hinaus ist immer die Rede von genetischer Disposition. Das lässt sich mittlerweile beweisen[136].

Wenn es um Liebe geht, spielt ein bestimmtes Hormon eine besondere Rolle: Oxytocin, das sogenannte „Kuschelhormon“. Je mehr wir davon produzieren und je besser wir es aufnehmen, desto wohler fühlen wir uns. Der fachlich als OXTR rs53576 bezeichnete Oxytocin-Rezeptor wiederum beeinflusst das Sozialverhalten. Es gibt drei Genvarianten dieses Rezeptors: AA, GG und AG (mit den Buchstaben werden Aminosäuren bezeichnet, aus denen der Gencode sich zusammensetzt). Forscher ermittelten nun mithilfe von Fragebögen die Ehezufriedenheit und nahmen Speichelproben der Teilnehmer*innen. Ihre Hypothese bestätigte sich: Trug mindestens ein Partner eine bestimmte Variante (nämlich GG), war die Ehezufriedenheit höher.

Was lernen wir daraus? Sie können einen entsprechenden Gentest durchführen lassen, vielleicht haben Sie Glück und tragen das GG-Gen. Dann möchte man nicht sagen, es ist egal, wen Sie heiraten. Aber jedenfalls wird es besser laufen als hätten Sie die AA- oder AG-Varianten.

Sind Sie selbst kein GG-Glückspilz, könnten Sie potenzielle Partner*innen frühzeitig um Gentests bitten und entsprechend der Ergebnisse Ihre Wahl treffen.

Sie könnten alternativ auch seufzend feststellen, dass ja sehr wahrscheinlich nicht nur dieses eine Gen an diesem einen

Rezeptor einen messbaren Einfluss auf unser Eheglück hat. Sondern dass noch viel mehr Gene irgendwie mitmischen. Wir wissen das nur noch nicht – und wenn wir es wüssten, könnten wir mit dieser Info nicht sonderlich viel anfangen. Denn ein genetisch optimales Gegenstück zu uns wäre noch lange nicht in allen anderen Bereichen ebenfalls unser Traumpartner.

Es lässt sich auch der Schluss ziehen, dass offenbar viele Einzelfaktoren an der Sache beteiligt sind, von denen offenbar keiner letztlich alleinentscheidend ist, zumindest nicht über Jahre hinweg. Denn sonst gälte ja: einmal glücklich, immer glücklich. Dann wäre die naheliegende Folgerung eine gewisse Demut den Anteilen gegenüber, die wir nicht kennen oder nicht beeinflussen können, und eine gewisse Ausdauer in Krisenzeiten in der Hoffnung darauf, dass in ein paar Wochen oder Monaten unter leicht veränderten Bedingungen alles wieder besser wird.

Spannend finden wir die Tatsache, dass es offenbar für mehr Glück völlig ausreichend ist, wenn *eine oder einer* über die entsprechende genetische Eigenschaft verfügt. Hm. Dann könnte das doch auch für andere Beziehungsbooster gelten. Man müsste ab jetzt nicht mehr darauf warten, dass das Gegenüber sich verändert und seine schlechten Eigenschaften ablegt. Sondern könnte sofort selbst das Heft in die Hand nehmen und einbringen, was Beziehungen stärkt (mehr dazu, welche Verhaltensweisen das sind, finden Sie im vierten Kapitel).

Zum Nachrechnen: Die Formel, die unser Glück beschreibt

Vielleicht haben Sie schon mal irgendwo gehört oder gelesen, dass die Ehe glücklich machen soll. Das wurde bis etwa 2010 von vielen Forschern vertreten, insbesondere auch im Rahmen der sogenannten „Positiven Psychologie". Stark verknappt geht die Positive Psychologie davon aus, dass sich die Psychologie viel zu lange und viel zu intensiv mit den Problemen der Menschen beschäftigt habe, mit Depressionen, Neurosen, Psychosen. Dabei gibt es doch auch so viel Schönes auf der Welt, und wenn wir uns darauf konzentrieren – und das lässt sich offenbar nachweisen – geht es den meisten Menschen besser.

Da ist es naheliegend, anzunehmen (und annehmen zu wollen), dass ein konstruktives, vertrauensvolles Miteinander von Menschen auch positiv bewertet wird. Und tatsächlich gab es dann eben auch reichlich Studien[137], bei denen genau das herauskam.

Doch mit der Zeit traten Zweifel auf. Erstens: Wenn Verheiratete wirklich glücklicher sind – sind sie das, *weil* sie geheiratet haben, ist also die Ehe die *Ursache* Ihrer Zufriedenheit? Wären Sie nicht vielleicht auch ohne die Ehe glücklicher als früher? Sind es vielleicht einfach sehr genügsame Menschen, die so oder so happy sind? Zweitens: Häufig hatte man Personen unmittelbar nach der Hochzeit befragt, ob sie jetzt glücklicher seien als früher. Da kann man sich die Antworten natürlich auch denken.

Deshalb begannen Wissenschaftler, vermehrt Langzeitstudien durchzuführen. Aktueller Stand der Dinge[138], im Einklang mit der einschlägigen Glücksforschung[139]: Positive Ereignisse, wie beispielsweise eine Hochzeit, heben unsere Stimmung, bis sie nach etwa sechs bis zwölf Monaten wieder auf das vorherige Niveau absinkt. Dieses Niveau ist abhängig von unserem persönlichen „set point“, sozusagen unserem Normalzustand. Er ist teils genetisch bedingt, teils durch die Umwelt geprägt, und teils durch unsere bewussten Entscheidungen beeinflussbar. Wenn Sie z. B. jeden Tag absichtlich einen schönen Weg gehen und dies auch bewusst wahrnehmen, tun Sie etwas für Ihr Glücksgefühl.

Wer heiratet, kann sich auch Jahre später noch bewusst darüber freuen. Oder eben nicht. Es liegt bei jeder und jedem Einzelnen. Die Tatsache des Verheiratetseins allein ist langfristig wohl nicht so ein Kracher wie bis vor einiger Zeit angenommen.

Das bedeutet: Wenn Sie heiraten oder sich langfristig binden wollen, dann tun Sie das gern. Aber klammern Sie sich nicht an eine miese Beziehung, nur weil Sie sich davon lebenslange Glücksgefühle erhoffen. Zum Durchhalten haben Therapeuten früher geraten, inzwischen weiß man, dass sich diese Hoffnung selten erfüllt.

Der Trend ist in dieser Hinsicht übrigens auf Ihrer Seite. Weniger junge Leute als je zuvor heiraten – und werden dies aller Wahrscheinlichkeit auch später im Leben nicht mehr tun[140]. Hauptgrund, vermuten die Soziologen, sei die Veränderung der ökonomischen Situation in Ländern der Ersten Welt. Stellt die Ehe in vielen Entwicklungsländern immer noch eine finanzielle Notwendigkeit dar oder wird aus religiösen Gründen gefordert, so gilt in Europa und den USA eindeutig, dass Beziehungen im Regelfall erst eingegangen werden, wenn die Lebensgrundlage gesichert ist[141].

(Sicherheitshalber möchten wir es an dieser Stelle noch einmal betonen: Alle diese Aussagen sind statistisch. Bei Ihnen persönlich kann die Sache ganz anders aussehen!)

Grundsätzlich geht man aktuell davon aus, dass Menschen quasi eine innere Kalkulation anstellen, bevor sie heiraten. Ist es (für mich) günstiger, Single zu bleiben – oder die Ehe einzugehen? Natürlich hat eine solche Überschlagsrechnung viele Unbekannte. Aber wie kann sie überhaupt aussehen, welche Faktoren spielen möglicherweise hinein?

Beispielsweise so[142]:

$$r = h\,(u\,(y, x, m, t)) + e$$ [143]

Dabei bezeichnet *r* die von einem selbst angegebene Zufriedenheit. Also wie glücklich man sich fühlt. Sie berechnet sich wie folgt: *u* ist der persönliche Nutzen, der abhängig ist vom Einkommen *y*, den persönlichen Eigenheiten *x*, dem Ehestand *m* sowie der Zeit *t*. Das *h* davor ist eine „nicht ableitbare Funktion", mit deren Hilfe die „tatsächliche" Zufriedenheit in Bezug zur gefühlten Zufriedenheit (dem *r*) gesetzt werden soll. Und schließlich quantifiziert *e* die Größe des Fehlers und erfasst damit alle nicht beobachteten Elemente, einschließlich der Tatsache, dass niemand den Nutzen von etwas wirklich korrekt angeben kann.

Dann werden über Jahre hinweg immer wieder dieselben Leute befragt, Tabellen erstellt, noch kompliziertere Formeln berechnet, und am Ende kommt etwas heraus. Weil die Frage wichtig erscheint, werden derartige Studien mit immer größeren Teilnehmerzahlen und immer wilderen Formeln durchgeführt.

Aber ganz ehrlich: Können Sie Ihr Glück in eine Formel packen? Wie viel Nutzen haben Sie vom gemeinsamen Einkommen – und wie absehbar war das zu Beziehungsbeginn? Wie sehr erfreuen Sie sich am Charakter des Partners, oder wie sehr nervt er Sie – und haben Sie das schon so kommen sehen?

Will sagen: Selbst, wenn *statistisch* die Ehe vielleicht eher glücklich macht als nicht – sagt das irgendwas über die ein, zwei, drei Ehen, die *Sie* führen? Sollten Sie es versuchen, oder noch mal versuchen, nur weil die Ehe *im Durchschnitt* prima ist? Oder sollten Sie lieber Single bleiben, weil Heiraten *im Durchschnitt* vielleicht doch „nichts bringt" für die Zufriedenheit?

So amüsant also derartige Berechnungen sind, für die Einzelfallentscheidung erscheinen Sie uns, leider, wenig hilfreich. Wenn Sie sich jedoch für die Beziehung entscheiden, dann sollten Sie das auch deutlich machen. Immerhin haben Männer, die das Gefühl haben, dass ihre Frau sie liebt, halb so viele Herzbeschwerden und Infarkte[144] wie diejenigen, die dieses Gefühl nicht haben. Und zwar sogar dann, wenn schlechte Cholesterinwerte, hoher Blutdruck oder Übergewicht vorliegen. Jahrzehntelang wurden derartige Untersuchungen vor allem an Männern durchgeführt, mittlerweile ist der Positiveffekt von erkennbarem emotionalem Rückhalt auch für Frauen gut dokumentiert, beispielsweise verdoppelt sich ihre Überlebensrate bei Brustkrebs[145].

Ganz klar also: Es reicht nicht, beieinander zu bleiben mit der Haltung: Der Partner kann sich ja wohl denken, dass alles okay ist. Man muss es hin und wieder auch sagen oder zeigen. Sonst nützt die ganze Ehe nichts (jedenfalls gesundheitlich).

Und was, wenn Sie darauf nun gar keine Lust haben? Oder es mit der Beziehung doch nicht klappt? Dann adoptieren Sie eine Katze oder einen Hund, notfalls kaufen Sie sich einen Wellensittich oder Fische.

Denn tatsächlich sind Haustiere für Herz und Kreislauf sogar noch besser als ein Ehepartner. Vielleicht, weil man mit ihnen nicht wirklich streiten kann, sie widersprechen nicht und gehen auch nicht fremd[146].

Ob es nach dem Motto „viel hilft viel" besonders gut ist, einen Partner bzw. eine Partnerin *und* ein Tier zu haben, wurde bislang noch nicht untersucht.

Warum Vorurteile besser sind als ihr Ruf

In festen homo- und bisexuellen Partnerschaften sind einverständliche nicht monogame Modelle (z. B. offene Beziehung, swingen, Polyamorie) weiter verbreitet als unter Heterosexuellen. Nun wollten Forscher wissen[147]: Liegt dies einfach an der „Szene" und ihren Regeln und Eigenheiten, den gewachsenen Werten? Oder haben persönliche Charaktereigenschaften zumindest auch Einfluss? Genau dies ist der Fall. Diejenigen lesbischen, schwulen und bisexuellen Personen, die sich vor allem durch ihre generelle Offenheit für neue Erfahrungen auszeichneten, fanden einvernehmliche nicht monogame Beziehungsmodelle deutlich attraktiver als der LGBTI-Durchschnitt (LGBTI: Abk. für „lesbian, gay, bisexual, trans, intersexual", also: lesbisch, schwul, bisexuell, trans* und intersexuell).

Entsprechend waren auch diejenigen, denen vor allem Gewissenhaftigkeit am Herzen lag, überdurchschnittlich oft gegen eine Öffnung der Beziehung.

Vor allem waren diese Eigenschaften, die unser alltägliches Verhalten prägen, bessere Gradmesser für die Einstellungen zur Beziehungsform als eigene Angaben dazu. Das könnte dann heißen, dass Sex für die Proband*innen eher ein Ausdruck alltäglicher Bedürfnisse ist und daher auch im gleichen „Wertesystem" bemessen wird. Und über diese Eigenschaften verfügen Menschen jeder sexuellen Präferenz.

Es scheint also, als gälte tatsächlich: What you see is what you get. Was bedeutet, dass Sie mit einer Mischung aus gut begründeten Vorurteilen und gesundem Menschenverstand sowohl sich als auch Ihren Partner bzw. Ihre Partnerin weitgehend korrekt einschätzen und belastbare Vermutungen über sein/ihr zukünftiges Verhalten anstellen können.

Wie Sie an einer Eigenart erkennen, ob er Sie wirklich liebt

Postet der Mann Ihrer Träume gern romantische Selfies mit Ihnen? Herzlichen Glückwunsch, er meint es ernst!

1984 entwickelte Robert Sternberg die „Dreieckstheorie der Liebe". Sie besagt, dass Liebe aus drei Komponenten besteht:

- Vertrautheit bzw. Intimität
- Leidenschaft
- Entscheidung bzw. Bindung

Diese werden als Eckpunkte eines Dreiecks angeordnet, daraus ergeben sich dann acht Arten der Liebe (die drei Ecken, die drei Seiten, die Mitte des Dreiecks, und die „Nichtliebe"). Optimal ist natürlich aus Sternbergs Sicht ein ausgewogenes Verhältnis der drei Komponenten, das dann auch nichts Geringeres als die „vollkommene Liebe" ergibt.

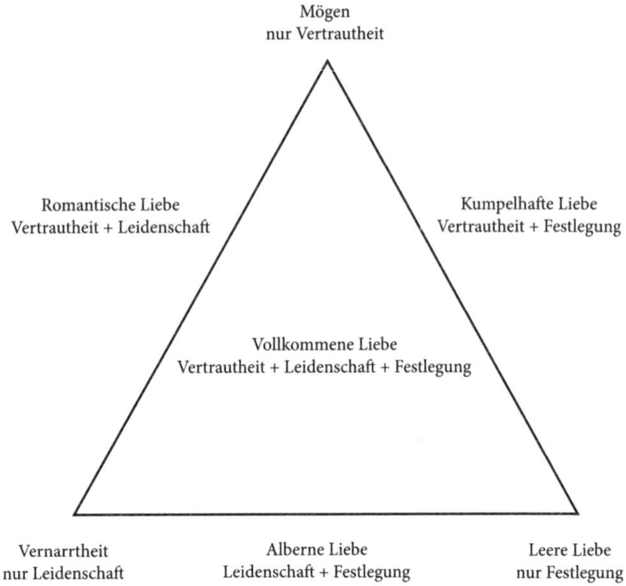

Aus den drei Eckpunkten „Leidenschaft“, „Vertrautheit“ und „Festlegung“ ergeben sich insgesamt acht Kombinationsmöglichkeiten für Liebesbeziehungen

Die Qualität der Beziehung wird nun in zweierlei Hinsicht bewertet. Erstens: Stehen die drei Eckpunkte in einem möglichst ausgeglichenen Verhältnis zueinander? Zweitens: Sind die drei Werte jeweils einzeln eher höher oder eher niedriger? Höhere Einzelwerte ziehen im Grunde die Eckpunkte weiter auseinander und vergrößern so die Fläche des Dreiecks, sie definieren die Intensität der Liebe.

Und was ergab nun die Selfie-Studie[148]?

Bei Frauen gab es kaum einen Unterschied zwischen denjenigen, die Küsschen-Selfies posteten, und denen, die es nicht taten. Einzig im Bereich „Bindung“ war ihr Wert höher. Das erscheint plausibel, denn die Bilder zeigen ja auch genau das: eine Bindung.

Männer, die romantische Selfies veröffentlichten, wiesen jedoch einen deutlich höheren Gesamtwert auf als Männer, die das nicht taten. Auch bei ihnen war der Wert für Intimität gleich, aber sowohl Bindung wie auch insbesondere Leidenschaft lagen erheblich über denen der Männer, die keine Pärchenfotos veröffentlichten. Damit lag auch ihr Gesamtwert deutlich höher, die Fläche Ihres Liebesdreiecks war also größer. Anders gesagt: Männer, die gerade besonders intensiv lieben, posten mehr Selfies mit der Liebsten.

Ein möglicher Grund für das unterschiedliche Abschneiden von Männern und Frauen könnte darin bestehen, dass romantische Bilder im News-Feed von Frauen als üblich angesehen werden, Männer sich jedoch normalerweise eher männlich darstellen wollen. Zeigen sie ihre softe Seite, muss es also wirklich um sie geschehen sein! Zugleich haben Sie als Frau einen handfesten (na ja, digitalen) Beweis dafür, dass er große Leidenschaft für Sie empfindet.

Ob es umgekehrt die Liebe intensiviert, wenn Sie Ihr Herzblatt darum bitten, dieses hübsche Bild zu posten, wurde nicht überprüft. Wäre aber vielleicht auch mal eine Untersuchung wert. (Wie wichtig „Werte" für eine Beziehung sind, werden wir im dritten Teil noch ausführlicher behandeln.)

Darauf wären Sie nie gekommen: Wie viele Beziehungen und Sexpartner heutzutage normal sind!

Um eine Beziehung einzugehen, gibt es nur einen guten Grund: mit der Person fühlen wir uns besser als ohne – und wir hoffen, dass das noch lange so bleibt. Um eine Beziehung wieder aufzulösen, gibt es mindestens zwei gute Gründe:

1. Die Beziehung ist so schrecklich, dass wir uns ohne die Person besser fühlen (werden) als mit, oder

2. die Beziehung ist so-so-la-la, doch wir gehen davon aus, dass wir früher oder später jemand Besseres treffen (können).

Wie viele Beziehungen sind „normal", bevor man sich festlegt? Und, wenn man davon ausgeht, dass Sie in jeder Beziehung etwas über sich lernen – was Sie mögen, was Sie nicht ausstehen können – wie viele Beziehungen sind dann sinnvoll?

„Normal" heißt hier ja nur: Wie machen es die anderen? Diese Frage ist tatsächlich mal recht leicht zu beantworten[149]. In Deutschland haben sechs Prozent noch nie eine Beziehung gehabt, die überwältigende Mehrheit (53 Prozent) hatte zwei bis vier, und nur fünf Prozent haben mehr als zehn Beziehungen. Allerdings muss man bedenken: Die Frage wurde nicht Greisen gestellt, sondern über alle Altersgruppen hinweg. Die Zahlen können sich also für Einzelne durchaus noch erheblich erhöhen.

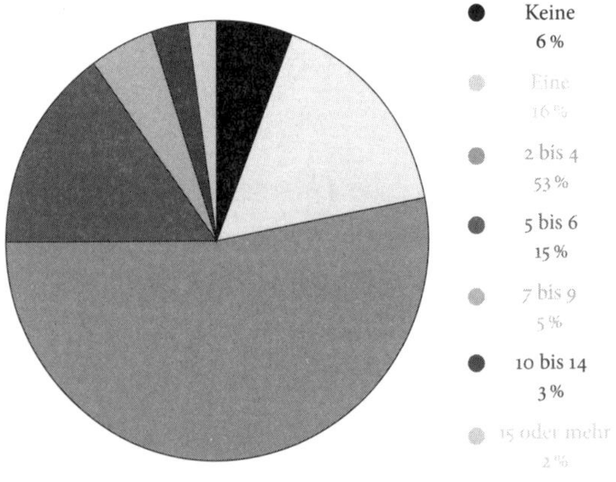

Beziehungsanzahl pro Person[150]

So kommt[151] man dann auf fünf Sexpartner*innen im Bevölkerungsdurchschnitt. Deutliche Ausnahme: Hetero- und Bisexuelle, die 16 Partner*innen angeben. Geschiedene, das ist naheliegend, haben mehr Partner*innen (nämlich acht) als verheiratete (fünf). Und wer zieht den Durchschnitt dann runter? Katholiken und Menschen mit „geringem politischem Interesse“ (jeweils nur vier Partner*innen)!

Naheliegenderweise passen dazu auch die Angaben[152] über die Neigung zum „One Night Stand“: Rund 60 Prozent der Homosexuellen hatten schon mehrmals Liebespartner*innen nur für eine Nacht, und 28 Prozent der Heteros. Weitere 26 Prozent der Heteros und 12 Prozent der Schwulen und Lesben hatten wenigstens einen „One Night Stand“. Und immerhin 26 Prozent derjenigen, die es erlebt haben, bedauerten am nächsten Morgen … nein, nicht etwa die Nacht, sondern dass der Sexpartner bzw. die Sexpartnerin keine echte Beziehung wollte.

Laut einer britischen Studie[153] muss eine Frau übrigens 15 Männer küssen, sieben Beziehungen führen und sich zwei Mal das Herz brechen lassen, bevor sie den Mann fürs Leben findet. Dazu passt auch eine Studie aus Schweden[154], die feststellte, dass heterosexuelle Frauen im Lauf des Lebens durchschnittlich sieben Sexualpartner haben, heterosexuelle Männer dreizehn. Offen ist, wie sich der deutliche Unterschied erklären lässt. Denn wenn ein heterosexueller Mann Sex (mit einer – vermutlich ebenfalls heterosexuellen – Frau) hat, dann hat ja zugleich eine heterosexuelle Frau Sex mit einem Mann.

Eine Möglichkeit: Männer übertreiben eben einfach gern! Zweite Möglichkeit: Männer und Frauen ermitteln die Zahlen unterschiedlich. Frauen, so die Theorie, zählen die tatsächlichen Beziehungen: Erst Dominik, dann Ralf, danach Johannes… wird dabei jemand vergessen, ist die Statistik zu niedrig.

Männer hingegen würden eher schätzen: Fünf Frauen letztes Jahr, mal vier, macht zwanzig. Das würde dann eher zu überhöhten Angaben führen. Die Wahrheit liegt also wohl wirklich einmal, zumindest mehr oder weniger, in der Mitte.

WARUM GUTE FREUNDE DIE BESTEN LOVER SIND UND DIE LIEBE AUF DEN ERSTEN BLICK OFT VON DAUER IST

Manche Beziehungen entwickeln sich rasant, andere langsam. Ist eines davon ein positives Zeichen? Nicht wirklich. Gerade unter jüngeren Frauen im fortpflanzungsfähigen Alter (18 bis 39 Jahre) ist es vollkommen normal[155], wenn eine mögliche Beziehung ausführlich überprüft und vielleicht auch durchdacht wird. Zwei Drittel von ihnen geben an, dass sich die aktuelle Beziehung erst mit der Zeit in Liebe verwandelt habe.

Beziehungen von Frauen über 40 hingegen beginnen deutlich schneller. Bei ihnen steigt die Quote für „Liebe auf den ersten Blick“ von 30 auf über 40 Prozent.

Andererseits: Vier von zehn Personen, die mit ihrer Beziehung glücklich sind, haben sich Hals über Kopf verliebt, aber nur 30 Prozent derjenigen, die mit ihrer Beziehung unglücklich sind. Daraus könnte man schließen, dass Glück sich möglicherweise doch nicht taktisch erreichen lässt.

Vielleicht hat der bewusst und gezielt gewählte Partner viele Vorteile – bringt unser Herz aber nicht dazu, schneller zu schlagen. Und möglicherweise sind wir glücklicher mit jemandem, der uns Herzklopfen beschert, weil wir biologisch auf ihn oder sie „anspringen“, auch wenn er oder sie sonst nicht unbedingt erste Wahl wäre. Zehn Prozent Unterschied sind nicht groß genug, um eindeutig die Liebe auf den ersten Blick zu empfehlen. Aber jedenfalls scheint die Unbedachtheit doch nicht so schlecht zu sein wie ihr Ruf.

In dieselbe Richtung weist die Aussage: „Bei der Entscheidung für meinen Partner habe ich einige meiner Ansprüche über Bord geworfen und bin jetzt froh darüber", der immerhin knapp 50 Prozent derjenigen zustimmen, die mit ihrer aktuellen Beziehung zufrieden sind – aber nur ein Drittel derjenigen, die unzufrieden sind. Wer keine Kompromisse macht, findet also keinen „besseren" Partner, der oder die glücklich macht. Im Gegenteil. Die Konzentration auf das Wesentliche und eine hohe Toleranz beim Rest könnten das Geheimrezept sein.

Sie erraten nie, an welcher Eigenschaft es liegt, ob die Beziehung hält

Wie ist es überhaupt möglich, dass wir etwas tun? Den Arm heben, dieses Buch lesen? Üblicherweise gehen wir davon aus, dass wir nur tun können, was wir tun wollen. Wir können auch „wider Willen" etwas „wollen", also z. B. das Klo putzen, obwohl wir dazu keine Lust haben. Juristen gehen davon aus, dass eine bewusst ausgeführte Handlung (im Gegensatz z. B. dazu, im Schlaf dem Partner die Decke wegzuziehen) eine „Willensäußerung" sei.

Ob diese Entscheidungen von uns wirklich so bewusst getroffen werden, ist umstritten. Neurologen haben festgestellt[156], dass der Entscheidungsimpuls sich möglicherweise messen lässt, bevor er uns bewusst wird. Das hieße dann, dass „unser Gehirn entscheidet" und uns dann nur vorgaukelt, wir hätten Einfluss darauf gehabt. Wer weiß.

Sicher scheint uns in der Alltagserfahrung immerhin: Wir können schwierige Ziele nicht ohne ein gewisses

Durchhaltevermögen erreichen. Im Englischen gibt es für diese Eigenschaft ein eigenes Wort: „grit". Und jemand, der über die entsprechende Entschlossenheit, Sturheit, Ausdauer, verfügt, ist „gritty". Das Wort ist nicht nur positiv konnotiert, ist jemand zu „gritty", dann nervt seine oder ihre Sturheit oder Verbohrtheit.

Es ist naheliegend, anzunehmen, dass Personen mit größerem Durchhaltevermögen ihre beruflichen oder akademischen Ziele häufiger erreichen. Das stimmt auch[157]. Üblicherweise testet die US-Armee Intelligenz und Fitness, um Voraussagen darüber zu treffen, welche jungen Soldaten die harte Ausbildung durchhalten. Im Test ließ sich zeigen, dass die Messung des Durchhaltevermögens weit präzisere Prognosen erlaubt.

Gleiches galt für Staubsaugerverkäufer. Bislang ging man davon aus, dass hohe Werte bei vier der fünf der sogenannten „Big Five" (Verträglichkeit, Emotionalität, Gewissenhaftigkeit, Extraversion; zugleich niedrige Offenheit für neue Erfahrungen) die „Verkäuferpersönlichkeit" gut abbildeten. Da in den USA Verkäufer weitgehend provisionsbasiert arbeiten, kann man davon ausgehen, dass nur erfolgreiche Verkäufer langfristig ihre Position behalten. Und welche Eigenschaft wiesen die auf? Genau: Durchhaltevermögen! Vermutlich ist das in ihrem Job sogar doppelt nützlich, einmal um Frust im einzelnen Verkaufsgespräch zu überstehen, und zweitens, um schlechte Zeiten auszuhalten.

Auch bei Schülern stimmte die Annahme. High-School-Schüler*innen mit viel „Grit" schlossen die Schule mit einer weit größeren Wahrscheinlichkeit ab als ihre weniger leidensfähigen Mitschüler*innen. Ja, Angela Duckworth, Psychologie-Professorin und eine der Autorinnen dieser Studie, behauptet[158] sogar, keine Eigenschaft bestimme den schulischen Erfolg mehr als eben dieses Durchhaltevermögen, weder die Herkunft noch die Intelligenz! Daher wäre es aus Elternsicht viel wichtiger, diesen Charakterzug zu stärken, als fachliche Nachhilfe zu organisieren. Aber hat Durchhaltevermögen auch positive Auswirkungen auf die Liebe? Nach Soldaten, Staubsaugerverkäufern und Schülern nahmen die Forscher*innen Ehepaare unter die Lupe. Überraschendes Ergebnis: Die Charaktereigenschaft „Durchhaltevermögen" beeinflusste die Dauer der Ehen nicht.

Wie bitte? Sollten Liebesbeziehungen wirklich eine Ausnahme von der These sein? Die Forscher*innen sahen genauer hin und fanden doch einen Zusammenhang. Allerdings einen, mit dem sie nicht gerechnet hatten. Genauer betrachtet, stellte sich nämlich heraus, dass ein hohes Durchhaltevermögen von Frauen keinen Einfluss auf die Ehedauer hatte. Das Durchhaltevermögen von Männern hingegen erhöhte die Chance, verheiratet zu bleiben, um satte 17 Prozent! Was bedeutet das, und warum ist es wichtig, wenn Sie sich entscheiden wollen, mit wem Sie eine auf Dauer angelegte Beziehung eingehen? Die Folgerungen sind unterschiedlich für Männer und Frauen.

Männer	Frauen
Sie verfügen über ein großes Durchhaltevermögen? Aufgeben kommt für Sie einfach nicht infrage; Sie erreichen, was Sie sich vorgenommen haben? Dann ist die Chance, dass Ihre Ehe Bestand haben wird, recht groß. (Mit der Schattenseite dieser Erkenntnis beschäftigen wir uns im dritten Abschnitt.)	Sie verfügen über ein großes Durchhaltevermögen? Erreichen, was Sie sich vorgenommen haben? Schön für Sie! Für uns hier relevant jedoch ist, ob der Mann, über den Sie gerade nachdenken, über diese Charaktereigenschaft verfügt – oder nicht. Wenn er zu denjenigen gehört, die im Extrem alles Mögliche anfangen und nichts zu Ende bringen, dann sinken damit auch die Chancen für eine lange Beziehung. Wie so vieles muss auch das kein Dealbreaker sein, aber möglicherweise ist es, so oder so, das Zünglein an der Waage.

Die Erhebung wurde übrigens unter heterosexuellen Paaren durchgeführt. Kann man aus ihr dennoch Schlüsse für homosexuelle Partnerschaften ziehen? Wir wissen es nicht. Falls ja, würde es bedeuten: Wenn zwei Männer sich zusammentun, wäre deren Durchhaltevermögen ein (möglicherweise doppelter) Faktor, für lesbische Paare nicht.

Und wie stellt man nun fest, ob jemand Durchhaltevermögen – „grit" – mit in die Beziehung bringt? In den Studien kam ein kurzer standardisierter Fragebogen[159] zum Einsatz. Die Statements lauteten:

1. Neue Projekte lenken mich leicht von laufenden Projekten ab.

2. Fehlschläge entmutigen mich nicht.

3. Manchmal bin ich eine Weile von einer Idee begeistert, aber dann verliere ich das Interesse.

4. Ich arbeite hart.

5. Ich setze mir oft Ziele, ändere diese dann aber später wieder.

6. Es fällt mir schwer, mit Einsatz an Projekten zu arbeiten, die länger als ein paar Monate dauern.

7. Was ich anfange, bringe ich auch zu Ende.

8. Ich bin pflichtbewusst.

Die Aussagen sollen auf einer Skala von 1 (sehr) bis 5 (gar nicht) bewertet werden. Bei den Fragen 2, 4, 7 und 8 deuten niedrige

Werte auf ein hohes Durchhaltevermögen hin, bei den Fragen 1, 3, 5 und 6 sprechen hohe Werte für ein hohes Durchhaltevermögen.

Betrachtet man die Fragen und die Logik der Auswertung, wird klar: Wenn Sie es mit jemandem zu tun haben, der nie lockerlassen kann – *das* ist Durchhaltevermögen. Das ist, wie gesagt, erst mal ein gutes Zeichen für die Partnerschaft. Es kann aber auch dazu führen, dass jemand zu lange an einer Beziehung festhält. Mehr über diese dunkle Seite des Durchhaltevermögens im dritten Abschnitt.

Welche Dating-Regeln Sie befolgen sollten und welche nicht

Der Mann zahlt. Bloß nicht schon am Tag danach melden. Und Sex erst (oder schon) beim dritten Date. Es gibt zahllose ungeschriebene Dating-Regeln. Wobei die sich natürlich in den letzten Jahrzehnten und vor allem auch in den letzten Jahren deutlich verändert haben. Welche sind[160] noch aktuell?

SOCIAL-MEDIA-PRÄSENZEN PFLEGEN

Was kein zukünftiger Arbeitgeber darf, macht jeder zukünftige Rendezvouspartner: erst mal Facebook, Twitter und Instagram checken. Deshalb sollte, wer gezielt datet, diese Feeds entsprechend gestalten (und nicht voller Fan-Pics vom Ex packen).

DER MANN BESTIMMT DIE LOCATION UND BEZAHLT

Kann man so machen. Oder auch nicht. Besser als ein langes Essen ist fürs erste Kennenlernen sowieso ein Café oder eine

Bar. Und das mit dem Bezahlen sollten Sie so regeln, wie Sie es später auch gern leben wollen. Für moderne Männer ist es inzwischen sogar manchmal ein Ausschlusskriterium, wenn die Frau nicht wenigstens anbietet, mit zu zahlen.

Es ist okay, sich einladen zu lassen (oder einzuladen). Daraus ergeben sich keine Verpflichtungen. Es ist ein Date, kein Kaufvertrag.

WÄHREND DES DATES DAS HANDY WEGSTECKEN

Und stumm schalten. Oder wenigstens beiseitelegen. Wer beim Kennenlernen schon im Geiste woanders ist, hat kein Interesse.

NICHT ÜBER DEN/DIE EX REDEN

Niemand muss so tun, als hätte er/sie kein Vorleben. Doch wer den ganzen Abend nur über den Ex-Partner herzieht (oder von ihm schwärmt), ist offensichtlich noch anderweitig beschäftigt. Nicht über die/den Ex zu reden ist in diesem Sinne nicht wirklich eine Regel, wie es früher mal war, aber wer noch nicht so weit ist, braucht vielleicht noch etwas Zeit oder Unterstützung.

(AUTO)TÜR AUFHALTEN

Gilt immer noch als höflich: Wenn der Mann beim Abschied die Tür nach draußen und gegebenenfalls die Auto/Taxi-Tür aufhält. Wem das gar nicht passt: einfach selber machen und ihm damit zeigen, was man will.

DER MANN MUSS DEN ERSTEN/NÄCHSTEN SCHRITT MACHEN

Das ist ein Klischee, das leider in gängigen Romantikfilmen weiterhin verbreitet wird. Warum machen (wir) Frauen uns so klein und machtlos? Jede*r kann den ersten/nächsten Schritt gehen!

AUFREGEND SEIN

Unter Adrenalineinfluss verlieben wir uns leichter (s. Brückenexperiment, S. 44). Das heißt aber noch lange nicht, dass jedes Folgedate ein Feuerwerk sein muss. Im Gegenteil, wir sind alle so gestresst, dass wir uns auch mal gemeinsam entspannen können wollen.

COOL SEIN

Totaler Blödsinn. Bringt nichts. Wenn da zwei sitzen, die beide so tun, als wären sie total unabhängig und stünden über den Dingen – dann wird das auch nix. Gute Beziehungen wachsen nur durch gegenseitiges Interesse (s. Fragenkatalog auf S. 37 und die Gegenfragen-Erhebung auf S. 35)!

NICHT ÜBER DIE ZUKUNFT SPRECHEN

Man muss ja nicht gleich mit der Tür ins Haus fallen und beim ersten Treffen die Geschenkeliste für die Hochzeit, den Bauplan fürs Haus und die vorausgefüllten Anträge für die Kindergartenplätze rausholen. Aber insgesamt scheint es wenig sinnvoll, mit den eigenen Wünschen ewig hinterm Berg zu halten. Denn unterschiedliche Zukunftspläne sind ein häufiger Trennungsgrund, das kann man vermeiden.

SICH FRÜHESTENS ZWEI TAGE NACH DEM ERSTEN DATE MELDEN

Warum? Wenn Sie verknallt sind, zeigen Sie's! Das ist doch schmeichelhaft! Es gibt keinen „richtigen" Zeitplan fürs Kennenlernen!

KEIN SEX VOR DEM DRITTEN DATE

Das ist etwas anderes als: Auf alle Fälle Sex beim dritten Date. Grundsätzlich ist es sinnvoll, wenn man jemanden erst mal näher kennenlernen will, vielleicht nicht sofort Sex zu haben. Andererseits: Manche Leute will man nicht näher kennenlernen – aber sofort mit ihnen ins Bett. Das ist auch okay (sofern es einvernehmlich geschieht). Gilt aber als Signal für einen „One Night Stand“ und gegen „langfristige Beziehung“. Ist es anders gemeint, einfach sagen.

NEIN HEIẞT NEIN!

Natürlich herrscht eine gewisse Hoffnung, vielleicht auch eine Erwartungshaltung, vor allem wenn es zu einem zweiten, dritten, vierten Treffen kommt. Das ist schön, genießen Sie diese positive Spannung. Doch nichts sollte erzwungen werden, weder durch körperlichen noch durch emotionalen Druck.

„Nein“ heißt nicht „eigentlich ja“. Oder „vielleicht“. Sondern „nein“. Wer das nicht kapiert, den wollen wir nicht.

Warum manche Trennungen so fies laufen - und wie Sie danach wieder auf die Beine kommen

Greta schaut fragend auf. Ihre Freundin Emily verdreht die Augen. Sie weiß nicht recht, ob sie sauer sein oder Mitleid haben soll. Greta hat nicht zugehört, während Emily vom letzten Telefonat mit ihrer Mutter erzählte. Jetzt zieht Greta ihr Handy heraus und schaut auf das Display. Keine Nachricht. Sie wird noch blasser. Emily hat Mitleid. Seit drei Wochen wartet Greta auf ein Lebenszeichen ihres Freundes. Fünf Monate waren die beiden zusammen. Und dann hat er einfach aufgehört, sich bei ihr zu melden. Von einem Tag auf den anderen. Ist es jetzt aus zwischen den beiden? Greta macht sich Sorgen, dass David etwas zugestoßen sein könnte. „Und wenn er mit mir Schluss machen will, dann soll er doch – ich will nur wissen, dass es ihm gut geht." David hat Greta auf allen sozialen Medien blockiert, geht nicht ans Telefon, wenn sie anruft. Emily glaubt, sie würde sich nicht so mies behandeln lassen. Aber wer weiß.

In den ersten Beziehungsmonaten ist das Trennungsrisiko naturgemäß besonders hoch. Deshalb möchten wir von den aktuellsten Trennungstrends berichten, so traurig das Thema auch ist. Nur noch die Hälfte aller Trennungen erfolgt in einem persönlichen Gespräch. Wobei davon wiederum zwei Drittel einvernehmliche Trennungen sind. Fast jede fünfte Beziehung wird per Kurznachricht beendet. Und 14 Prozent aller Singles wurden, so wie Greta im Beispiel oben, Opfer des stetig zunehmenden sogenannten „Ghostings"[161]: Der Partner bzw. die Partnerin meldet sich einfach nicht mehr – verschwindet wie ein Geist. Tendenz: steigend. Der Kontaktabbruch kommt für den verlassenen Partner scheinbar ohne Vorwarnung. Der Trend ist noch so neu, dass keine belastbaren Studien oder Erhebungen zu den Ursachen vorliegen.

Ähnlich verläuft „Benching". Hier werden Treffen auf die lange Bank („bench") geschoben, der Kontakt ist also nur sporadisch, wird aber nicht abgebrochen. Häufig, wenn jemand mehrere Personen parallel datet. Das ist immerhin schon 16 Prozent aller Deutschen[162] passiert.

„Breadcrumbing"[163] (Brotkrumen ausstreuen, wie es Hänsel und Gretel taten) nennt man es, wenn jemand sich ab und zu meldet, um den Kontakt warmzuhalten. Diese „Beziehung", wenn man es denn so nennen will, wird als „Cushioning" bezeichnet – von „cushion" (Kissen), weil da jemand bei Bedarf kuschelig weich liegen will.

Psycholog*innen und Soziolog*innen[164] vermuten, dass Feigheit, Bindungsangst und Narzissmus die Ursache für Benching und Ghosting sind. Onlineplattformen machen anonyme oder unverbindliche Beziehungen einfacher. Und lassen diese Oberflächlichkeit vor allem auch immer normaler erscheinen. So finden sich manche Personen auf einmal in „Beziehungen" wieder, die sie (so) gar nicht gewollt haben. Und wissen nicht, wie sie da wieder rauskommen. Aus mangelnder Sozialkompetenz tauchen Sie dann einfach ab. So müssen sie scheinbar keine endgültige Entscheidung treffen, tun aus ihrer Sicht niemandem weh (weil sie es nicht mitbekommen) und müssen sich noch nicht mal mit den eigenen Gefühlen auseinandersetzen.

Für die Betroffenen sind die Folgen oft gravierend. Hoffnung, Selbstzweifel und Schuldgefühle können sich abwechseln. Oft bleiben ein langanhaltender Liebeskummer, Angst und ein verringertes Vertrauen. Was hilft? Möchten Sie wirklich mit jemand zusammen sein, der bei einem Konflikt einfach verschwindet? Setzen Sie, wenn es für Sie nötig ist, noch ein letztes Ultimatum, bis wann er oder sie sich melden sollte. Oder treffen Sie gleich die Entscheidung, so jemanden nicht mehr lieben zu wollen. Das erfordert Mut und stärkt daher Ihr Selbstwertgefühl. Akzeptieren Sie die Trennung bzw. die Tatsache, dass der andere sich sang- und klanglos aus dem Staub gemacht hat, auch wenn Sie etwas anderes wollten. Wer sich vier Wochen lang nicht gemeldet hat (und am Leben ist), kann Sie mal! Und suchen Sie sich Unterstützung. Nerven Sie Ihre Freundinnen oder Freunde nicht mit Fantasiegeschichten davon, dass er/sie bestimmt von Aliens entführt wurde oder beim Geheimdienst arbeitet. Sondern blicken Sie gemeinsam der unangenehmen Wirklichkeit ins Gesicht. Sie sind nicht allein. Bald jede zweite Beziehung endet so. Da draußen gibt es also offensichtlich jede

Menge Charakterschweine. Denn natürlich haben Sie eine faire Behandlung verdient!

Ziehen Sie gemeinsam mit Freund*innen Bilanz. War die Beziehung vielleicht geprägt von Halbwahrheiten, Unverbindlichkeit und Konfliktvermeidung? Können Sie daraus etwas darüber lernen, welcher Bindungstyp Sie sind (s. S. 81) und auf welche Art Mensch Sie stehen? Was Sie von einer Beziehung erwarten – und was Sie erwarten sollten?

Und wenn Sie fertig sind damit, trauern Sie um die zu Ende gegangene Beziehung. Seien Sie wütend auf den oder die Ex. Und schließlich: Leben Sie weiter. Glücklich zu sein ist die beste Rache!

Kompassregeln: Kennenlernen

1. Bescheidenheit ist keine Zier. Je mehr Flirtsignale Sie aussenden, desto größer die Erfolgschancen! Dabei funktionieren bei Männern wie Frauen „traditionelle" Signale, die den Rollenstereotypen entsprechen, am besten. Die sogenannte „Liebe auf den ersten Blick" reagiert eben vor allem – wie der Name schon sagt – auf optische Reize. Zweitbestes Flirtmittel: Fragen stellen, vor allem nachfragen zu dem, was der/die andere erzählt hat!

2. Wenn Sie kein Model sind, tun Sie nicht so. Sondern präsentieren Sie bei Dates oder online Ihre Macken, Ecken und Kanten. Tattoos, spezieller Musikgeschmack, crazy Hobbies: immer her damit! Darauf springen vielleicht weniger Menschen an, aber die dafür richtig.

3. Auf Partys immer eine Freundin oder einen Freund mitnehmen, die Ihnen möglichst ähnlich, aber ein bisschen schlechter aussehen. Das erhöht die eigenen Chancen erheblich!

4. Was ist der beste Spruch, um einen Flirt zu starten? „Hallo" oder „Hi". Wenn's damit nicht klappt, hätte es anders erst recht nicht geklappt. Deshalb: Nicht so lange optimieren, sondern lieber direkt ansprechen.

5. Je geringer der Altersunterschied, desto besser die (statistische) Chance auf eine langjährige Beziehung.

6. Wann ist der richtige Zeitpunkt, sich auf einen Partner oder eine Partnerin festzulegenn? Nach etwa einem Drittel der

Gesamtbeziehungszeit. Also meist zwischen 30 und 40. Und wen sollen Sie wählen? Entscheiden Sie sich ab diesem Zeitpunkt für den oder die erste*n, der/die gefühlt „besser" ist als alle Partner*innen zuvor!

7. Scheidungskinder sind sehr wahrscheinlich doch gar nicht solche Risikokandidaten, wie das Vorurteil besagt. Eher scheinen Sie sich aus Sorge ganz besonders für die Beziehung zu engagieren.

8. Versuchen Sie, Ihren eigenen Bindungstyp zu ermitteln. Und den der letzten Partner*innen. Passen die gut zusammen? Oder stehen Sie auf Leute, die Ihnen nicht guttun? (Dann ändern Sie mal probeweise Ihr Beuteschema!)

9. Trennen Sie sich umgehend von Partnern, die narzisstisch, machtgierig oder psychopathisch agieren. Das kann nichts werden. Egal wie sehr Sie an die Kraft Ihrer Liebe glauben. Die Fakten sprechen gegen Sie. Leider. Traurig. Aber besser jetzt als später.

10. Menschen, die auf ihren Jugendfotos lächeln, sind auch später im Leben erfolgreicher, glücklicher, leben länger. Also: Lassen Sie sich ruhig mal ein paar Fotos „von früher" zeigen und ziehen Sie Ihre eigenen Schlüsse!

PHASE 2:
ALLTAGSERNÜCHTERUNG

Das verflixte ... nee, eigentlich ist jedes Jahr riskant!

81 Prozent der Deutschen, so sagt die Statistik[165], sind zufrieden mit ihrer Beziehung. So, so. Vielleicht grundsätzlich. Oder öfter mal. Oder wenn einer fragt. Aber kennen Sie jemand, der „zufrieden" ist mit der Beziehung?

Nele und Finn jedenfalls nicht. Sie haben sich vor drei Jahren kennengelernt, sind nach acht Monaten zusammengezogen. Nele beklagt sich bei ihren Freundinnen regelmäßig darüber, dass Finn lieber am Computer sitze als Zeit mit ihr zu verbringen. Finn hat mittlerweile mehr Spaß mit einer der Kolleginnen beim Mittagessen, als am Wochenende mit Nele. Sie findet, er sei unordentlich. Er findet, sie sei spießig und nervig. Er ärgert sich, wenn sie wieder mal Schuhe kauft. Als ob sie nicht schon genug Schuhe hätte! Sie ärgert sich, dass er zu Hause immer nur im Schlabberlook rumläuft.

Seit vier Monaten herrscht Funkstille im Bett. Nele hat vorgeschlagen, eine Paartherapie zu beginnen. Aber Finn meinte bloß, mit ihm jedenfalls sei alles in Ordnung. Zum Seelenklempner könne sie also mal schön alleine gehen.

Kommt Ihnen das – so oder ähnlich – bekannt vor? Wenn nicht alle Bedürfnisse erfüllt werden, fangen die meisten Paare an, einander Vorwürfe zu machen. Und klar ist, dass sie die Verantwortung für das Problem nicht bei sich, sondern beim anderen suchen. So beginnt oft eine schier endlose Reihe von Vorwürfen und Gegenvorwürfen: „Du sagst ja immer ...", „Aber du hast doch ...". Im Grunde sagen beide dauernd: Ich bin nicht schuld, nur wenn du dich änderst, wird unsere Beziehung wieder besser!

Ergebnis: Nichts und niemand ändert sich, und die Beziehung wird immer schlechter.

Was tun? Durchhalten und auf bessere Zeiten hoffen? Oder auseinandergehen und es mit jemand anderem erneut versuchen?

Früher sagte man, das siebte Beziehungsjahr sei das schwierigste. Heute gehen viele Beziehungen bereits in den ersten Jahren in die Brüche. Ehen hingegen halten im Durchschnitt rund 15 Jahre[166]. Sicher ist jedenfalls, dass nach einiger Zeit – zwischen sechs Monaten und zwei Jahren – die „Verliebtheit“ abnimmt. Dann entsteht entweder ein Gefühl von Liebe. Oder nicht. Doch Liebe allein reicht nicht für den Rest des Zusammenseins, diese weitverbreitete Annahme ist im Grunde nur eine überromantisierte Wunschvorstellung (der Psychologe würde sagen: Größenwahn).

Das führt dann zu durchschnittlich 1,7 Beziehungskrisen pro fünf Jahre Partnerschaft, zwischen dem fünften und zehnten Jahr sind es sogar 2,4 Krisen[167]. Die häufigsten Gründe für Streit: Eifersucht, Seitensprünge, Geld, Arbeitslosigkeit. Und immerhin zwei Drittel der in einer Beziehung lebenden Deutschen klagten[168] in den vergangen zwölf Monaten über mangelnde Zuwendung und Aufmerksamkeit des Partners oder der Partnerin! Andererseits wünschen[169] sich 44 Prozent von ihnen zugleich „mehr Freiräume in der aktuellen Beziehung“.

Was Sie tun können oder besser lassen sollten, um mit solchen, ähnlichen und auch ganz anderen Alltagsproblemen klarzukommen, lesen Sie auf den folgenden Seiten. Zugleich bieten diese Forschungsergebnisse eine solide Basis, um zu entscheiden: Sollte ich lieber meine Verluste minimieren und die Beziehung beenden – oder hat sie noch Potenzial?

Die eine Angewohnheit, mit der Sie Ihre Beziehung kaputt machen, und die Sie sofort ändern können

Woran erkennen Sie, ob Sie weiter mit Ihrem Partner zusammenbleiben sollten – oder ob es einfach nur immer schlimmer werden wird? An seiner oder Ihrer Reaktion auf gute Nachrichten.

Lisa bekommt bei der Arbeit die Leitung eines wichtigen Projekts übertragen. Ihr Mann Torge hat nun vier Möglichkeiten:

1. Er kann freundlich, aber im Grunde desinteressiert reagieren: „Das ist ja schön." Und sich dann wieder seinem Handy widmen. Dieses Kommunikationsverhalten nennt man „passiv-konstruktiv". Es wird als gleichgültig empfunden. Die Reaktion ist zwar positiv (konstruktiv), aber desinteressiert (passiv). Nun denken Sie vielleicht: So ein Doofmann! Aber es geht noch schlimmer:

2. Torge kann auch „passiv-destruktiv" antworten: „Aha. Und soll ich dir mal erzählen, was bei uns heute in der Firma los war?" Wenn man das so liest, denkt man: Hey, Wahnsinn, so blöd reagiert doch keiner. Aber das stimmt nicht. Wie oft sind wir im Grunde nur mit uns beschäftigt, wollen erzählen, was uns bewegt, wollen Mitleid oder Anerkennung, und daneben ist kein Platz? Ganz besonders schnell passiert so etwas, wenn man selbst gerade unter Stress steht oder wenn einem die Beziehung und das Gegenüber schon ziemlich alltäglich geworden sind und man glaubt, den anderen in- und auswendig zu kennen. Oder auch, wenn die Lebenswelten ganz verschieden sind.

3. Torge könnte auch quasi offen feindselig reagieren, also „aktiv-destruktiv". Nur erscheint das den Betroffenen oft gar nicht feindselig, sondern konstruktiv. Beispiel: „Bist du sicher, dass du das schaffst?" Natürlich kann eine solche Bemerkung tatsächlich darauf zurückzuführen sein, dass Torge Lisa für ziemlich überfordert in ihrem aktuellen Job hält. Möglich. Viel wahrscheinlicher ist jedoch, dass eine Angst dahintersteckt. Beispielsweise fürchtet er, dass sie nun (noch) weniger Zeit mit ihm verbringen kann. Oder dass sie sich überfordert und scheitert. Sowohl die passiv- als auch die aktiv-destruktive Reaktion werden als abwertend erlebt. Im Grunde als eine Variante der Aussage: „Das schaffst du nicht, was soll denn das, ich hab's dir doch gleich gesagt!" Die vierte und – wenn man so drüber nachdenkt, offensichtlich – beste Option ist, sich mitzufreuen:

4. Als „aktiv-konstruktiv" wird eine positive Rückmeldung bezeichnet, in der noch eine zusätzliche Ermunterung oder Bestätigung steckt. Also etwa: „Hey, das ist ja toll. Dafür hast du hart gearbeitet. Ich wusste, das schaffst du!" Es gibt Menschen, denen gehen solche Sätze ganz von allein über die Lippen. Andere fragen sich an dieser Stelle: Wie, „ich wusste das"? Das kann ich doch gar nicht gewusst haben. Doch darum geht es bei dieser Art der Reaktion nicht. Es geht darum, Vertrauen und Zuversicht zu zeigen. Man könnte genauso gut sagen: „Das wird bestimmt toll!", oder „Eine wirklich kluge Entscheidung". Der emotionale Teil der Aussage ist: Das ist erfreulich und verdient, das kriegst du hin, ich höre dir zu und freue mich mit dir. Eine solche Reaktion wird als zugewandt empfunden.

Im Alltag öffnen viele von uns Türchen Nummer vier leider viel zu selten. Dabei lässt sich zeigen[170]: Unsere Beziehungszufriedenheit steigt, wenn der Partner oder die Partnerin positiv und konstruktiv auf gute Nachrichten oder Veränderungen reagiert. Egal wie groß oder klein das Ereignis selbst ist, eine Anekdote aus dem Job, ein neuer Haarschnitt, ein Kompliment vom Boss.

Beziehungsratgeber, Therapeuten und auch unsere eigenen Überlegungen konzentrieren sich oft darauf, wie man sich in Krisen und Streitsituationen besser verhält. Doch die meisten Beziehungen bestehen nicht in erster Linie aus Problemen, sondern vor allem aus Alltag und grundsätzlich positiven Momenten. Wie der Partner auf gute Nachrichten reagiert, ist deshalb oft ein besserer Indikator[171] dafür, ob ein Paar sich trennt, als das Verhalten im Streit oder die Bereitschaft, den anderen oder die andere in schwierigen Situationen zu unterstützen. Personen mit Partnern, die aktiv-konstruktiv auf gute Neuigkeiten reagieren, sind glücklicher, zufriedener mit ihrer Beziehung, streiten seltener und haben mehr Spaß miteinander. Wenn man drüber nachdenkt, ist das eigentlich auch kein Wunder.

AB SOFORT WIRD ALLES ANDERS

Was können wir mit dieser Erkenntnis nun anfangen?

1. Wenn Sie den Eindruck haben, dass Ihr Partner oder Ihre Partnerin aktiv-destruktiv mit Ihnen spricht, weil er oder sie tatsächlich der Ansicht ist, dass Sie nicht viel draufhaben, dann ist das ein schlechtes Zeichen. Mit jemandem zusammenzuleben, der dauerhaft auf einen herabschaut, macht wenig Freude und führt dazu, dass man sich irgendwann selbst weniger zutraut.

2. Wenn Sie der Ansicht sind, Ihr Partner oder Ihre Partnerin meint es gut und findet nur nicht die richtigen Worte, lesen Sie diesen Abschnitt mit ihm oder ihr gemeinsam oder geben Sie ihm oder ihr eine Kopie.

3. Wenn Sie Ihrer Beziehung etwas Gutes tun wollen, dann achten Sie ab jetzt zudem selbst darauf, aktiv-konstruktiv zu reagieren. Das funktioniert übrigens auch außerhalb von Liebesbeziehungen. Auch Freundinnen und Freunde, Kolleginnen und Kollegen schätzen diese Art von Rückmeldung sehr. Wenn Sie jemanden mögen und der oder die Ihnen etwas Positives erzählt, reagieren Sie aufmerksam und freuen Sie sich mit. Sagen und zeigen Sie das ausdrücklich, und fügen Sie noch ein oder zwei Bonussätze an, die deutlich machen: Du schaffst das, du kannst das, ich glaube an dich.

Warum tut das gut? Vielen von uns fällt es leichter, auf eine schlechte Nachricht tröstend zu reagieren, als eindeutig positiv auf eine gute. Denn das erscheint ein wenig wie Zeitverschwendung: Es ist doch schon alles gut, wozu noch darüber reden?

Und tatsächlich galt und gilt in der Erziehung häufig das Motto: „Nicht geschimpft ist genug gelobt." Eltern und Lehrer lassen uns in Ruhe, wenn es gut läuft, und melden sich zu Wort, wenn etwas schiefgeht. Das ist gut gemeint, aber frustrierend. Jede und jeder möchte gelobt, anerkannt, geliebt werden. Was manchen von uns daher anfangs als „etwas dick aufgetragen" und von geradezu amerikanisch geheuchelter Begeisterung erscheint, ist doch nur das, was wir eigentlich den Menschen, die wir mögen, gern sagen würden: Toll gemacht – herzlichen Glückwunsch – das klappt bestimmt – und wenn du Unterstützung brauchst, kannst du auf mich zählen.

JE OFFENSICHTLICHER DIE ZUNEIGUNG, DESTO BESSER

Überhaupt kommen verbale Anerkennung und auch zugewandte Gesten gut an[172]. Ebenso wie, und zwar in dieser Reihenfolge:

- gute und offene Kommunikation, um zu wissen, wie es dem Partner geht und den Stress des Tages loszuwerden,

- Überraschungsgeschenke und kleine Freundlichkeiten, z. B. eine Tasse Kaffee am Morgen (die hier zitierte Umfrage ist ein gutes Beispiel für die Übertragbarkeit bzw. die Notwendigkeit, Studien durch Interpretationen anzupassen, denn von den Befragten wurde am häufigsten „eine Tasse Tee" genannt – die Studie wurde in Großbritannien durchgeführt),

- wenn der oder die andere kocht,

- speziell Mütter würden sich über deutlich mehr Hilfe im Haushalt freuen,

- und schließlich gehören eindeutige Liebesbekenntnisse, verbal oder nonverbal, auf die Liste. Sie mögen vielleicht denken: Hey, wir leben zusammen, haben ein Kind und eine Wohnung oder ein Haus, ein gemeinsames Girokonto, und der nächste Jahresurlaub ist auch schon geplant. Ist doch klar, dass wir uns lieben. Doch das reicht nicht. Damit die Beziehung intakt bleibt, sollten Sie es sagen und zeigen.

So einfach: Diese zwei Regeln machen alle Paare zufriedener

„Eine Ehe sind eigentlich nur zwei Erwachsene, die auf den Deckel vom Mülleimer drücken in der Hoffnung, dass der andere die Tüte runterbringt“, lautet ein beliebter Spruch in den sozialen Netzwerken. Und zumindest Männer und Teenager kennen diese großartige Taktik: Machst du es oft genug schlecht genug, bist du die Aufgabe irgendwann los.

Ja, gemeinsamer Alltag heißt oft auch: gemeinsamer Haushalt. Und da fangen viele Probleme an, oder sie werden zumindest verschärft. Denn wer mag schon Ungerechtigkeit? Eine gerechte Aufteilung der Hausarbeit ist vielen wichtiger als ein vernünftiges Einkommen, eine schöne Wohnung, gemeinsame Interessen, Religion oder Kinder[173].

Ganz besonders wichtig ist das übrigens jungen Leuten zwischen 18 und 24. Okay, das ist nachvollziehbar, denn sie wachsen schon mit neuen Rollenbildern auf[174]. Und, tadaa!, arbeitenden Müttern. Auch in diesem Fall muss man kein Einstein sein, um das nachvollziehen zu können. Aber gerade deshalb ist das eine Gelegenheit, zu punkten. Denn die Zeit mit kleinen Kindern im Haus ist eine Belastung für jede Beziehung. Da muss ein Mann das (gemeinsame) Leben nicht noch schwerer machen, nur um schon ein Bierchen vor dem Fernseher zu trinken, während sie noch die Küche aufräumt. Das lohnt sich auf die Dauer nicht.

Wie Sie die Aufgaben verteilen, also was Sie als gerecht empfinden, ist Verhandlungssache. Gerecht kann heißen: gleicher Zeiteinsatz. Oder: Wir machen alles gemeinsam. Oder: Jeder tut, was ihm oder ihr besonders leicht fällt. Oder was er oder sie besonders gut kann. In der Praxis wird es sicher eine Mischung aus all diesen Ansätzen sein[175].

- Haben Sie also das Gefühl, dass Sie schon lange mehr im Haushalt helfen könnten und sollten? Dann tun Sie's!

- Nervt es Sie schon eine kleine Ewigkeit, dass Sie mehr Hausarbeit erledigen als Ihr Partner oder Ihre Partnerin? Dann suchen Sie das Gespräch und eine neue Abmachung.

Denn:

1. Personen, die sich die Hausarbeit gerecht teilen, sind zufriedener mit ihrer Beziehung.

2. Noch zufriedener sind diejenigen unter Ihnen, die genau wissen, wer was erledigt und das nicht ständig neu verhandeln oder dem Zufall überlassen[176].

Also: Erstellen Sie einen Putzplan[177], wie damals in der WG, und wienern Sie Ihre Liebe wieder auf Hochglanz!

Das hätten Sie nie gedacht: Ein Grund, der wirklich gegen Kinder spricht! (Oder doch nicht?)

Am Ende der Kennenlernphase steht oft nicht nur die Entscheidung: zusammenbleiben oder nicht? Sondern auch die Frage nach gemeinsamen Kindern.

Nun könnte man denken, dass die Menschen evolutionsbiologisch dafür gemacht sind, Kinder zu bekommen, also wird es uns besser gehen, wenn wir Kinder haben. Das ist aber nicht unbedingt so, denn es gibt keinen Grund, warum es uns besser gehen sollte, wenn die Kinder erst mal da sind. Wichtig für die Erhaltung der Art ist nur, dass wir eine Motivation haben, Kinder zu bekommen! Und wenn man mal von Verhütungsmitteln absieht, dann sind Verlieben, Begehren, Verlangen und sexuelles Vergnügen doch hinreichende Mittel, um für Nachwuchs zu sorgen.

Heutzutage ist Kinderkriegen jedoch keine Zufallsfrage mehr, sondern entweder ein großer Wunsch – oder eine große Angst. In beiden Fällen ist es sinnvoll, sich in dauerhaften Partnerschaften einig zu sein. Denn ein halbes Kind kann man schlecht kriegen, und Kompromisse bei den ganz großen Lebenswünschen führen oft noch nach langer Zeit zu Beziehungsbitterkeit.

Statistisch betrachtet – spricht etwas für oder gegen Kinder? Eine sehr umfangreiche Studie in Großbritannien[178], bei der hetero- wie homosexuelle Paare befragt wurden, führte zu dem Ergebnis:

- Kinderlose Paare sind zufriedener mit ihrer Beziehung als Eltern.

- Unverheiratete Eltern sind etwas zufriedener mit der Beziehung als verheiratete Eltern.

- Am unzufriedensten mit der Beziehung sind verheiratete Eltern.

- Nicht heterosexuelle Paare sind zufriedener als heterosexuelle Paare.

Warum? Vermutung der Forscher: Eltern haben weniger Zeit für die Beziehungspflege als kinderlose Paare. Tolle Erkenntnis. Und verheiratete Paare nehmen sich besonders wenig Zeit für die Beziehungspflege, möglicherweise, weil sie sich der Beziehung besonders sicher sind. Gleiches gilt für heterosexuelle Paare, die ebenfalls weniger gemeinsam unternehmen bzw. ihre Zuneigung zum Ausdruck bringen, als nicht heterosexuelle Paare das tun.

Kurz: Je traditioneller die Lebensform, desto weniger Beziehungs-Engagement, und das hat seinen Preis.

GANZ SO EINFACH IST DIE SACHE DANN DOCH NICHT

Darüber hinaus sind Väter wie Mütter unzufriedener mit der Beziehung als kinderlose Männer und Frauen, Mütter hingegen gleichzeitig am zufriedensten überhaupt mit dem Leben insgesamt. Wie, was? Noch mal, bitte. Also: Eltern sind unzufrieden mit dem Leben und miteinander, aber Mütter finden das Leben toll!

Eine weitere aktuelle deutsche Studie[179] ergab, dass sich zwei Drittel aller Eltern manchmal mit ihrer Elternrolle überfordert fühlen, und dass sogar fast drei Viertel die Erwartungen an Eltern heute höher finden als die an die vorige Eltern-Generation. Besonders hoch sei der Druck im direkten Umfeld von Freunden und Familie, fand immerhin noch ein Viertel.

Eine andere Studie[180] ergab übrigens, dass das Lebensglück im Jahr vor und nach der Geburt des ersten Kindes höher ist als vorher, dann sinkt, und nach einigen Jahren wieder das Niveau von vor der Geburt erreicht. Das hieße dann, dass Kinder zwar langfristig nicht glücklicher, aber auch nicht unglücklicher machen. Das galt allerdings nicht für ausgesprochen junge Eltern (unter 23) – sie waren deutlich unzufriedener als kinderlose Paare gleichen Alters.

Die Ergebnisse speziell dieser Erhebung sind nicht nur relevant, weil sie dem Kinderpessimismus (den wir nicht teilen) etwas entgegensetzen. Sondern auch, weil ein Großteil der Daten in Deutschland erhoben wurde. Die Auswertung nach Land und Geschlecht zeigt dann nämlich auch noch, dass Mütter in Deutschland das Leben 10 bis 18 Jahre nach der Geburt des Kindes als genau so gut wie früher empfanden, Väter hingegen waren sogar zu diesem Zeitpunkt immer noch etwas glücklicher als vor der Geburt.

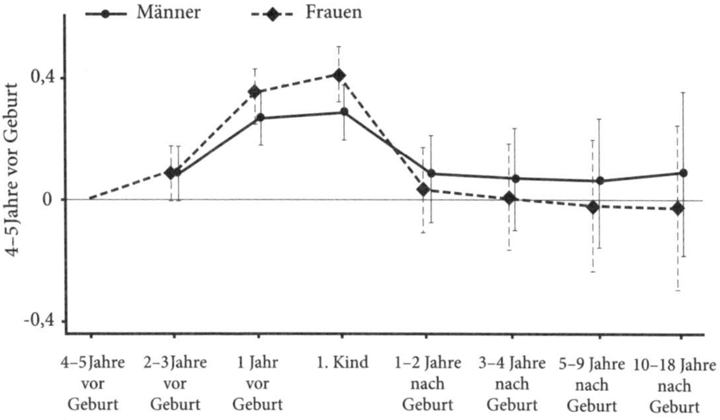

Väter in Deutschland sind auch 10 bis 18 Jahre nach der Geburt ihres Kindes zufriedener als vorher.

Was tun? Kinder sind, das ist ja auch nachvollziehbar, eine Belastung für die Beziehung. Wenn Sie also recht jung sind, oder wenn Sie entweder der Beziehung und/oder Ihrem Kinderwunsch nicht so recht trauen, könnte es besser sein, zu warten. Kinder sind jedoch, je nach Statistik, offenbar entweder für die Mütter oder für die Väter (oder vielleicht eben doch für beide, wie eine weitere Studie ermittelt haben will[181]?!) eine große Freude. Wenn Sie also die Beziehung für belastbar genug halten und gern ein Kind hätten – dann los!

Was Ihre Bank vor Ihnen verheimlicht: Wie Sie mit weniger Geld besser klarkommen!

Susanne kauft lauter Dekoquatsch und unnötigen Unsinn. Findet ihr Mann Rüdiger. Susanne dagegen ist der Ansicht, sie verschönere das gemeinsame Heim. Und Rüdiger sei ein spaßfreier Geizhals. Jede Urlaubsplanung, jeder Wocheneinkauf, jede größere Anschaffung ist ein Kraftakt für die beiden.

Bei vielen Eigenschaften ist es umstritten, ob sich nun Gegensätze anziehen oder gleich und gleich sich gern gesellt. Bei der Attraktivität beispielsweise finden sich Paare wohl eher auf Augenhöhe, bei den Beziehungsstilen gibt es gute Kombis für die gleichen, aber auch für unterschiedliche Typen, über einen unterschiedlichen[182] Körperduft hingegen suchen wir Partner mit einem Immunsystem, das unseres ergänzt. Im Finanziellen scheint es ebenfalls so zu sein, dass wir eher nach unserem Gegenstück als nach einem Spiegelbild suchen[183]. Warum? Vielleicht erscheint uns einfach interessant oder auch nützlich, was wir nicht können: wahlweise sparen oder großzügig sein. Dabei sind sowohl eindeutige Verschwender wie auch Geizhälse unzufrieden mit dem eigenen Verhalten. Und je unzufriedener, desto verlockender finden sie einen Partner oder eine Partnerin mit gegensätzlicher finanzieller Weltsicht. Das führt dann aber direkt zu Eheproblemen: Je größer der Unterschied im Verhalten, desto mehr Streit und Unzufriedenheit mit der Beziehung gaben die Befragten an. Umgekehrt machen zwei Verschwender gemeinsam zwar mehr Schulden als ein Verschwender und ein Geizhals, streiten aber seltener über Geld.

Müssten Susanne oder Rüdiger angeben, ob sie lieber einen Partner hätten, der ihnen beim Geldausgeben ähnlich ist oder sich von ihnen unterscheidet, würden sie höchstwahrscheinlich – zu Recht – sagen, ihnen wäre jemand lieber, der ihnen da ähnelt. Warum entscheiden wir uns also freiwillig für jemanden, dessen Verhalten uns anschließend wütend macht? Weil unser Verhalten nicht durchgehend vernunftgesteuert ist. Wir erkennen[184] völlig richtig, dass es weit weniger Stress wäre, uns mit jemandem einigen zu müssen, der ähnlich denkt wie wir. Aber kümmert das die Liebe? Nicht im Geringsten.

Das bedeutet: Wenn Sie sich oft über Geld streiten, weil Sie ganz unterschiedliche Vorstellungen davon haben, was man damit machen sollte, sind Sie nicht allein. Im Gegenteil. Das ist der Normalfall. Und: Je einiger Sie sich werden können, desto weniger Streit! Dazu hilft vielleicht die Besinnung auf den Beginn. Je unzufriedener die beiden Beteiligten mit dem eigenen Finanzverhalten sind, desto größer der Wunsch nach einem Gegenstück. Das bedeutet: Wir wollen eigentlich gern den Schmerz des Knauserns bzw. den Schmerz der Verschwendung und des Schuldenmachens loswerden. Jede Krise ist die Chance, damit anzufangen. Werfen Sie Ihre besten Tipps und Tricks in einen Topf. So viel Geld darf – nein: soll! – zum Vergnügen ausgegeben werden. Und so viel wird gespart für ein gemeinsames Ziel. So viel Geld hast du zur freien Verfügung und so viel ich.

GEMEINSAME KASSE MUSS MAN ÜBEN

Das hilft, denn immerhin stören sich rund 20 Prozent aller Personen[185] daran, dass ihr Partner so verschwenderisch ist, und weitere 10 Prozent an dessen Sparsamkeit. Fast 50 Prozent empfinden in den ersten Beziehungsmonaten Schuldgefühle, wenn sie „persönliche Dinge“ vom gemeinsamen Konto bezahlen, nach zehn Beziehungsjahren sind es noch über 30 Prozent und nach 30 Jahren immer noch über 20 Prozent! Prompt haben etwa 10 Prozent aller Personen eine finanzielle Reserve, von der ihr Partner nichts weiß – den Höhepunkt erreicht diese Geheimniskrämerei im dritten bis fünften Beziehungsjahr mit über 20 Prozent.

Und über die Hälfte aller Frauen sowie immerhin noch gut 40 Prozent der Männer würden gar keine Beziehung eingehen mit jemandem, der nicht mit Geld umgehen kann. (Blöd nur, wenn sich das erst viel später herausstellt.)

KALTES GELD UND HEIẞES GELD

Über Geld spricht man nicht? Im Gegenteil! Wenn Sie schon in einem Boot sitzen, kommen Sie kaum um dieses Thema herum, wollen Sie nicht kentern oder sinken. Michael Mary, Hamburger Paartherapeut und Bestsellerautor, wagte sich vor Kurzem an das „letzte Tabu" (so Mary) in Paarbeziehungen: Geld. Er unterscheidet[186] drei Bindungsformen: partnerschaftliche, freundschaftliche und emotional-leidenschaftliche Liebe. Schwierig werde es, wenn sich diese Formen vermischen, wenn also eine*r eine partnerschaftliche Beziehung führen möchte, und eine*r eine emotional-leidenschaftliche. In jeder Beziehungsform sei ein anderer Umgang mit Geld angebracht, daher würden sich beim Thema Geld Unterschiede im Beziehungsanspruch schnell zeigen. Doch da sich Konflikte nur lösen lassen, wenn wir über sie sprechen und nachdenken können, benötigen wir Bezeichnungen für den unterschiedlichen Umgang mit Geld.

Mary geht dabei davon aus: Jede Beziehung dient einem Zweck. Wir möchten entweder Sicherheit (Partnerschaft), Freundschaft oder Leidenschaft. Entsprechend gehen wir dann auch mit dem Geld um. Wir können damit agieren wie in einer Vertragsbeziehung („ich leihe dir Geld und bekomme es in einem Jahr mit Zinsen zurück"), wie unter Freunden („ich leihe dir Geld und bekomme es ohne Zinsen zurück, wenn du es hast"), oder verliebt („hier hast du Geld, ich schenke es dir"). Dementsprechend kann oder darf man unterschiedliche Erwartungen an den Partner oder die Partnerin stellen:

- Schließt man einen Vertrag und leiht jemandem Geld gegen Zinsen, darf man eine pünktliche Rückzahlung erwarten, aber keine Rückenmassage.

- Leiht man jemandem Geld, und er oder sie zahlt es irgendwann später zinslos zurück, darf man freundschaftliche Handlungen im ähnlichen Umfang erwarten, beispielsweise Engagement für den gemeinsamen Haushalt.

- Schenkt man jemandem Geld, darf man gar nichts erwarten. Man kann bestenfalls romantische Gesten erhoffen oder sich wünschen, und wenn sie dauerhaft ausbleiben, darf man natürlich überlegen, wie es weitergehen soll.

Mary bezeichnet Geld, das wir im Alltag für Geschäfte einsetzen (z. B. im Supermarkt), als „kaltes" Geld, weil es ausschließlich für nüchterne Transaktionen genutzt wird. Partnerschaftlich eingesetztes Geld ist aus seiner Sicht wärmer, aber immer noch „kühl". Geld, das freundschaftlich genutzt wird, ist „warm", und (Geld-)Geschenke unter emotional Liebenden sogar „heiß" – hier „verdampft"[187] das Geld und ist sofort weg.

Mary betont, dass es keineswegs unromantisch sei, über Geld zu reden. Im Gegenteil. Würden die Menschen schon beim ersten Date darüber sprechen, wer im Restaurant bezahlt, wüssten sie von Anfang an viel mehr übereinander, und könnten auch leichter überlegen, ob sie zueinander passen.

Vermischt man die unterschiedlichen Geldarten, ist das aus Marys Sicht „schief". Und geht auch meist schief. Das ist zum Beispiel der Fall, wenn eine*r den Urlaub bezahlt und dafür (unausgesprochen) Romantik und Sex erwartet, also nicht wirklich freiwillig schenkt. Wichtig: Keine der Beziehungsformen und keine der Arten, mit Geld umzugehen, ist „richtig" oder „falsch", „besser" oder „schlechter". Probleme entstehen einzig dadurch, dass eine*r Geld auf die eine Art nutzt, der andere auf eine andere.

Besonders schnell kann das in Situationen passieren, die nicht dem tradierten Beziehungsmodell entsprechen, z. B. wenn eine Frau deutlich mehr verdient als ihr Partner. Sie möchte dann vielleicht in eine große Wohnung ziehen, diese teuer einrichten und nobel in Urlaub fahren. Er kann sich das nicht leisten. Sollen dann beide die Hälfte zahlen – und wenn er nicht kann oder will, wird halt nix aus dem Projekt? Oder zahlt jede*r, was er oder sie kann? Kauft sie die Wohnung und er zahlt Miete? Was ist, wenn eine*r gern Geld für Klamotten ausgibt, die oder der andere lieber für Urlaub (und das Budget nicht für beides reicht)? Erst wenn man die unterschiedlichen Sichtweisen erkennt und bei sich wiederfindet, werden das Gespräch und vor allem auch konstruktive, individuelle Lösungen möglich.

Geld regiert die Beziehungswelt? So weit möchten wir nicht gehen. Doch sicher ist: Häufig führt der Umgang mit Geld zu jahrelangem Streit. Und es leuchtet ein, dass an einer emotional derart aufgeladenen Stelle die eigene Persönlichkeit zum Ausdruck kommt. Geld ist daher oft ein Stellvertreter-Thema, dahinter steht dann z. B., dass sich einer der Partner „mehr Liebe" oder „mehr Zuverlässigkeit" wünscht. Deshalb: Wenn Sie sich regelmäßig wegen der Finanzen in die Haare kriegen, oder auch, wenn der Umgang mit Geld (für Sie) ein aufgeladenes Beziehungsthema ist und Sie nicht so recht wissen, ob Sie „gemeinsame Kasse“ machen wollen und sollen, dann lesen Sie Marys Buch und finden heraus, ob Sie Ihr in der Beziehung eingesetztes Geld als „Partnergeld“, „Freundesgeld“ oder „Liebesgeld“ verstehen.

Zum Schieflachen: Wie eine Veränderung die Partnerschaft rettet

Ehrliches Lachen tut gut. Das wissen wir alle aus eigener Erfahrung. Und sogar einander Witze zu erzählen, kann schon ein Beitrag dazu sein. Denn: Paare, die gemeinsam lachen, haben es viel leichter. Ob ein Paar zusammen lacht – oder das eben nicht mehr tut – ist ein ziemlich deutlicher Indikator für die Haltbarkeit der Beziehung. Das Fehlen von Lachen ging in Erhebungen praktisch immer der Trennung voraus. Nachvollziehbar, schließlich sind Krise, Streit und Scheidung wenig spaßig.

Zumindest aus der Sicht von Paartherapeuten scheint jedoch die große Ernsthaftigkeit nicht nur Folge des Beziehungsfrusts zu sein, sondern zumindest teilweise auch Ursache. Anders gesagt: Wer zu selten gemeinsam lacht, wird in Zukunft noch weniger gemeinsam zu lachen haben – Lachmangel ist eine sich selbst verstärkende Eigenschaft[188].

Daraus kann man die Hoffnung ableiten, dass es die Beziehung stärkt und stützt, wenn Sie gemeinsam lachen. Doch hier lauert eine Falle, genau wie bei den oft empfohlenen Ichbotschaften. Diese werden nämlich häufig nur so umgesetzt, dass am Anfang des Satzes ein „Ich" fällt, um dann zu weiteren Attacken auszuholen („Ich nehme dich als fett und faul wahr", „Ich finde, du hast Schuld an unseren Problemen" usw.). Auf ähnliche Weise kann auch der Versuch, Humor in die Beziehung zurückzuholen, schnell nach hinten losgehen. Denn was noch mehr Schaden anrichtet als kein Lachen ist die Angst davor, ausgelacht zu werden[189]. Passiv-aggressiver Spott über den Partner oder die Partnerin, der einem selbst vielleicht sogar wahnsinnig witzig erscheint, ist daher ganz schlecht.

GEMEINSAM ZU LACHEN, STÄRKT DIE LIEBE

Beherrschen oder erlernen Paare jedoch die Kunst, einander freundlich aufzuziehen, ist das ein echter Beziehungsbooster[190]. Das Ziel ist also, dass beide sich in der Beziehung geborgen genug fühlen, um bei heiteren Neckereien selbst mitlachen zu können[191].

Waren Sie früher als Paar gut darin, dann sollten Sie versuchen, dort wieder anzuknüpfen. War oder ist das Necken nicht so Ihre Stärke, dann versuchen Sie es nicht krampfhaft. Sondern suchen Sie Dinge, über die Sie gemeinsam lachen können. Filme, Shows, Videoclips, Situationen. Je mehr Lachen, desto mehr Verbundenheit. Gemeinsam zu lachen, verstärkt positive Emotionen und erzeugt ein Gefühl der Ähnlichkeit, zugleich werden negative Gefühle verringert[192]. Insgesamt führt das zu einer unmittelbar messbar höheren Beziehungszufriedenheit.

Lachen entspannt und hilft, Stress abzubauen[193]. Sogar in schwierigen Diskussionen oder Streits. Gelingt es Ihnen, den Witz in einer Situation zu sehen oder einen Scherz zu machen, dann löst sich der Konflikt viel leichter[194]. (Hier gilt erst recht: Scherze über sich selbst oder die eigene Position sind okay, Scherze über den Partner oder die Partnerin bzw. dessen/deren

Position sind höchst riskant. Steigen Sie vorsichtig ein, lieber eine Pointe verschenken als aus lauter Ehrgeiz einen Witz zu viel machen.)

Hingegen können Sie versuchen, das Beste aus Ihren jeweiligen Stärken zu machen: Frauen lachen häufiger als Männer, dafür ist deren Lachen 1,73 mal ansteckender[195].

Das machen wir alle falsch: Warum Sie nie per Messenger streiten sollten!

In der Frühphase der Liebe schicken wir einander zahllose neckische Nachrichten, guten Morgen, gute Nacht, ich denk an dich, guck mal mein Lunch. Das ist alles prima, kann aber zu einer schlechten Angewohnheit führen, die sich vermutlich jüngere Menschen ganz besonders leicht aneignen: Streit per Textnachricht.

Kennt man: Ein unschuldiger Austausch wandelt sich unerklärlich in Gezanke. Wir schreiben dem anderen weiter, weil uns noch mehr einfällt, um die eigene Position zu stärken oder die des Gegenübers in Zweifel zu ziehen. Oder wir setzen einen soliden Streit per Message fort, weil wir noch so sauer sind. Denn sie oder er wird aufgrund unserer klaren Worte sicher einsehen, im Unrecht zu sein.

Nun sind Missverständnisse und Streit natürlich nie gut, und der Impuls, eine Angelegenheit möglichst zügig klären zu wollen, ist an sich vielleicht nicht falsch. Doch Kurznachrichten sind nicht das richtige Mittel zum Zweck. Sie wirken so harmlos, sind aber viel schwerer zu deuten als ein direktes Gespräch. Außerdem werden Fragen nicht besprochen und geklärt, sondern die Kommunikation läuft weitgehend nebenbei.

Deswegen sollten möglichst alle einigermaßen anspruchsvollen Dinge nicht per Messenger geklärt werden. Frauen gaben zu Protokoll[196], dass sie weniger zufrieden mit der Beziehung waren, wenn Textnachrichten genutzt wurden für Entschuldigungen, um Schwierigkeiten zu klären, oder auch nur, um schwierige Entscheidungen zu treffen. Bei Männern ist es sogar noch schlimmer: Je mehr Textnachrichten in ihrer Partnerschaft geschrieben wurden, desto unzufriedener wurden sie!

Gut fanden Männer wie Frauen nur positive, bestätigende Nachrichten. Im Grunde also: „I <3 u!!!"

Es mag schwerfallen, ist jedoch leicht zu verstehen und zu merken: Nix Anspruchsvolles, und schon gar nichts Negatives per Textnachricht – das spart Zeit und Ärger!

Und bevor man stundenlang über eine zweideutige SMS grübelt und die Bedeutung des gewählten Emojis analysiert, innerlich die Stoptaste drücken. Mit jedem verunsicherten Konter wird die Situation schlimmer. Frage aufbewahren und beim nächsten Gespräch klären, am besten mit einer einfachen Selbstaussage: Ich war irritiert, dass du XYZ geschrieben hast, wie genau war das gemeint?

Und wenn es heißer wird als „I <3 u!!!"? Was verschicken Menschen beim sogenannten „Sexting" (einem Kofferwort aus „Sex" und „Texting")? 77 Prozent der Deutschen[197] bleiben bei erotischen Textnachrichten. Immerhin 62 Prozent senden erotische Bilder, 17 Prozent heiße Sprachnachrichten, und 22 Prozent schicken erotische Videos von sich.

Übrigens: Es muss gar kein schlechtes Omen sein, wenn es am Anfang in der Beziehung kräftigt kracht (nur eben nicht per Messenger). Die sogenannte „Positive Psychologie" hat dazu beigetragen, dass derzeit Schwierigkeiten, Probleme und unangenehme Zeiten als wenig wünschenswert gesehen werden. Viel besser sei es laut Positiver Psychologie doch, sich auf das Gute und Schöne zu konzentrieren. Da ist natürlich etwas dran, und es wird kaum glücklich werden, wer sich auf das Schlechte und Unerfreuliche konzentriert. Dennoch könnte es sein, dass es Beziehungen guttut, Konflikte am Anfang auszutragen[198]. Sind sie kein Dealbreaker, dann hat man sie hinter sich und kann friedlich weitermachen.

Das hätten unsere Eltern nie erlaubt: Tue Gutes und rede darüber

Beziehungen erfordern Kompromisse. Am Anfang wollen wir immer nur bei ihm oder ihr sein und finden alles, was er oder sie sagt fantastisch. Später möchten wir vielleicht auch mal unsere Ruhe haben, mit Freunden weggehen, sind anderer Meinung. Manchmal handeln wir entsprechend, sehr oft aber auch nicht, aus Rücksicht auf den anderen. Im Grunde bringen wir ständig „Opfer“ und hoffen auf Anerkennung und Dankbarkeit.

Und umgekehrt lehren viele Positive Psychologen, Therapeuten und Achtsamkeits-Coaches schon lange: Wer bewusst seine Dankbarkeit für den Beziehungseinsatz des Partners bzw. der Partnerin kultiviert, wird dadurch glücklicher.

Nun wollten Forscher wissen: Wenn jemand ein „Opfer“ bringt und das nicht bemerkt wird, nützt es trotzdem der Beziehung? Das Ergebnis, um es vorwegzunehmen, ist zwar logisch, aber auch ernüchternd. Denn die Antwort lautet: nein[199].

Maria begleitet Klaus zu einem langweiligen Treffen mit dessen Kollegen. Viel lieber wäre sie zu Hause geblieben und hätte ein Buch gelesen. Klaus würde sich gern am Tag darauf noch mit einem Kumpel zum Tennis treffen, sagt die Verabredung aber ab, weil Maria sich auf einen gemeinsamen Abend im Garten freut.

Wenn beide nun so tun, als würden sie freiwillig, gern und von sich aus genau so handeln, wie sie es tun, dann bringen sie zwar ein Opfer bzw. gehen einen Kompromiss ein. Dies bleibt jedoch unbemerkt. Und erzeugt daher auch keine Dankbarkeit oder Freude.

Eigentlich logisch, oder? Was ich nicht weiß, macht mich nicht heiß.

Wissenschaftler ließen Paare nun in ein Tagebuch eintragen: Haben Sie heute Opfer für Ihre Beziehung gebracht, und wenn ja, wie viele? Und: Hat Ihr Partner heute Opfer für die Beziehung gebracht, und wenn ja wie viele?

Ergebnis: Etwa die Hälfte der eingegangenen Kompromisse blieb unbemerkt. Umgekehrt war etwa die Hälfte der bemerkten Kompromisse gar keine. Welche Folgen hatte das nun für die Beziehungszufriedenheit? Hatte jemand den Eindruck, der Partner hätte ein „Opfer" gebracht, war er oder sie dankbar dafür – und zwar ganz egal, ob der Partner seine Entscheidung als „Opfer" ansah oder nicht. Und umgekehrt waren die Beteiligten dem Partner nicht dankbar, wenn der zwar ein „Opfer" gebracht hatte, dies aber nicht bemerkt worden war. Diejenigen, die einen Einsatz für die Beziehung gezeigt hatten, waren mit sich und der Beziehung so oder so zufriedener, als wenn sie kein Opfer gebracht hatten. Hatte das Gegenüber das „Opfer" bemerkt und brachte Dankbarkeit zum Ausdruck, dann war das noch angenehmer, aber der Unterschied war recht gering.

GEWICHTEN SIE POSITIVE ERLEBNISSE STÄRKER

Was kann man daraus mitnehmen?

1. Achten Sie darauf, ob Ihr Partner bzw. Ihre Partnerin etwas für Sie tut. Wenn ja, freuen Sie sich darüber und sagen Sie ihm oder ihr das auch!

2. Wenn Sie Ihrem Partner oder Ihrer Partnerin zuliebe etwas tun, was Sie sonst nicht täten, weisen Sie darauf hin. Sonst ist es wie mit dem Baum im Wald, der zwar auch dann ein Geräusch beim Umfallen macht, wenn keiner da ist, aber wen kümmert's?

Bonus-Tipp: Es geht nicht darum, ein schlechtes Gewissen zu erzeugen oder Gefälligkeiten aufzurechnen. Sondern der Partnerin oder dem Partner deutlich zu machen: Ich tue gern etwas für dich. Dir zu liebe. Das heißt: „Ich wäre jetzt wirklich lieber zu Hause, als hier mit deinen langweiligen Kollegen rumzusitzen" ist weniger gut als „Eigentlich wollte ich gar nicht mit, aber dann war es doch ganz nett."

(Achtsamkeits-Coaches gehen manchmal einen Schritt weiter und raten dazu, Gefälligkeiten und „Opfer" sozusagen insgeheim zu erbringen und eben nicht darüber zu sprechen, sondern sich einfach nur selbst zu freuen. Uns erscheint das eher selbstgefällig. Entweder gehe ich wirklich gern irgendwo hin mit, dann ist es kein Kompromiss. Oder ich tue es meiner Partnerin bzw. meinem Partner zuliebe. Das kann ich auch für mich behalten, aber dann kann ich ohne Selbstgefälligkeit daraus eben auch kein „das habe ich toll gemacht"-Gefühl ableiten. Für die Beziehung ist es besser, wenn beiderseits deutlich wird, dass und wie der andere bzw. die andere sich Mühe gibt.)

Zudem lässt sich experimentell zeigen, dass die Unterdrückung von Emotionen im Zusammenhang mit dem eigenen Einsatz für die Partnerschaft auch dem Partner bzw. der Partnerin schadet[200]. Konkret: Manche Partner neigen dazu, bei Gesprächen über derartige Kompromisse in der Beziehung ihre Gefühle für sich zu behalten. Das kann bei positiven wie negativen Emotionen der Fall sein. Heißt: Ich kann zufrieden mit dem Ergebnis sein oder unzufrieden, und ganz unabhängig davon kann ich mit meinen Emotionen hinterm Berg halten oder nicht. Nun stellten Forscher fest: Wenn derjenige, der den Kompromiss eingegangen war, seine Gefühle für sich behielt, war die Beziehungszufriedenheit des anderen Partners geringer! Sie vermuten, dies könnte darauf zurückzuführen sein, dass wir in solchen Gesprächen die sogenannte „Authentizität" vermissen. Denn natürlich geht das gegenseitige Entgegenkommen innerhalb einer Beziehung mit Emotionen einher. Manchmal fällt es uns schwer, manchmal ärgern wir uns hinterher. Ein anderes Mal ist der Einsatz für uns ganz selbstverständlich und alternativlos, oder wir sind im Nachhinein sogar froh, wie es ausgegangen ist. Mal geht es um Kleinigkeiten im Alltag, mal um Entscheidungen, die das ganze Leben prägen. Wir wissen, dass da viele und manchmal auch große Emotionen im Spiel sind. Werden die verschwiegen, erscheint uns das suspekt.

Deshalb: Lassen Sie sich in die Karten gucken. Sprechen Sie mit Ihrem Partner oder Ihrer Partnerin darüber, wie Sie sich mit den Alltagskompromissen fühlen, und auch mit den großen Opfern, die jede langjährige Beziehung erfordert. Denn tun Sie das nicht, bringt sogar das größte Entgegenkommen noch Nachteile mit sich.

WICHTIG IST NICHT NUR „WAS", SONDERN AUCH „WARUM"

Ein solcher Einsatz nutzt auch uns selbst. Denn das Gefühl, dass der Partner bzw. die Partnerin Opfer für die Beziehung bringt, motiviert wiederum das Gegenüber, sich ebenfalls zu engagieren[201]. Und zwar auch dann, und das scheint wichtig, wenn die Beziehung insgesamt als eher nicht so besonders toll empfunden wird.

Das heißt: Gutwillig Kompromisse einzugehen und dies auch sichtbar werden zu lassen, ist ein ausgezeichneter Weg, eine schwächelnde Liebe wieder zu beleben!

Allerdings ist das Schlüsselwort hier: gutwillig. Denn niemand mag gern manipuliert werden. Und Menschen haben eine gute Nase dafür. Tun Sie also etwas, wonach Ihnen eigentlich nicht ist, um Ihrem Partner einen Gefallen zu tun – super! Tun Sie es jedoch, weil es Ihnen strategisch sinnvoll für die Beziehung erscheint – dann ist der Effekt (tatsächlich messbar) gleich null.

Entscheidend für den Erfolg Ihrer Bemühungen sind somit nicht nur Ihr Handeln, sondern auch Ihre Motivation[202]. Nur wenn Sie Ihrem Gegenüber etwas Gutes tun wollen, freut er oder sie sich darüber. Und wird im Gegenzug bereiter, auch etwas für Sie zu tun.

Geben Sie bloß nach, weil Sie weniger Stress haben wollen, zahlt sich das nicht aus. Ihr Gegenüber bemerkt Ihren Missmut und ärgert sich darüber. Es ist immer wieder erstaunlich, wie feinfühlig wir Menschen in dieser Hinsicht sind. Andererseits, und das kann die Sache dann wieder deutlich vereinfachen, ist es für den positiven Effekt nahezu egal, ob es sich um große oder kleine Entscheidungen handelt. Hauptsache, Ihr Herz ist rein.

Unglaublich: Wer gern wo berührt werden möchte - und was wirklich geschieht

Wir berühren uns zu wenig. Am Anfang können wir die Hände kaum voneinander lassen und reißen uns die Klamotten vom Leib, kaum dass die Tür hinter uns ins Schloss gefallen ist (oder notfalls auch im Freien). Doch im Beziehungsalltag ist bald wenig Zeit für Berührungen. Verschärft wird die Situation dadurch, dass wir alle so viel an unseren Handys sind. Sie grenzen uns voneinander ab, statt uns zu verbinden. Wer auf das Handydisplay starrt, ist im Geiste ganz woanders.

Wie sehr das den Berührungsmangel begünstigt, können die älteren Leserinnen und Leser auf dem Flughafen beobachten[203]. „Früher" wurde dort geknutscht, Händchen gehalten, in Löffelchenstellung gedöst. Heute sitzen alle da wie Zombies.

Dabei sind wertvolle Berührungen gar nicht so schwierig und zeitaufwändig, wie sie uns oft erscheinen. Viele lassen sich mühelos in den Alltag integrieren. So ergab eine Befragung[204], wo, wie und warum Männer und Frauen gern am liebsten berührt werden würden – und was in Wirklichkeit geschieht:

Wo und wie Männer und Frauen am liebsten berührt werden würden, um die Intimität der Beziehung zu spüren, und wo und wie es wirklich geschieht:

	Am liebsten		Am häufigsten	
	Männer	**Frauen**	**Männer**	**Frauen**
Am meisten	Küsse auf den Mund	Kuscheln	Kuscheln	Händchenhalten
	Kuscheln	Küsse auf den Mund	Umarmung	Kuscheln
	Umarmung	Umarmung	Küsse auf den Mund	Umarmung
	Rückenmassage	Händchenhalten	Händchenhalten	Küsse auf den Mund
	Streicheln	Küsse auf das Gesicht	Streicheln	Küsse auf das Gesicht
	Küsse auf das Gesicht	Rückenmassage	Küsse auf das Gesicht	Streicheln
Am wenigsten	Händchenhalten	Streicheln	Rückenmassage	Rückenmassage

Wo und wie Männer und Frauen einander am häufigsten und am seltensten berühren bei intimem Zusammensein sowie als Ausdruck von Liebe:

	Intim		Ausdruck von Liebe	
	Männer	**Frauen**	**Männer**	**Frauen**
Am meisten	Küsse auf den Mund	Küsse auf den Mund	Küsse auf den Mund	Küsse auf den Mund
	Kuscheln	Kuscheln	Kuscheln	Kuscheln
	Streicheln	Streicheln	Streicheln	Küsse auf das Gesicht
	Küsse auf das Gesicht	Küsse auf das Gesicht	Küsse auf das Gesicht	Streicheln
	Rückenmassage	Rückenmassage	Umarmung	Umarmung
	Umarmung	Händchenhalten	Händchenhalten	Händchenhalten
Am wenigsten	Händchenhalten	Umarmung	Rückenmassage	Rückenmassage

Dabei waren allen Befragten Berührungen sehr wichtig für das Erreichen von Glück und Zufriedenheit in einer Liebesbeziehung. Nicht als „Ausdruck von“, sondern um sie zu „erreichen!“ Die Studienteilnehmer fühlten sich geliebter und besser verstanden, wenn sie regelmäßig zärtlich berührt wurden, und sie stritten seltener.

Aus einem anderen Grund möchten wir hier ausdrücklich für das schlichte Händchenhalten eine Lanze brechen, das manchen Männern etwas peinlich zu sein scheint. Händchenhalten senkt nicht nur das subjektive Bedrohungsgefühl. Seine stärkende Wirkung[205] wird auch an vielen weiteren Körperfunktionen deutlich: die motorische und emotionale Anspannung werden geringer, die Schmerzwahrnehmung sinkt. Das intensiviert das Zusammengehörigkeitsgefühl in der Beziehung und erzeugt damit eine Grundlage, um auch durch schwierigere Situationen zu kommen.

Auch küssen und streicheln werden unterschätzt. Sie stärken nicht nur die Beziehung (s. o.) und machen uns zufriedener, gelassener, entspannter. Zugleich fördern sie die Ausschüttung verschiedener Proteine ins Blut[206], darunter Albumin und Beta-2-Microglobulin, die das Immunsystem stärken. Kurz: Küssen und streicheln hilft ganz konkret dabei, nicht krank zu werden! (Merken Sie sich das und kommen Sie vor der nächsten Stresswoche oder der Wintersaison darauf zurück.)

Klingt komisch, aber klappt: Durch einen Perspektivwechsel ganz allein die Beziehung verbessern

Gute Kommunikation ist ein Kennzeichen guter Beziehungen. Und umgekehrt ist eine gute Beziehung die beste Grundlage für gute Kommunikation.

Mit anderen Worten: Was war zuerst da, die Henne oder das Ei? Woran sollte man also arbeiten, wenn die Beziehung besser oder zumindest nicht schlechter werden soll?

Im letzten Abschnitt des Buches stellen wir Ihnen einige besonders nützliche und relevante therapeutische Ansätze vor. Sie gehen deutlich über in Studien gewonnene Erkenntnisse hinaus. Und sie bieten konkrete Ansätze, um Probleme zu vermeiden oder zu lösen. Darunter ist der Ansatz von John Gottman, der in der Paarkommunikation vier „apokalyptische Reiter" ausmachte – bestimmte Verhaltensweisen, die besonders deutlich auf eine bevorstehende Trennung hinweisen (Kritik, Verachtung, Rechtfertigungen, Schweigen; mehr dazu ab S. 262). Das lässt sich statistisch erhärten: Über 90 Prozent der Paare, die sich später trennen, gehen zuvor auf die von Gottman bemerkte Art miteinander um.

Was auch Gottman nicht weiß, ist jedoch: Verursacht die problematische Kommunikation die Krise – oder führt eine bereits vorhandene Krise zu der problematischen Kommunikation? Wird das Problem also sprachlich nur sichtbar – oder durch unsere Art des Umgangs miteinander ausgelöst?

Im einen Fall müsste man an der Beziehung arbeiten, um dann wieder besser miteinander reden zu können. Im anderen Fall könnte ein Kommunikationstraining dazu beitragen, die Beziehung zu verbessern.

Das zu wissen hätte, somit solide lebenspraktische Auswirkungen. Erstaunlich, dass dazu erst 2016 eine umfangreiche Studie[207] mit mehreren Hundert verheirateten Paaren durchgeführt wurde. Diese wurden insgesamt vier Mal im Abstand von jeweils neun Monaten bei sich zu Hause von je zwei geschulten Interviewern befragt nach ihrer Zufriedenheit, dem Umgang miteinander sowie den Auswirkungen der einen Komponente auf die andere. Teile des Gesprächs wurden auf Video aufgezeichnet, sodass sie in Ruhe im Labor ausgewertet werden konnten, um Ungenauigkeiten bei einer spontanen Einschätzung vor Ort zu vermeiden. Darüber hinaus sollten die Teilnehmer*innen nach bestimmten Regeln ein kritisches Gespräch miteinander führen (genau wie für Gottmans eigene Untersuchungen).

Die Frage war nun: Beeinflusste die Zufriedenheit zu einem bestimmten Befragungszeitpunkt die Kommunikation entweder zu diesem oder zum nächsten Befragungszeitpunkt? Oder verhielt es sich umgekehrt, beeinflusste also die Kommunikation heute die Zufriedenheit heute und/oder die Zufriedenheit in neun Monaten?

Die gute Nachricht: Zufriedenheit hat Auswirkungen auf die Kommunikation jetzt und in Zukunft. Und die Kommunikation hat Auswirkungen auf die Zufriedenheit jetzt und in Zukunft.

Die schlechte Nachricht: Der Grad der Auswirkungen in beide Richtungen war nahezu identisch. Insgesamt schien die Beziehungszufriedenheit der etwas stabilere Indikator für eine gute Kommunikation zu sein als umgekehrt. Anders gesagt: Die meisten glücklichen Paare reden freundlich miteinander, aber Paare, die freundlich miteinander reden, sind nicht immer glücklich.

Das heißt, wir können jetzt entweder enttäuscht darüber sein, dass die Henne und das Ei sozusagen gleichzeitig da waren. Und wir keine klare Handlungsanleitung aus dieser Erhebung ableiten können.

Oder, und zu dieser Sicht neigen wir, man kann froh darüber sein, dass es egal ist, wo man ansetzt. Erhöhen Sie Ihre Beziehungszufriedenheit, auf welche Art auch immer (hoffentlich finden Sie dazu in diesem Buch ein paar Anregungen), und Ihre Kommunikation wird sich bessern. Was wiederum die Beziehungszufriedenheit positiv beeinflusst. Oder meiden Sie die „apokalyptischen Reiter", ergänzen Sie diese Strategie noch um ein paar positive Elemente, und schon steigt die Beziehungszufriedenheit – woraufhin Sie noch freundlicher miteinander umgehen werden.

Wie Sie diese Studie auslegen, verrät schon viel darüber, wie Sie die Welt sehen. Wir sind der Überzeugung, dass wir viel öfter die Wahl der Sichtweise haben, als wir im Alltag so denken. Über diesen Umweg hätten wir dann auch einen deutlich größeren Handlungsspielraum und mehr Einflussmöglichkeiten, als gedacht.

Nutzen Sie sie!

Kaum zu glauben: Warum wir Menschen, die wir lieben, nicht ehrlich einschätzen können

Es scheint gegeben, dass wir zu Beginn einer Beziehung so richtig intensiv verliebt sind, und später weniger. Oft wird diese Ernüchterung der Tatsache zugeschrieben, dass man sich eben mit der Zeit besser kennenlernt und die Glückshormone abflauen. Der schöne Schein verschwindet, irgendwann sitzt das einst verliebte Pärchen in Jogginghosen auf dem Sofa und lässt sich gehen.

Solche Vertrautheit, erklären Frauenzeitschriften und Paartherapeuten unisono, sei der Tod jeder Beziehung. Geheimnisse müssen wieder her, Verlangen, Bemühen. Denn wir wollen nur haben, wofür wir arbeiten müssen – und wofür zu arbeiten sich auch lohnt.

Dazu passt, oberflächlich betrachtet, dass eine hohe Idealisierung der Partnerin oder des Partners der Beziehung guttut. Wenn ich sie oder ihn also für toller halte, als sie oder er „ist" (festgestellt z. B. durch Vergleiche mit den Bewertungen neutraler Beobachter), stärkt das die Liebe.

Aber wie soll man jemanden idealisieren, bei dem oder der man mittlerweile auch nicht mehr so recht weiß, was man mal gut an ihm oder ihr fand? Vielleicht bietet die Wissenschaft uns nun einen Ausweg.

In zwei Langzeitstudien[208] wurde bestätigt, dass praktisch alle frisch verheirateten Paare einander tatsächlich wie durch eine rosarote Brille wahrnehmen. Später jedoch gab es große Unterschiede in der Genauigkeit der Einschätzung der tatsächlichen Alltagspersönlichkeit der Partnerin oder des Partners. Der Clou: Ehen hielten länger, je besser Frauen ihre Partner kannten. (Wie präzise Männer die Persönlichkeit ihrer Frauen einschätzten, hatte keine Auswirkung auf den Bestand der Beziehung. Eigentlich auch traurig.)

Vermutung der Forscher: Wenn wir sozusagen „wirklich" die „echte" Person lieben, die wir geheiratet haben, funktioniert das besser, als wenn wir keine Ahnung haben, wie unser Gegenüber tickt.

Das spricht nicht dagegen, sich Mühe miteinander zu geben und vielleicht nicht alle Schranken fallen zu lassen. Und möglicherweise ist auch das von den Magazinen und Therapeuten so geliebte Geheimnisvolle hilfreich. Dennoch kann man festhalten: Ewig füreinander zu schauspielern ist weder machbar noch sinnvoll. Und: Genauer hinzuschauen schreckt offenbar nicht ab, sondern erhöht eher die Zuneigung.

Das scheint tatsächlich vorstellbar, schließlich lässt sich auch zeigen, dass Achtsamkeit im Alltag die allgemeine Lebenszufriedenheit erhöht, und Achtsamkeit ist nichts anderes als die aufmerksame Akzeptanz des gegenwärtigen Moments, so wie er gerade ist.

Der „kleine Unterschied" ist größer als gedacht – und ein ganz anderer

Einer der wichtigsten Faktoren im Beziehungsalltag ist die gegenseitige Unterstützung. Doch die misslingt oft. Wir reden aneinander vorbei, tun das Falsche, nerven. Um dem ein Ende zu bereiten, holte ein Forscherteam die Situation ins Labor[209]. Solche Studien haben Befragungen gegenüber den Vorteil, dass man Kontrollgruppen einrichten kann und sich dadurch Ursache und Wirkung leichter unterscheiden lassen.

Die Teilnehmer*innen wussten, dass sie vor einem ihnen unbekannten Publikum frei sprechen sollten. Danach waren unerfreuliche Kopfrechenaufgaben zu lösen (z. B. muss man ausgehend von einer Zahl 2343 immer wieder 87 subtrahieren), während die Studienleiter den Stress noch erhöhten, indem sie ungeduldig „schneller, schneller!" riefen.

Darauf hat eigentlich keiner Lust, das ist ja auch der Sinn der Sache. Denn getestet werden sollte, welche Unterstützung Menschen vor einer derartigen Belastungsprobe am angenehmsten finden. Zur Auswahl standen: reden, schweigen, spielen, unerotische Berührungen. Die Stressreaktion von Frauen (Puls, Blutdruck, Atemfrequenz) sank am meisten, wenn der Partner ihnen still den Nacken massierte. Frauen Mut zuzusprechen („du kannst das, du schaffst das") erhöhte dagegen deren Stress.

Männer hingegen hörten ausgesprochen gern, dass sie die Herausforderung schon schaffen würden. Sie ließen sich am besten durch ermutigende Aussagen beruhigen.

Vielleicht kennen Sie das aus Ihrem Alltag – Sie wünschen sich moralische Unterstützung, aber stattdessen bringt Ihr Partner Sie um den Verstand, indem er ihnen tausend praktische Tipps gibt. Wir wollen ein Problem besprechen, analysieren, vernünftig betrachten und in dieser Rationalität auch kleiner machen. Doch das bedeutet zugleich, die unmittelbare Emotion des Partners, seine oder ihre Sorge, nicht anzuerkennen. Dann fühlt dieser sich unverstanden, und der Stress nimmt nur noch weiter zu.

Testen Sie einmal die Ergebnisse des Laborversuchs in der nächsten Stresssituation. Mit wenig Aufwand können so aus regelmäßigen Gegnern starke Verbündete werden! (Aber nicht vergessen: Nicht jede*r ist ein Durchschnittstyp, also auch mal die Alternativen bewusst ausprobieren.)

Dieser Flirttrick klappt auch später noch: Eine Strategie, um das eingeschlafene Interesse wieder zu wecken

„Willst du gelten, mach dich selten", sagte man früher, und gemeint war: Wer als „leicht zu haben" gilt, erscheint nicht interessant. Kennen wir: Läuft man jemandem hinterher, wird selten etwas aus der Sache. Aber ruft man jemanden nie zurück, kann es auch schlecht klappen. Was also ist der Mittelweg, und wie kann man ihn in einem Beziehungstief nutzbar machen?

Gab man Männern die Information[210], dass eine Single-Frau sich weder für sie noch für andere Männer interessierte, ließ die das kalt. Ebenso wenig konnten sie mit einer Frau anfangen, die angeblich alle der zur Wahl stehenden Männer interessant fand. Ausgesprochen spannend erschien ihnen jedoch der Mix beider Varianten. Sagte man ihnen, eine Frau wäre an den anderen Männern nicht interessiert, an ihnen aber schon, erschien diese ihnen sofort attraktiver. Was mögen wir also an jemand anderem? Gemocht zu werden!

Daraus folgt, dass es sinnvoll ist, das eigene Interesse erkennbar zu kommunizieren, statt sich einfach nur „selten" zu machen. Anderseits sollte man nicht zu intensiv auf die Tube drücken. Eine gewisse Unsicherheit darüber, ob aus der Sache etwas werden kann oder nicht, macht es offenbar nicht nur spannend, sondern auch interessant. Studentinnen jedenfalls bewerteten[211] Bilder von Männern dann als besonders attraktiv, wenn sie die Information erhielten, dass diese sie „entweder besonders oder durchschnittlich attraktiv" gefunden hatten. Das war deutlich anziehender, als wenn die Männer sie (angeblich, es war ja alles nur ein Versuch) eindeutig „besonders attraktiv" fanden.

Also ist die beste Strategie für eine etwas eingeschlafene Beziehung, die eigene Zuneigung zwar zu zeigen, aber zugleich im Dunkeln zu lassen, wie intensiv sie ist.

Dazu passt eine weitere Entdeckung aus der Flirtforschung[212], die wir uns ebenfalls auch im weiteren Verlauf der Beziehung zunutze machen können. Befragt man frisch Verliebte danach, woran sie gemerkt hätten, dass sich zwischen ihnen und jemand anderem etwas Besonderes entwickeln könnte, dann erzählen sie zwar alle sehr unterschiedliche Stories. Eines ist ihnen jedoch gemein. Es gibt einen Moment, in dem für die Erzähler deutlich wurde: Der andere oder die andere findet mich interessant. Jemand bleibt nach einem Vortrag oder einer Veranstaltung länger als nötig. Lächelt uns an, macht ein Kompliment. Wir bekommen das Gefühl, jemand mag *uns*. Und, als würde es Klick machen in unserer Seele, kann sich daraus auf einmal das Gefühl entwickeln, den anderen oder die andere zu mögen. Es müssen keine großen Signale sein. Sind sie zu schüchtern, werden sie jedoch schnell übersehen.

Aus gutem Grund berichten wir daher über diese Ergebnisse hier, im Kapitel über Alltagsernüchterung. Denn es ist ja klar, dass ein Flirt nur beginnen kann, wenn sich irgendwann mal eine*r aus der Deckung wagt. Himmeln beide einander bloß heimlich an, wird es nie was. Doch der Umkehrschluss ist eben noch lange nicht richtig. Das Gefühl, begehrt zu werden, *kann* der Zündfunke fürs eigene Verlieben sein – muss es aber nicht.

GERADE IN DER BESTEHENDEN BEZIEHUNG LOHNT ES ZU FLIRTEN

Als Taktik viel Erfolg versprechender scheint uns diese Erkenntnis zwischen zwei Menschen, die einander mal mochten, irgendwie eigentlich auch noch mögen, sich aber im Alltag ein wenig aus den Augen verloren haben. Natürlich gibt es Paare, die haben sich einfach auseinandergelebt, fertig. Oder sie haben ganz andere Probleme als Unaufmerksamkeit, die erst mal geklärt werden müssen. Richtig und wichtig.

Oft, lehrt die Beratungspraxis, sind da aber auch einfach nur zwei, von denen sich keiner mehr traut, den ersten Schritt zu machen. Die Soziologin Brené Brown nennt in ihrem großartigen Buch „Verletzlichkeit macht stark“ das Initiieren von Zärtlichkeiten und Sex als einen der verwundbarsten Momente in Beziehungen. Weil wir es nicht nur frustrierend finden, zurückgewiesen zu werden, sondern vor allem Angst vor dem Gefühl der Scham haben, das damit einhergeht. Wenn ich sage oder zeige: „Ich mag dich sehr“, und die Antwort ist: „Schönen Dank, aber jetzt grade nicht“, steht man da wie nach einem Eimer Eiswasser.

Darum unser Tipp: Versuchen Sie es mal mit kleineren Gesten. Ein Blick, ein Lob, etwas Zeit und ehrliche Aufmerksamkeit. Flirten Sie eher mit Ihrem Partner oder Ihrer Partnerin, als von null auf hundert mehr Nähe zu wünschen/fordern. Mit etwas Glück, die oft durchaus vorhandene gegenseitige Zuneigung vorausgesetzt, können Sie auf diese Weise das Miteinander wieder kickstarten.

Flaute im Bett: Wie Sie das vielleicht häufigste Paarproblem der Welt lösen

Die wohl häufigste Klage von Paaren in der Krise: Wir haben keinen Sex mehr! Okay, klar, vielleicht fallen wir nicht wie zu Beginn jeden Abend übereinander her, geschenkt.

Aber gar kein Sex … das ist wirklich schade. Weniger Sex stört Väter mehr als Mütter. Und eine Umfrage ermittelte sogar, dass zu wenig Sex zwar von allen Beteiligten beklagt wird, aber die Beziehungszufriedenheit insgesamt nicht verringert[213]. Satte 63 Prozent der Deutschen sagen[214] dementsprechend: Kein Sex ist noch lange kein Grund, die Beziehung zu beenden. In anderen Studien – und auch in der Beratungspraxis – sieht das allerdings anders aus.

Nun ist es natürlich dünnes Eis zu empfehlen, eine Beziehung durch mehr Sex zu retten. Denn Streit und Frust entstehen ja nicht durch mangelnden Sex, sondern es ist eher umgekehrt: Wer will schon Sex haben mit jemandem, der immer streitet oder schmollt? Aber stimmt das wirklich? Oder entgleitet uns nicht manchmal im Alltag die Sexualität – und das führt zu einem größeren Abstand zwischen den Partnern?

Schwer zu sagen. Henne und Ei. Kausalität und Korrelat. Was man weiß: Der „afterglow" nach zufriedenstellendem Sex dauert etwa zwei Tage[215]. So lange fühlen sich Partner nach dem Beischlaf und intensiver verbunden. Und: Einmal pro Woche statt einmal im Monat miteinander ins Bett zu gehen macht so glücklich wie 50.000 Dollar mehr Einkommen im Jahr![216]

Noch mal langsam zum Mitschreiben: Bei Paaren, die einander mögen und gern und freiwillig miteinander schlafen, erhöht sich die Lebensfreude, wenn sie drei Mal mehr pro Monat Sex haben, im gleichen Maße, als hätte ein statistisch vergleichbares Paar 50.000 Dollar mehr im Jahr zur Verfügung. Das heißt, jeder Beischlaf wäre 1.250 Dollar wert. (Annahme: 52 mal Sex statt 12 mal Sex = 40 Geschlechtsverkehre extra. 50.000 durch 40 = 1250.) Umgekehrt führt ein höheres Einkommen übrigens nicht zu noch mehr Sex oder mehr Sex-Partner*innen, obwohl man das ja durchaus vermuten könnte[217].

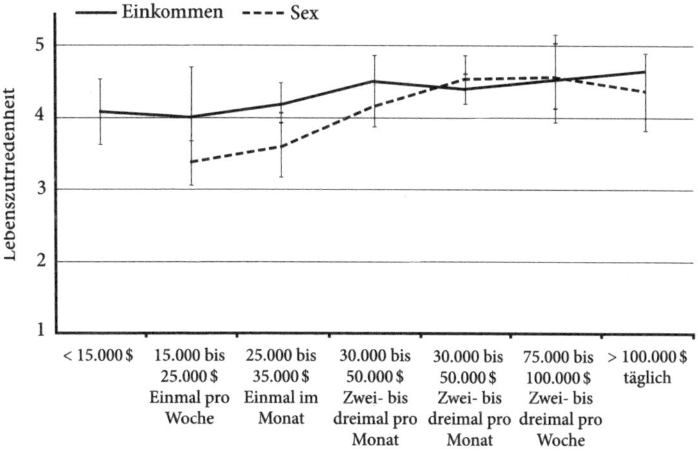

Günstig zu haben: Der Unterschied in der Lebenszufriedenheit zwischen einmal Sex pro Monat und einmal pro Woche ist ebenso groß wie für einen Mehrverdienst von 50.000 Dollar/Jahr[218]

Und mit einem Mal pro Woche ist dann das – statistische – Optimum auch schon erreicht. Man könnte ja denken: „mehr ist besser", so wie bei Geld oder Eiscreme. Doch auch bei Geld ist dem nicht so – über einem Jahresgehalt von gut 70.000 USD steigern weitere Gehaltserhöhungen das Glücksempfinden nicht mehr[219]. Man kennt das: So gerne wir Eiscreme mögen – auch damit ist es irgendwann genug. Glauben Sie den Profis.

Gilt das auch für Sex? Offenbar ist das der Fall. In drei Studien[220] mit über 30 000 Teilnehmern zeigten kanadische Psychologen, dass

- die Häufigkeit von Geschlechtsverkehr überhaupt nur relevant ist für das Glücksgefühl von Menschen in Beziehungen, nicht für Singles, und

- dass deren Beziehungszufriedenheit bis zu einer Sex-Frequenz von einem Mal pro Woche steigt, danach stagniert sie – und sinkt bei deutlich mehr als 2- bis 3-mal Sex pro Woche schließlich sogar wieder!

Das bedeutet möglicherweise, dass

- Singles klug genug sind, ihr Glück nicht an die Frage zu ketten, ob, wann und wie oft sie Sex haben werden, und dass

- Menschen in Beziehungen offenbar im Regelfall schon davon ausgehen, dass diese räumliche und emotionale Nähe auch zu Sex führen wird. Passiert das nicht, sind sie unzufrieden. Passiert es in einem Umfang, der so eine Art Sicherheit vermittelt, dass es weitergeht wie bisher, ist alles prima. Mehr muss, in dieser Hinsicht, nicht sein.

(Wohlgemerkt: Wenn Sie öfter als einmal pro Woche miteinander schlafen wollen, viel Spaß. 2- bis 3-mal die Woche schadet statistisch nicht. Erst täglicher Sex wurde wieder ein wenig schlechter bewertet. 30-mal im Monat macht aber immer noch glücklicher als nur einmal im Monat. Und Vorsicht: Eine andere Studie[221] mit knapp 10.000 Befragten ergab, dass mit der Sexfrequenz unzufriedene Männer in der Tendenz eher mehr Sex wollen, unzufriedene Frauen aber manchmal auch weniger. Deshalb Faustregel: Mit einmal in der Woche machen Sie nichts falsch.)

WIE VIEL ABWECHSLUNG MUSS SEIN?

Nicht miterhoben wurde, wie abwechslungsreich der Sex sein sollte. Aus Therapie und Coaching ist bekannt, dass „jede Woche sonntags nach dem Tatort“, und dann natürlich sicherheitshalber auch in derselben Position, auf die Dauer nicht reicht. Wir vermuten daher, dass es legitim und sinnvoll ist, die Erhebung nicht als eine Erfassung beliebig durchgeführter Sexkontakte zu lesen, sondern als Aufzeichnung von für beide Seiten freudvollen Begegnungen. Wie auch immer Sie die dann gestalten.

Insofern: Wenn Sie schon einige Zeit zusammen sind und finden, Sie haben zu wenig Sex, stimmt das vielleicht gar nicht. Oder wenn doch, ist das Ziel nicht so unerreichbar, wie es möglicherweise scheint. Offenbar müssen wir, um eine zufriedenstellende Beziehung zu führen, nicht in die Karnickel-Frühphase zurückfinden. Das ist für viele unglückliche Paare eine große Entlastung!

Die Latte hängt also gar nicht so hoch. Für viele Paare, die sich zwar im Alltag ein wenig aus den Augen verloren haben, an sich aber (noch) mögen, ist einmal Sex pro Woche eine Frequenz, die sich auf eine für beide Beteiligten angenehme Weise realisieren lässt. Nur nicht vergessen: Der durchschnittliche Akt mag nur knappe 15 Minuten dauern[222], aber der ganze Rest der Woche ist im Grunde Vorspiel.

Das ist wichtig, denn Frauen haben ohnehin seltener einen Orgasmus als Männer. Und je länger die Beziehung, desto seltener werden die Höhepunkte. Forscher*innen gehen davon aus[223]: Je weniger Orgasmen, desto weniger Motivation zum Sex. Man weiß inzwischen, dass erotisches Material (lies: Liebesromane und Pornos) sich mit der Zeit abnutzt. Neues Material aber funktioniert. Es könnte daher hilfreich sein, füreinander auch im Rahmen einer langjährigen Beziehung auch mal „neu“ und „anders“ zu wirken. Zudem sind Männer in festen Beziehungen öfter bereit zum Cunnilingus (Oralsex für die Frau) als bei One-Night-Stands, und sie lernen mit der Zeit, was ihre

Partnerin anmacht. Das allerdings nur, wenn diese nicht auf das Vortäuschen von Orgasmen ausweicht, damit die Sache schnell ein Ende nimmt. Sondern mit Worten oder Gesten deutlich macht, was ihr gefällt und was nicht.

Im Alltag miteinander kommt es allerdings nicht selten vor, dass man einander anschaut und sich denkt: Mit dem oder der soll ich ins Bett gehen …? Nö, lieber nicht. Kein unerhebliches Problem, zumal immerhin 78 Prozent der Deutschen der Ansicht[224] sind, Sex sollte nicht geplant werden, sondern sich spontan ergeben.

ZWISCHEN EROTIK UND ERBSENSUPPE

Denn Sex, wenn man mal so darüber nachdenkt, ist eigentlich eine ziemlich eigenartige Angelegenheit. Ein bisschen schleimig, ein bisschen peinlich. Kein Wunder, dass Kinder die Vorstellung eklig finden. Wer Sex haben will, muss tatsächlich, im Psychologendeutsch, „Ekelschwellen" überwinden. Und das ist gar nicht so einfach, wenn man die ganze Zeit mit Arbeit, Haushalt, Kindern und allem möglichen anderen beschäftigt ist. Denn erst wenn wir sexuell erregt sind, können wir allerhand Situationen ertragen, die uns sonst … sagen wir mal, eher unangenehm wären.

Zeigt man Freiwilligen z. B. (frauenfreundliche) erotische Filme, sind sie auf einmal bereit[225], aus einer Tasse zu trinken, in der eine Fliege schwimmt, sich die Hände mit einem dreckigen Handtuch abzutrocknen, einen Vibrator mit Gleitmittel zu befeuchten, gebrauchte Kondome anzufassen und, unserer Ansicht nach das absolute Highlight der Versuchsanordnung, die Hand in einen Topf mit kalter Erbsensuppe zu stecken.

In der Praxis scheint die Hürde, mit dem Sex einfach loszulegen, und der Appetit kommt dann schon beim Essen, für Männer etwas geringer zu sein als für Frauen. Aber de facto kommt man nach ein paar Beziehungsjahren eben mit dem Satz „Ich will mal wieder Sex haben!" nicht so weit.

Sie könnten also gemeinschaftlich einen (frauenfreundlichen) Erotikfilm schauen, um in Stimmung zu kommen. Oder Sie heizen einander über den Tag hinweg immer wieder mal mit zärtlichen Berührungen, begehrlichen Blicken oder eindeutig-zweideutigen Nachrichten an. Jedenfalls sind Sie, wenn Sie mehr oder überhaupt wieder Sex haben möchten, aufgefordert[226], einander dabei zu unterstützen, die Ekelschwellen zu senken. Damit der Sex dann nämlich nicht eklig wird, sondern schön.

Für dieses Vorgehen spricht auch, dass selbst kleine Veränderungen des Gefühls von Intimität Personen deutlich leidenschaftlicher werden lassen[227] – und damit wiederum steigt die Wahrscheinlichkeit auf Sex. Um diesen Mechanismus in Gang zu setzen, reicht es sogar schon, wenn nur einer der Partner sich dem anderen näher fühlt als sonst. In diesem Fall ließen sich Ursache und Wirkung gut bestimmen: Eine größere Nähe hatte mehr Sex zur Folge – Sex zog aber kein Gefühl größerer Nähe nach sich. Heißt: Brav Sex zu haben wird Ihre Beziehung nicht verbessern. Ihre Beziehung zu verbessern, wird hingegen sehr wahrscheinlich zu mehr Sex (und damit noch mehr Beziehungszufriedenheit) führen. Zwei konkrete Tipps dafür:

1. Mehr Zeit mit dem Partner bzw. der Partnerin verbringen und mehr persönliche Informationen miteinander teilen, also über die eigenen Gefühle sprechen, und das nicht nur in Bezug auf die Beziehung.

2. Kleinere Konflikte direkt austragen, statt sie jeder für sich schmollend in sich hineinzufressen. Das nervt zwar erst

mal, wird dann aber eine Einigung erzielt (deshalb: kleinere Konflikte!), ist das Gefühl von Nähe größer als zuvor.

Sex führt, wie gesagt, nicht direkt zu einem größeren Gefühl der Nähe. Auf die Dauer aber schon. Bei Paaren, die zufrieden mit ihrem Sexualleben sind, steigt über die Jahre und Jahrzehnte auch die Beziehungszufriedenheit[228]. Wir können also, realistisch betrachtet, auf alle Fälle davon ausgehen, dass ein Gefühl von Vertrauen und Intimität zu mehr Leidenschaft und Sex führt, und mehr Leidenschaft und Sex führen zu mehr Zufriedenheit. Doch auch wenn Beziehungen manchmal sehr elektrisierend beginnen, lässt sich diese Entwicklung nicht „kurzschließen“: Mehr Sex bringt Ihnen weder mehr Intimität noch mehr Zufriedenheit ein. Der Weg zu einer guten Beziehung mit einem zufriedenstellenden Sexleben führt immer über ein kooperatives, wohlwollendes Verhalten. Zumal immerhin jede*r vierte Deutsche[229] in einer Beziehung am „Panda-Syndrom“ leidet: Zu müde für Sex!

MEHR SEX = LÄNGER LEBEN!

Im Kopf behalten sollten Sie, wenn Sie über das Thema Sex nachdenken, auch Ihr Alter. Vielleicht muss man das alles nicht mehr so heiß essen, wie es gekocht wurde – oder eben gerade doch. Denn Männer sind im Durchschnitt bis 70 sexuell aktiv, wenn sie die Gelegenheit dazu haben, Frauen nur bis 65[230]. Dabei ist zugleich auch das Interesse der Männer am Sex größer; der Unterschied zwischen Männern und Frauen nimmt in dieser Hinsicht mit dem Alter zu.

Im Hinblick auf Sex heißt das also: Als Mann deutlich unter 70 wird eine Beziehung ohne Sex Sie erheblich frustrieren, ist also keine gute Option. Eine Trennung hingegen macht

Ihr Leben auch nicht unbedingt besser (dazu mehr im nächsten Abschnitt).

Für Frauen tickt die Uhr einerseits schneller, wenn Sie noch guten Sex genießen wollen, sollten Sie das Projekt frühzeitig anschieben. Andererseits sind Frauen offenbar deutlich besser darin, in den letzten Lebensjahr(zehnt)en auch andere Dinge zu genießen.

Wir wollen hier jedoch keineswegs einem Zusammenbleiben um jeden Preis und dem Pochen auf „eheliche Pflichten" das Wort reden. Bitte nicht! Es ist für Sie aber zumindest eine bedenkenswerte, sinnvolle Option, zu versuchen, die Beziehung zu verbessern und das Sexleben für beide Seiten zufriedenstellend wieder in Gang zu setzen. Das geht durchaus, immerhin betrachten Sexualtherapeuten guten Sex mittlerweile als „erlernbare Fähigkeit"[231].

Wir empfehlen das auch deswegen, weil mehr Sex gut für die Gesundheit ist. Männer, die regelmäßig ejakulieren, erkranken seltener an Prostatakrebs. Und von Männern, die zwischen 45 und 59 mindestens zwei Mal wöchentlich Sex hatten, lebten zehn Jahre später noch doppelt so viele wie aus der Gruppe, die seltener als einmal pro Monat Sex hatten[232]. Männer, die mit 70 Jahren noch sexuell aktiv sind, haben eine deutlich größere Chance, fünf Jahre später noch am Leben zu sein[233]. Ja, sogar ihr Interesse an Sex hat schon eine positive Auswirkung auf die Lebenserwartung.

Endlich geklärt: Warum wir uns in modernen Beziehungen alle überfordert fühlen!

(Und wie erlaubtes Fremdsexen dagegen helfen soll)

Der Psychologe Abraham Maslo präsentierte 1943 die Theorie, dass unsere grundlegenden Bedürfnisse befriedigt sein müssen, bevor wir uns an sozusagen „höher gelegene" Bedürfnisse wagen. Diese Hierarchie wird häufig als eine Art Dreieck dargestellt – die sogenannte Bedürfnispyramide:

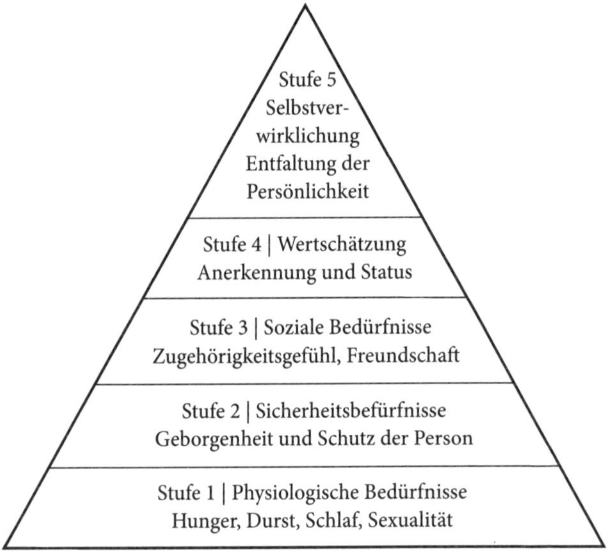

In den USA wird diese Pyramide als „Mount Maslow" bezeichnet, der „Maslowsche Berg".

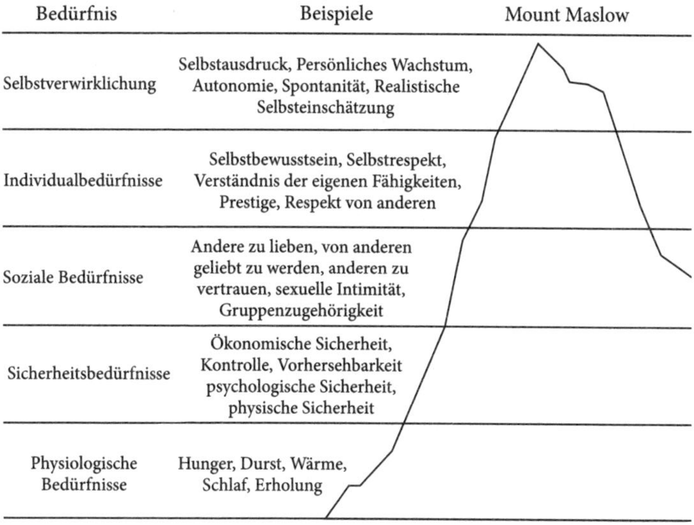

Bedürfnis	Beispiele	Mount Maslow
Selbstverwirklichung	Selbstausdruck, Persönliches Wachstum, Autonomie, Spontanität, Realistische Selbsteinschätzung	
Individualbedürfnisse	Selbstbewusstsein, Selbstrespekt, Verständnis der eigenen Fähigkeiten, Prestige, Respekt von anderen	
Soziale Bedürfnisse	Andere zu lieben, von anderen geliebt zu werden, anderen zu vertrauen, sexuelle Intimität, Gruppenzugehörigkeit	
Sicherheitsbedürfnisse	Ökonomische Sicherheit, Kontrolle, Vorhersehbarkeit psychologische Sicherheit, physische Sicherheit	
Physiologische Bedürfnisse	Hunger, Durst, Wärme, Schlaf, Erholung	

In den USA wird die Bedürfnispyramide auch als „Mount Maslow" bezeichnet, als „Malowscher Berg".

Nun stellten Soziologen und Psychologen fest, dass wir unseren Liebes- und Lebenspartnern heute immer mehr abverlangen. Sie sollen nicht nur einige unserer Bedürfnisse befriedigen, sondern am besten alle. Das ist praktisch, denn es spart Zeit. Und es passt auch zur Veränderung unserer Sicht auf die Partnerschaft: von der Vernunftehe zur romantischen Liebe. Auch eine deutsche Sozialstudie[234] mit über 3000 Teilnehmer*innen ergab, dass die Liebe sich von gesellschaftlichen Zwängen mehr und mehr befreit und die Selbstbestimmung in den Mittelpunkt der Paarbeziehungen rückt.

Bloß kann leider eben kein Partner alles für einen sein. Das ist einfach zu viel verlangt.

Psychologie-Professor Eli Finkel verfasste daher 2014 einen Artikel[235], das eigentlich mehr eine Streitschrift ist. Seine These: Der Anspruch an die Ehe besteht heutzutage weniger als früher in der Unterstützung beim Erlangen der unteren

Bedürfnisebenen. Dafür aber fordern wir mehr Unterstützung in den Bereichen „Wertschätzung“ und „Selbstverwirklichung“. Das sei auch möglich, die meisten Partner täten es aber nicht. Sie investierten insgesamt weniger in die Beziehung als frühere Generationen. Deshalb sei die Ehezufriedenheit insgesamt gesunken. Weil die Anspruchsbereiche sozusagen höher am Berg lägen, herrsche eine Art Sauerstoffmangel. (Die vom Partner gewünschte Unterstützung ist schwerer zu leisten.)

Finkel machte erste Lösungsvorschläge, zudem wurde der Aufsatz viel diskutiert. Einig sind sich alle in einem: Wer seine Bedürfnisse nach Zugehörigkeit, Status und persönlicher Weiterentwicklung auch außerhalb der Primärbeziehung befriedigt, tut allen Beteiligten etwas Gutes. Das kann heißen, sich regelmäßig mit Freunden auszutauschen. Es kann bedeuten, sich coachen zu lassen oder eine Therapie in Anspruch zu nehmen. Oder man kann auch das klassische Monogamie-Modell hinter sich lassen und die Beziehung für sexuelle Erfahrungen mit Dritten öffnen[236]. Das ist viel Arbeit[237], doch Menschen in ausdrücklich offenen oder polyamourösen Beziehungen geben eine höhere Zufriedenheit zu Protokoll. Möglicherweise, weil sie bestimmte Probleme aktiv angehen, anstatt immer bloß zu hoffen, dass es irgendwann von alleine besser wird (mehr darüber ab S. 204).

WIE SIE ÜBERHÖHTE BEZIEHUNGSANSPRÜCHE SYSTEMATISCH REDUZIEREN

Was gut passt, hängt von Ihren Wünschen und (Moral)Vorstellungen ab. Wichtig für die Beziehungsqualität scheint zu sein:

1. Die Befriedigung der zahlreichen eigenen Bedürfnisse nicht alle dem Partner oder der Partnerin aufzubürden, sondern diese auf mehrere Personen zu verteilen.

2. Wenn der Partner oder die Partnerin stabile Freundschaften unterhält, dies als gutes Zeichen sehen und sich über die Entlastung freuen, statt eifersüchtig zu werden.

3. Innerhalb der Beziehung die unterschiedlichen Talente nutzen, so kann ein Partner zuständig sein für die Planung von romantischen Date Nights, der oder die andere kümmert sich um Aktivitäten, die intellektuell oder spirituell bereichernd sind.

4. Gemeinsam überlegen, ob alternative Beziehungsmodelle infrage kommen. Dafür müssen gegebenenfalls Wünsche ausdrücklich formuliert werden – schon diese konstruktive Klarheit stellt einen eigenständigen Schritt zu größerer Zufriedenheit dar.

5. In der Dating-Phase und/oder beim „Aushandeln" bzw. Nachverhandeln der Beziehungsgrundlagen kann es hilfreich sein, wenigstens über die eigenen Bedürfnisschwerpunkte nachzudenken. Noch besser ist es natürlich, diese gemeinsam zu besprechen.

   Denn nicht für jede und jeden sind alle Bedürfnisebenen gleich relevant, und ohnehin ist deren tatsächliche Befriedigung individuell. Heißt: Wenn sich beide einig darin sind, dass die Karriere im Vordergrund steht, ist das ebenso passend wie eine Kombi aus sie: Karriere, er: Vater und Hausmann. Und wenn beide Sex als wichtig ansehen, läuft es besser, als wenn nur eine*r das tut.

   Es gibt hier also kein Richtig und Falsch, wohl aber bessere und schlechtere Passgenauigkeit.

6. In modernen Ehen fühlen sich die Beteiligten im Erreichen ihrer Bedürfnisse vom Partner um so weniger unterstützt, und finden die Ehe um so „erstickender", je geringer die Schulbildung. Bei Personen ohne höhere Ausbildung sind es immerhin knapp die Hälfte, bei Uni-Absolventen nur unter 20 Prozent. Warum? Vielleicht, weil die selbst für ihre (intellektuelle) Befriedigung Sorge tragen, weil sie ihre Bedürfnisse besser erkennen oder ausdrücken können, oder möglicherweise, weil sie dazu bereit sind, die Beziehung zu öffnen und anderswo Unterstützung zu erhalten. Das ist zwar reine Spekulation. Was man aber aus den Daten handfest schließen kann: Wenn Sie die Wahl haben zwischen zwei potenziellen Partnern mit unterschiedlich hohem Schulabschluss, ist zumindest in dieser Hinsicht die bessere Ausbildung ein mögliches Plus (siehe Grafik). Und wenn Sie selbst das Gefühl haben, in der Beziehung zu ersticken und nicht hinreichend unterstützt zu werden, könnte die (Wieder)Aufnahme einer Ausbildung oder auch nur eine Weiterbildung für mehr eigene Bedürfnisbefriedigung und damit zugleich für eine Entlastung der Beziehung sorgen.

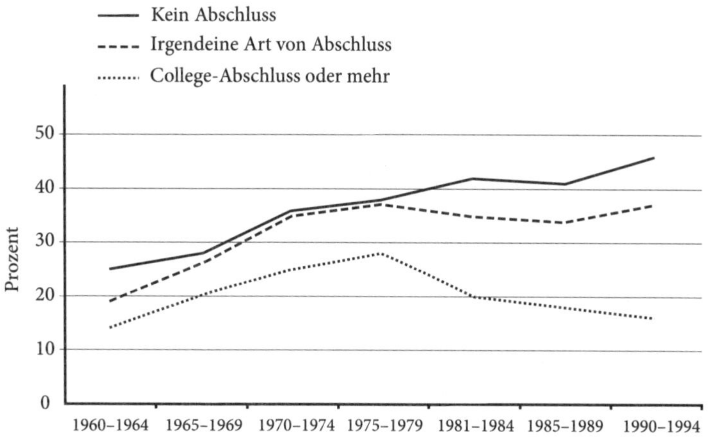

Scheidungsrate nach Schulabschlüssen. Je höher der Schulabschluss, desto geringer die Scheidungsrate.[238]

Warum unsere Ansichten wichtiger sind als die Wirklichkeit

Online-Dating ermöglicht faszinierende Erkenntnisse über unsere Partnerwahl. Die sind durchaus auch relevant, wenn Sie sich vielleicht momentan fragen: Möchte ich eigentlich mit diesem Menschen den Rest meines Lebens verbringen – oder bin ich aus Versehen falsch abgebogen?

Dating-Webseiten testen ständig neue Vorgehensweisen, um einerseits Nutzer*innen zu binden – und andererseits tatsächlich vielversprechende Vorschläge machen zu können. Zu den besonders interessanten Ergebnissen eines solchen Tests gehört die Tatsache, dass wir um so positiver auf jemanden reagieren, je höher der angegebene Matching-Score ist. Also wie gut wir angeblich zueinander passen werden.

Jede Partnervermittlungsseite arbeitet mit irgendeiner Software, die nach komplizierten Regeln Ihre Infos ins Verhältnis zu den Infos aller anderen User setzt. Also zum Beispiel: Sie haben einen Hund, jemand anders hat einen Hund, das könnte passen. Sie haben einen Hund und jemand anders hat eine Hundeallergie – weniger gut. Sie heißen Chantal und jemand anders heißt Kevin? Das könnte was werden, schon aus Not (s. S. 67).

Manche der Webseiten geben an, wie groß die berechnete Übereinstimmung ist. Im Grunde das Äquivalent zu Freunden, die sagen: Die oder den musst du einfach kennenlernen.

Versuchsweise wurde nun Teilnehmer*innen eine hohe Übereinstimmung bei Personen angezeigt, die gar nicht viel mit ihnen gemein hatten. Und was passierte[239]? Sie begannen, mit den nicht wirklich zu Ihnen passenden Personen Chats. Die nahezu genauso erfolgreich verliefen wie bei echten Matches (nur zwei Prozentpunkte Unterschied).

Heißt: Wir können den Computer zwar mit allen möglichen Infos darüber füttern, was wir tun und was wir mögen, aber mit wem wir uns am Ende gut verstehen, hängt offenbar vor allem davon ab, ob wir glauben, wir würden gut zu jemandem passen.

Und das ist eine Trumpfkarte, die Sie in jeder Beziehungskrise ganz ohne Datingwebseite auf den Tisch knallen können. Schließlich sind Sie mit jemandem zusammen, für den Sie sich irgendwann mal ganz bewusst entschieden haben (hoffen wir). Und bei dem Sie der Ansicht waren: Das passt! Wenn es Ihnen gelingt, die Erinnerung daran wachzurufen, steigt die Wahrscheinlichkeit, dass Sie tatsächlich (wieder) zueinander passen.

Es stimmt wirklich: So retten Sie still und leise Ihre Beziehung!

Meditation ist gut für alles und jeden, hier und jetzt und überall. Steht in jeder Frauenzeitschrift. Warum ist das so und stimmt es überhaupt? In der Meditation übt man, das Leben auch mal „sein" zu lassen. Das führt dazu, dass wir ruhiger reagieren, wenn wir in Stress geraten. Darum geht es bei der ganzen Sache eigentlich: Dass wir im Alltag cool bleiben können. Es ist wie Fußballtraining oder Sprachenlernen. Wir üben, um in einem anderen Moment – dem Fußballspiel, dem Italienurlaub – etwas besser zu können.

Logisch daher, dass Meditation auch der Beziehung hilft. Und natürlich lässt sich das auch messen. Die im Westen vielleicht häufigste Meditationsform ist die „Achtsamkeitsbasierte Stressreduktion", kurz ABSR (auf Englisch: „Mindfulness Based Stress Reduction", kurz MBSR). Sie wurde von einem Molekularbiologen entwickelt und ist inzwischen sehr gut erforscht. Meist wird die Technik acht Wochen lang an je einem Abend pro Woche unterrichtet. Paare, die an einem speziellen Achtsamkeitskurs zum Beziehungsaufbau („Mindfulness Based Relationship Enhancement", kurz MBRE) teilnahmen, stellten eine Verbesserung der täglichen Beziehungszufriedenheit fest[240], weniger Beziehungsstress, sowie ein höheres Wohlbefinden, einen besseren Umgang mit Stress. Der Effekt war noch Monate später deutlich.

Oh, denken jetzt vielleicht manche von Ihnen, wie soll ich meinen Partner oder meine Partnerin bloß überreden, mit mir zu meditieren? Das ist glücklicherweise gar nicht nötig. Schon die eigene Meditationspraxis trägt zum gemeinsamen Beziehungsglück bei[241]. Denn beim Meditieren lernt man sozusagen,

„nicht über jedes Stöckchen zu springen". Wer ab und zu mal übt, gelassener mit der eigenen inneren Unruhe umzugehen, kann das nach einiger Zeit auch im Alltag. Wenn sich die Partnerin oder der Kassierer im Supermarkt mal wieder so richtig blöd benehmen. Interessant: Diese Fähigkeit erhöht zugleich die Beziehungszufriedenheit des Partners. Vermutlich, weil es angenehmer ist, mit jemandem zusammenzuleben, der nicht so schnell aufbraust. Keine Sorge: Achtsamkeit heißt nicht, alles zu schlucken und gute Miene zum bösen Spiel zu machen. Sondern Achtsamkeit bedeutet ein besseres Bewusstsein dafür, wie wir uns gerade fühlen – und warum. Und schafft Raum für die Erkenntnis, dass der oder die andere vielleicht gar nicht auf uns sauer ist, sondern auf das Wetter, den Boss, sich selbst. Achtsamkeit bedeutet daher gleichzeitig, sich aufmerksam mit sich selbst zu beschäftigen und sich gut um sich selbst zu kümmern. Und genau das beschreiben[242] Paare dann auch: Wer meditiert, kann Gefühle und Sorgen leichter identifizieren und kommunizieren, kann eher die Perspektive des anderen einnehmen, den eigenen Ärger kontrollieren und sich selbst beruhigen. Zugleich treten weniger negative Emotionen und Reaktionen wie z. B. Feindseligkeit, Impulsivität und Aggressivität auf.

Meditation stellt damit eine Möglichkeit dar, wie Sie still und für sich im Alleingang Ihre Beziehung verbessern können. Besuchen Sie einen Kurs oder laden Sie sich eine App oder Anleitung herunter, und fangen Sie einfach an. Unsere eigene praktische Erfahrung sagt, dass Sie schon nach wenigen Wochen erste Erfolge bemerken können.

Unser Körper ist ein verdammter Verräter - warum Verlieben dünn, aber die Liebe dick macht (und was wir daraus lernen können)

Etwa ein Viertel der Bevölkerung ist übergewichtig, Tendenz steigend. Übergewicht ist nicht nur gesundheitsschädlich – es wird üblicherweise auch nicht als besonders erotisch angesehen. Allerdings ist Übergewicht, wie wir sehen werden, auch kein Dealbreaker. Obwohl der in die Binsen gegangene Look des Partners bzw. der Partnerin ja unter Freunden bzw. Freundinnen gern mal beklagt wird.

Zumindest zu Anfang der Beziehung nehmen oft beide Partner zu[243]. Vielleicht, weil sie jetzt unter der Haube sind und (unbewusst) nicht mehr vermittelbar bleiben müssen. Ihrer Ehezufriedenheit tut das keinen Abbruch. Allerdings bleiben Partner schlanker in Ehen, die nicht als glücklich beschrieben werden. Denkbar, dass sie sich weiter in marktfähigem Zustand halten wollen.

Für diese These sprechen auch die sehr ähnlichen Ergebnisse der Auswertungen von Gewichts- und Beziehungsdaten von mehr als 40 000 Deutschen über 19 Jahre hinweg[244] sowie von mehr als 20 000 Deutschen über 16 Jahre[245]. (Immerhin: Zugleich geben 72 Prozent der deutschen Männer und sogar immerhin 62 Prozent der Frauen zu Protokoll[246], mit ihrem Körper „zufrieden“ zu sein!)

Für eine Studie, die sich besonders mit der bekannten Gewichtszunahme in der Lebensmitte beschäftigte, ließen Forscher gut 2500 Amerikaner über einen Zeitraum von zehn Jahren hinweg[247] wiegen und befragen. Eindeutiges Ergebnis: Je mehr die Probanden zunahmen, desto schlechter stand es um ihre Ehe!

Erforscht wurde hier wohlgemerkt nicht, ob es die Menschen störte, wenn der Partner oder die Partnerin zunahm. Sondern es ging um den eigenen Gewichtsverlauf.

Wie so oft, weiß man, selbst wenn die Ergebnisse auch auf Sie und uns zuträfen, noch lange nicht, woran es liegt. Es könnte sein, dass Eheleute einander dazu anhalten und einander dabei unterstützen, gesund zu leben. In einer zufriedenen Ehe gelänge dies auch. Daher wäre die konstruktive Beziehung die Ursache für eine geringere Gewichtszunahme, nicht ihr Ergebnis.

Für wahrscheinlicher halten die Autoren der Studie, dass positive Erfahrungen im Rahmen der Beziehung die Menschen glücklicher sein lassen, sodass sie weniger Essstörungen entwickeln oder aus Frust essen.

Und was bedeutet das nun in Wirklichkeit? 72 Prozent der deutschen Männer setzen für einen vermittlungsfähigen Body auf Ernährung[248], 51 Prozent auf Sport, 29 Prozent auf Diäten und nur 2 Prozent lassen sich operieren. Bei den Frauen halten sogar 83 Prozent Ernährung für den wichtigsten Baustein. Nur 35 Prozent machen Sport, 34Prozent eine Diät, und immerhin 3 Prozent überlassen die Arbeit einem Chirurgen. (Aber jetzt mal ganz ehrlich, glauben Sie dieser anonymen Online-Befragung von über 2000 Deutschen? Online und anonym sollen dafür sorgen, dass die Teilnehmer*innen die Wahrheit sagen, und wenn es z. B. um sexuelle Vorlieben geht, mag das ja auch zutreffen. Aber andererseits kann man sich so mit einem Klick auch das Selbstbild idealisieren. 51 Prozent der Männer machen Sport, haha. Fußballgucken vielleicht. Und nur 34 Prozent der Frauen machen Diät? Das wüssten wir aber. Zumal 71 Prozent der deutschen Männer ihre Partnerin attraktiv finden[249], aber nur 58 Prozent der Frauen ihren Partner. Von wegen nur wenig Diät und viel Sport.)

Warum Feminist*innen glücklichere Menschen sind

Frauen, die sich selbst als Feministinnen ansehen, berichten[250] über eine höhere Beziehungsqualität. Und nun kommt der Knaller: Auch Männer, deren Frauen sich selbst als Feministinnen bezeichnen, empfinden die Beziehungen zu diesen Frauen als besser! Feminismus hat also nicht nur eine politische, sondern auch eine ganz persönliche Dimension. Also, werden Sie Feministin oder ermuntern Sie Ihre Frau dazu, eine zu werden, um Ihre Beziehung zu verbessern.

Warum sind Feministinnen glücklicher? Vielleicht, weil sie bewusst mehr Verantwortung für das Gelingen des eigenen Lebens übernehmen. Und warum empfinden Männer die Beziehungen zu Feministinnen als besser? Möglicherweise, weil es viel einfacher und erfüllender ist, den Alltag mit jemandem zu teilen, der sich in positiver Weise engagiert.

Kompassregeln: Raus aus der Alltags-ernüchterung

1. Freuen Sie sich gemeinsam über gute Nachrichten! Bemühen Sie sich, positive Informationen des Partners oder der Partnerin anerkennend zu kommentieren. Wenn es Ihnen schon fast übertrieben vorkommt, ist es genau richtig.

2. Kinder sind kein Beziehungskitt. Sondern einer der größten Stressfaktoren. Manche Eltern machen sie glücklich, andere werden unglücklich(er). Deshalb: Bekommen Sie Kinder nur, wenn Sie wirklich welche wollen. Und im Idealfall mit einem Partner bzw. einer Partnerin, der/die das auch will.

3. Sprechen Sie über Geld! Geld steht in vielen Beziehungen für „Macht". Vor allem: Es gibt sehr unterschiedliche Arten, mit gemeinsamem Geld umzugehen. Einigen Sie sich! Nutzen Sie die Gelegenheit, um etwas übereinander zu erfahren!

4. Lachen Sie gemeinsam. Miteinander, nicht übereinander! Freundschaftliches Aufziehen ist ein Bonus, verletzender Spott verboten. Je mehr Spaß Sie gemeinsam haben, desto gesünder (wird) die Beziehung.

5. Streiten Sie niemals per Textnachricht. Wenn im Chat Unstimmigkeiten entstehen, rufen Sie zur Klärung an oder warten Sie ab, bis sie direkt darüber sprechen können. Nutzen Sie Textnachrichten nur für Orga und positive Nachrichten.

6. Tun Sie einander Gefallen. Achten Sie darauf und freuen Sie sich darüber, wenn der/die andere Ihnen einen Gefallen

getan hat oder Ihnen entgegenkommt. Sprechen Sie ehrlich darüber, welche Opfer Sie für den anderen bzw. die andere bringen, welche Kompromisse Ihr*e Partner*in eingeht.

7. Küsschen, kuscheln und Händchenhalten fehlen im Alltag oft Männern wie Frauen. Das lässt sich leicht ändern!

8. Männer fühlen sich in schwierigen Situationen am besten unterstützt, wenn man Ihnen sagt, dass Sie die Herausforderung schon meistern werden. Frauen fühlen sich in schwierigen Situationen am besten unterstützt, wenn man ihnen wortlos sanft den Nacken massiert. Klingt nach Klischee, ist aber statistisch nun mal so. Probieren Sie aus, wie durchschnittlich Sie und Ihr*e Partner*in sind!

9. Wenn Sie an sich noch gern Sex miteinander haben, erhöhen Sie die Frequenz auf einmal pro Woche, das macht glücklicher als eine Gehaltserhöhung um 50.000 Dollar/Jahr!

10. Unsere Ansprühe an die Beziehung sind heute enorm hoch. Das kann überfordern. Pflegen Sie daher Freundschaften, suchen Sie sich Mentoren, bürden Sie nicht die Gesamtlast Ihrer Selbstverwirklichung dem Partner oder der Partnerin auf.

PHASE 3:
KRISE

Zusammen ist man weniger allein

Saskia ist sicher: Es ist vorbei. Aus und vorbei. Im Grunde weiß sie das schon lange. Sie muss sich von Jakob trennen. Mit ihm kann sie auf keinen Fall mehr glücklich werden. Falls er sie nicht schon längst betrogen hat, dann war er doch zumindest kurz davor. Sie kann ihm nicht mehr trauen. Und bei der Vorstellung, mit ihm den Rest ihres Lebens verbringen zu müssen, läuft es ihr kalt über den Rücken!

Jakob geht es ähnlich. Saskia hat sich in eine richtige Zicke verwandelt. Meckert nur noch an ihm rum. Aber was will sie denn eigentlich? Das kann sie ihm dann auch wieder nicht sagen. Eine Affäre hat sie ihm gebeichtet, ein Ausrutscher mit einem Kollegen. Damals hat er ihr verziehen. Wie dumm! Hätte er nur gleich reinen Tisch gemacht, statt noch zwei Jahre zu verschwenden. Denn jetzt stehen sie nicht besser da als damals. Im Gegenteil.

Jakob bleibt im Büro, so lange er kann. Saskia nimmt jeden Wochenenddienst an, der zu haben ist. Wenn sie einander begegnen, dann fangen sie jedes Mal wieder an zu streiten. Obwohl keiner von ihnen beiden sagen könnte, warum oder worüber.

Das Einzige, was sie noch zusammenhält, sind Erik und Ida, die Zwillinge, und das gemeinsame Haus. Und den nächsten Sommerurlaub haben sie auch schon gebucht, der würde ja verfallen, wenn sie sich jetzt trennen …

Kennen Sie das? Man schweigt sich an, geht sich aus dem Weg, und könnte doch nicht sagen, was dem Partner oder der Partnerin eigentlich fehlt. Es scheint, als wäre eine Rettung der Beziehung nicht mehr möglich. Und doch ist da noch etwas. Vielleicht die Erinnerung an das Gefühl, als sie einander kennenlernten. Oder ein unerwartetes Herzklopfen, dann und wann, wenn Sie eine Textnachricht vom anderen erhalten (die dann aber leider doch nicht romantisch, sondern nur ätzend ist). Kinder, Investitionen, Zukunftspläne. Es gibt viele Gründe, weiterhin zusammen zu bleiben.

Andererseits: Wie Jakob schon atmet! Und wie Saskia durchs Haus trampelt! Der Horror! Irgendwann wird alles schrecklich, was der oder die andere tut. Jeder Satz eine Provokation, jede Handlung unerträglich. Was wir einst mochten, nervt uns jetzt besonders: das Besserwisserische, das Schweigen, die ständige Unruhe. Und wie er/sie schon wieder guckt! Als läge es an mir!

Leider gibt es über die Krisenbewältigung von Paaren deutlich weniger Untersuchungen als über die magische Anziehungskraft zwischen zwei einander noch Unbekannten. Wahrscheinlich, weil es viel interessanter und einfacher ist, Flirtverhalten zu erforschen, als streitende Paare zu finden, die sich dabei begutachten lassen wollen. Und es ist auch deutlich einfacher, das Aussehen zu vermessen, als die emotionale Reaktion auf jahrelangen Frust einzuordnen.

Gut erforscht sind jedoch zwei Bereiche, aus denen sich dann doch einige substanzielle Schlüsse ziehen lassen: Ob und warum es grundsätzlich vorteilhaft ist, in einer Beziehung zu leben. Und welche Methoden dazu beitragen, Abneigung und Feindseligkeit wieder abzubauen – und welche nicht.

Und mithilfe welcher Kriterien können oder sollten Sie entscheiden, ob Ihre aktuelle Beziehung noch zu retten ist? Kann es wieder besser werden? Wie gewinne ich Vertrauen, Respekt, Lust zurück? Und verpasse ich vielleicht die große Liebe, während ich mich hier mit der Vernunftehe abquäle? Das lässt sich leider nicht sagen. Diese Fragen zu beantworten bleibt, wie auch schon in den vorigen Abschnitten, jeder und jedem von uns selbst überlassen. Denn sie sind ja nicht statistisch zu bewerten, sondern nur ganz individuell.

Auf den nächsten Seiten erfahren Sie immerhin, was Sie vermeiden sollten, um die Beziehung endgültig zu ruinieren, und wie Sie vielleicht doch noch gemeinsam die Kurve kriegen können, wenn Sie das wollen. Und noch grundsätzlicher wird es dann im letzten Kapitel.

Diese zwei Dinge müssen Sie können, damit es wieder knistert zwischen Ihnen!

Wenn Sie dieses Kapitel lesen, hat Ihre Partnerin oder Ihr Partner bestimmt schon mal zum Ausdruck gebracht, dass alles Ihre Schuld sei. Es mag unbequem sein, lohnt sich aber zu überprüfen, ob da etwas dran ist.

Nun scheint es uns bei Beziehungen wenig sinnvoll, von „Schuld" zu sprechen, und „alles" verantwortet eine*r auch nur höchst selten. Die Grundidee aber bleibt: Kann es vielleicht sein, dass Sie etwas bisher so ungeschickt machen, oder dass Sie sich in einem Bereich so deutlich verbessern könnten, dass Sie ganz allein die Krise entschärfen können? Das ist nämlich das wirklich ermächtigende Moment in dieser Sichtweise. Sobald man aufhört, Vorwürfe abzuwehren oder die „Schuld" beim anderen zu suchen, wird man wieder handlungsfähig!

In zwei Studien[251] wurde an über 25 000 Personen aus 58 Ländern hinweg getestet, welche Fähigkeiten für erfolgreiche Beziehungen besonders wichtig sind. Die sieben Eigenschaften, die untersucht wurden, waren:

- Kommunikation: zuhören, teilen, möglichst wenig Kritik
- Konfliktlösung: konzentriert und präsent ein Thema besprechen, Bereitschaft zur Vergebung und zur Entschuldigung
- Kenntnisse übereinander: wissen, was der Partnerin oder dem Partner Freude bereitet, seine oder ihre Vorlieben kennen, seine Wünsche ernst nehmen
- Allgemeine Fähigkeiten: finanzielle Kompetenz, Gesundheit, Berufstätigkeit
- Selbstmanagement: die eigenen Stärken und Schwächen kennen, Ziele erkennen und anstreben
- Sex und Romantik: sich um die sexuelle Befriedigung des Partners bzw. der Partnerin bemühen, Zeit für Intimität schaffen, attraktiv bleiben
- Umgang mit Stress: Entspannung, Planung, Organisation, Prioritäten setzen

Und welche waren nun wichtig für gelungene Partnerschaften? Was glauben Sie?

Therapeuten tippten im Rahmen einer Teilstudie auf Kenntnisse übereinander, Selbstmanagement sowie Sex und Romantik. Die Betroffenen selbst sahen das anders. Ihnen waren, und zwar mit Abstand, Kommunikation und Kenntnisse übereinander am wichtigsten.

Vielleicht ist es deswegen so wichtig, an den Geburtstag, Hochzeitstag und Kennenlerntag zu denken. Oder daran, dem

Partner am Morgen vor einem schwierigen Termin viel Glück zu wünschen. All das sind keine Kleinigkeiten, sondern Gelegenheiten, zu kommunizieren, dass man den anderen bzw. die andere kennt und weiß, was ihm oder ihr wichtig ist.

Beide Fähigkeiten lassen sich üben. Vielleicht, indem Sie Ihre Aufmerksamkeit darauf richten. Oder indem Sie ein entsprechendes Buch lesen oder einen Kurs belegen. Weder eine gute Kommunikation noch bessere Kenntnisse über die Wünsche und das Wesen Ihres Partners bzw. Ihrer Partnerin sind Hexenwerk.

Wenn Sie jetzt das Gefühl beschlichen hat, an dem Vorwurf „du hörst mir nie zu“ oder „du kennst mich gar nicht“ wäre vielleicht mehr dran, als Sie bisher dachten, dann können Sie ganz still und leise an sich arbeiten. Es tut nicht nur nicht weh. Es bietet zudem noch einen Ausweg aus dem anhaltenden Vorwurfskarussell.

Der Feind in meinem Bett: Diese zwei Dinge sollten Sie nie wieder tun!

Was tun, wenn Sie das Gefühl haben, Ihr Partner oder Ihre Partnerin mag Sie nicht mehr, lässt Sie sozusagen „am langen Arm verhungern“? Wenn Timo die Hand auf Carolas Hüfte legt, seufzt die: „Ich habe Kopfschmerzen.“ Als sie sich am nächsten Tag mit ihrem Kaffeebecher zu ihm an den Frühstückstisch setzt, steht er wortlos auf und beginnt, den Rasen zu mähen.

Liebesentzug ist eine Todesspirale für jede Beziehung. Tatsächlich lässt sich zeigen[252], dass derartiges beziehungsinternes

Mobbing eine echte Katastrophe darstellt. Über fünf Jahre hinweg wurde untersucht, wie sich Liebesentzug und Lästern auf die Liebe auswirken. Beide Vorgehensweisen werden vor allem von Frauen eingesetzt. Liebesentzug möglicherweise in der Hoffnung, dass der Mann lernt: Wenn du dich so verhältst, rede ich nicht mehr mit dir, wenn du dich anders verhieltest, wäre alles gut. Und das Lästern hinter dem Rücken des anderen könnte einen Versuch darstellen, sich emotional zu entlasten.

Es kommt, wie es kommen muss. Zeichnen sich Beziehungen durch regelmäßigen Liebesentzug oder regelmäßiges Lästern aus, werden sie mit der Zeit immer schlechter. Dabei ist zu bedenken: Es ist nicht unbedingt so, dass Lästern gegenüber Dritten „magisch" die Beziehung negativ beeinflusst. Naheliegender scheint, dass Personen, die fünf Jahre lang regelmäßig Freunden gegenüber ihre Partnerin oder ihren Partner schlechtmachen, sich nicht in einer Fünf-Sterne-Beziehung befinden.

Bonusinfo: Wenn Männer zu Liebesentzug greifen, ist der Schaden noch größer, als wenn Frauen dies tun, ebenso wird sein Lästern negativer bewertet als ihr Lästern. In allen Fällen wird hingegen das Lästern hinter dem Rücken des anderen bzw. der anderen häufiger als Vertrauensbruch gewertet. Vermutlich, weil die Beziehungsgrenzen überschritten und Außenstehende hineingezogen werden.

Knochentrockenes Fazit der Forscher: Besser als passiv-aggressiv den anderen zu ignorieren oder einander vor den Freunden schlecht zu machen, sei es, konstruktiv direkt miteinander zu kommunizieren.

Haha, wer hätte das gedacht? Aber denken Sie noch mal zurück an den Beginn dieses Kapitels. Dem oder der anderen Vorwürfe zu machen, bringt selten etwas. Es geht darum, vor der eigenen Tür zu kehren. Wenn Sie damit anfangen,

Verhaltensweisen wie Liebesentzug oder Lästern zu unterlassen, können Sie damit richtig was bewegen. Und wenn Sie sich jetzt fragen: Warum sollte ich? Dann haben Sie gerade etwas ganz Wichtiges entweder über sich oder über Ihre Beziehung (oder über beide) gelernt.

Das hätten Sie nie gedacht! Wer ist wirklich untreuer, Männer oder Frauen?

Männer, sagt das Vorurteil, wollen immer nur das eine. Und, wie wir bereits in dem Abschnitt über das Flirten gesehen haben, sind sie dabei auch nicht wählerisch. In der Realität sind Frauen und Männer aber mittlerweile fast gleich häufig untreu[253]. 34 Prozent aller Deutschen[254] sind schon einmal fremdgegangen, dabei waren die Hauptgründe für Männer tatsächlich Lust auf eine neue sexuelle Erfahrung sowie zu wenig Sex in der Beziehung, für Frauen hingegen Verlieben und der Wunsch nach Bestätigung der eigenen Attraktivität[255].

Um zu belegen, wie leicht Männer untreu werden, wird häufig eine Studie aus dem Jahr 1989 zitiert[256]. Damals hatten junge Studierende wildfremde Kommilitonen angesprochen. Sie fragten, ob die- oder derjenige a) heute Abend mit ihnen ausgehen, b) heute Abend in ihr Apartment kommen oder c) gleich die Nacht mit ihnen verbringen wolle. Fast zwei Drittel der jungen Männer akzeptierte das Angebot, aber nur ein Fünftel der jungen Frauen. Zudem fanden junge Männer es deutlich interessanter, eine junge Frau zu besuchen oder gleich die Nacht mit ihr zu verbringen, als nur mit ihr zu Abend zu essen. Die Studentinnen hingegen waren allenfalls zu dem Essen bereit, aber nicht zu mehr.

Das erscheint durchaus sinnvoll aus Sicherheitsgründen. Zugleich ging man aber auch lange davon aus, dass Männer eben sexgeile Tiere seien, und Frauen halt nicht. Motto: Männer wollen Sex, Frauen wollen Liebe. Doch der Psychologin Terri Conley erschien das nicht glaubhaft. Sie stellte fest, dass Frauen aus zwei (guten) Gründen unverbindlichem schnellem Sex eher abgeneigt waren:

1. Sie kommen aller Wahrscheinlichkeit nicht auf ihre Kosten. Das gaben Männer, die sich One-Night-Stands wünschten, auch offen zu: „Warum sollte ich mich um ihren Orgasmus kümmern, wir sind ja nicht in einer Beziehung?!"

2. Männer, die viele Frauen abschleppen, gelten als tolle Typen. Frauen, die viele Männer abschleppen (oder sich von vielen Männern abschleppen lassen), werden als Schlampen abgewertet.

Sobald diese Faktoren aus der Fragestellung verschwanden, lagen die Zahlen fast gleichauf. Also: Haben Frauen die Möglichkeit zu unverbindlichem Sex mit einem tollen Kerl, der den Eindruck erweckt, dass es im Bett gut laufen wird, und mussten sie nicht befürchten, hinterher dafür gedemütigt zu werden, sind sie ebenso interessiert wie Männer[257]. Diese Daten gelten ähnlich auch für schwule Männer und lesbische Frauen.

Was bringt uns diese Erkenntnis? Vielleicht dies: Männer wie Frauen haben gern guten Sex. Fehlt der in einer Beziehung, kann das auf die Dauer zu Problemen führen. Die Annahme, dass Männer in dieser Hinsicht sozusagen „anfälliger" als Frauen seien, ist falsch. Keiner von beiden kann es sich in einer langjährigen Beziehung erlauben, die Zufriedenheit des oder der anderen achselzuckend zu ignorieren. Andererseits kann es die Beziehung vielleicht auch (wieder)beleben, zu versuchen, für die Partnerin oder den Partner möglichst attraktiv zu bleiben bzw. werden.

Was Geld und Treue miteinander zu tun haben

Ist der Mann Alleinverdiener, beträgt die Chance, dass seine Frau fremdgeht, fünf Prozent pro Jahr[258]. Ist hingegen die Frau Alleinverdienerin, beträgt die Chance, dass ihr Mann fremdgeht, fünfzehn Prozent pro Jahr! Möglich, dass traditionelle Rollenbilder der Grund sind. Demnach würden sich einige Männer, die Anerkennung nicht in Form von Geld erhalten, diese anderweitig suchen. Wenn dem so wäre, müssten sich die Prozentzahlen im Lauf der kommenden Jahre angleichen.

Bis dahin bedeutet es, dass wir alle ein wenig mehr darauf achten sollten, wie wohl wir uns mit dem finanziellen Arrangement in der Beziehung fühlen. Denn unausgesprochener Frust hat die unerfreuliche Eigenschaft, uns irgendwann in die Quere zu kommen. Denn auch das Ego der Frauen scheint finanzielle Anerkennung zu schätzen: je größer der Anteil der Frau am gemeinsamen Einkommen, desto kleiner die Wahrscheinlichkeit eines Seitensprungs. Bei Alleinverdienerinnen war die Chance am kleinsten. Zugleich übernehmen Sie mehr Hausarbeit – wohl, um die Beschädigung des zarten Egos ihres Mannes zu vermeiden.

Für Männer beträgt der ideale Einkommensanteil für monogame Partnerschaften übrigens 70 Prozent. Steuern Sie mehr oder weniger zum gemeinsamen Unterhalt bei, steigt die Wahrscheinlichkeit der Untreue. Bei weniger Geld, das sie in die Beziehung einbringen, vielleicht aus den oben genannten Gründen, bei mehr Geld möglicherweise, weil sich gutverdienenden Männern mehr Gelegenheiten für Seitensprünge bieten, oder weil sie ihre Potenz gern auch anderweitig unter Beweis stellen wollen. Sie gehen wohl auch davon aus, dass die von ihnen finanziell abhängigen Frauen ihr Verhalten höchstwahrscheinlich tolerieren werden, einfach, weil sonst die Geldquelle versiegen könnte.

Offenbar fühlen sich Männer wie Frauen, zumindest was das Bedürfnis nach außerehelicher sexueller Bestätigung angeht, in finanziell einigermaßen gleichgewichtigen Beziehungen am wohlsten.

Kann Untreue der Liebe wirklich neuen Schwung geben?

Lange stand Untreue in dem Ruf, eine Chance zu sein, die Beziehung zu beleben. So nach der Logik: Wenn ich frische Bestätigung von außen bekomme, dann werde ich auch meinem Partner gegenüber wieder großzügiger und zugleich wieder aufmerksamer dem Leben insgesamt gegenüber. Die US-Paartherapeutin Esther Perel vertritt sogar ausdrücklich die These: „Durch Affären können Beziehungen besser werden.“[259] Wieso das? Zumal Untreue einer der Hauptgründe ist, warum Paare sich trennen oder scheiden lassen.

Perel weist ausdrücklich darauf hin, dass sie Affären nicht grundsätzlich gut findet und jedem Paar empfiehlt.

Andererseits findet sie den sozialen Druck, sich nach einer öffentlich gewordenen Affäre trennen zu müssen, unbegründet. Warum sollte es nicht okay sein, einen Seitensprung aufzuarbeiten und gemeinsam in die Zukunft zu gehen?

In früheren Zeiten war ein solcher Vertrauensbruch schmerzhaft, doch man hat ihm – auch aus ökonomischer Notwendigkeit – weniger Bedeutung zugewiesen.

Moderne Beziehungen stellten laut Perel eine „unendliche Aufgabe“[260] dar, an der wir arbeiten müssen, so lange sie bestehen. Statt mit erdrückender Enge kämpften wir nun mit übergroßer Freiheit. Alles geht. Deshalb liege es bei uns, zu entscheiden, wie wir leben und lieben wollen. Fragen wie „Was heißt Treue?“ und „Wo liegen unsere Grenzen?“ seien Verhandlungssache geworden[261]. Themen, die man bislang bestenfalls mit sich allein abgemacht hat, sind damit Diskussionsstoff für Paare. Man könne Monogamie heute nicht mehr einfach voraussetzen, sondern müsse sie verhandeln. Perel rät, diesen aus ihrer Sicht notwendigen Diskurs auf Augenhöhe und nicht als Machtkampf zu führen.

Der Betrug, gut aufgearbeitet, könne befreiend wirken. Denn: „Alles, was man während einer Affäre tut und erlebt, möchte man eigentlich in seiner Beziehung tun und erleben.“[262] Es ist der Wunsch, sich wieder lebendig zu fühlen. Also doch: Keine Aufforderung zum Fremdgehen, weil es so befreiend wäre, sondern stattdessen der Versuch, einander Seiten zu zeigen, die bislang verborgen waren. Und herauszufinden, warum das der Fall war, und ob man gemeinsam etwas dagegen unternehmen möchte.

Was nicht einfach ist, denn Perel sieht vier typische Beziehungsmuster:

- zwei Menschen, die gegeneinander angehen,
- eine Person entfernt sich, die andere folgt,
- zwei Menschen entfernen sich immer weiter voneinander, und schließlich
- zwei, die immer nur folgen wollen.

Egal welche Kombi, „nach einer Weile macht es einen wahnsinnig“[263].

Eine Affäre ermöglicht es einem dann, noch einmal die intensiven Gefühle des Anfangs zu erleben – ohne alles andere aufgeben zu müssen.

Deshalb stellt Perel bewusst zur Diskussion: Ist Untreue wirklich so eine große Katastrophe, wie wir oft annehmen? „Es gibt keine Entscheidung ohne Verlust.“[264] Und wenn Sex gut laufe, nehme er vielleicht 15 Prozent der Energie ein – sei Sex ein Problembereich, seien es 75 Prozent der Energie. Eine Affäre könne daher entweder ein Katalysator sein, die nur eine ohnehin überfällige Trennung beschleunigt. Dann wäre sowieso nichts mehr zu retten gewesen. Oder aber sie bringt eine Suche des Untreuen nach sich selbst zum Ausdruck. In diesem Fall hätte sie, laut Perel, nicht viel mit dem oder der Betrogenen zu tun. Sondern vor allem mit dem- oder derjenigen, der/die betrügt.

Wer hinterher sehen könne: Der oder die andere wollte sich noch einmal jung fühlen, wollte wieder Leben spüren, und wer immer noch genug Zuneigung verspürt und selbstsicher genug ist, um dann gemeinsam danach zu suchen, habe durchaus Chancen auf ein Happy End. „Das Ereignis“, wie Perel Affären nennt, könne dann eine Zäsur darstellen: Die erste Ehe sei vorbei, nun müsse das Paar prüfen, ob es bereit sei für eine neue, zweite Ehe mit demselben Partner[265].

Und wenn es gemeinsam weitergeht, was ist wichtig für eine gute Beziehung? Da fasst Perel schön zusammen, was viele Kolleg*innen auch sagen:

- sehr gute Kommunikation; weder vorwurfsvoll noch defensiv,
- Spaß; gemeinsam lachen, gemeinsam trauern, gemeinsam feiern können,
- dem anderen Gutes wünschen können, also Mitfreude,
- Respekt,
- Bewunderung,
- geteilte Ziele und Werte (die hält sie sogar für „wichtiger als Gefühle“[266]).

Der Top-Tipp der Star-Therapeutin, um eine unglückliche Beziehung zu verbessern, ist dann auch entsprechend bodenständig: „Fang mit einer Bitte an – nicht mit Kritik.“[267]

Die Risiken der Untreue

Ja, Untreue kann – gründlich gemeinsam aufbereitet – eine Chance für die Beziehung darstellen. Andererseits weisen geheime Techtelmechtel in der aktuellen Beziehungsrealität jedoch viele Nachteile auf. Bei einer anonymen Internetbefragung (um den Teilnehmer*innen möglichst keinen Grund zu geben, die Wahrheit zu schönen), stellte sich heraus[268], dass

- nur ein Drittel der untreuen, aber zwei Drittel der offen nicht monogamen Personen mit neuen Partnern vorab über Safer Sex und sexuell übertragbare Infektionen spricht,

- 66 Prozent der offen nicht monogamen, aber nur 42 Prozent der heimlich untreuen Personen beim Vaginalsex Kondome benutzt,

- diese Zahl eigenartigerweise in beiden Gruppen beim Analsex sinkt, nämlich auf 32 Prozent bei untreuen und 49 Prozent bei nicht monogamen Personen.

- Sogar Sex-Toys wurden nur von 30 Prozent der untreuen und 60 Prozent der offen nicht monogam lebenden Personen vor dem Sex sterilisiert. Was geht ab, Leute?!

Heißt: Wer heimlich untreu ist, schützt sich und andere seltener vor sexuell übertragbaren Krankheiten als Menschen in offenen Beziehungen. Warum? Möglicherweise ist die Scham einfach zu groß. Wer ein Kondom aus der Tasche zieht, ist vorbereitet – ohne Gummi kann man sich immer einreden, der Sex sei keine Absicht gewesen, sondern „einfach so passiert“. Auf diese Weise vermeiden Betroffene vielleicht die sogenannte „kognitive Dissonanz“ im Kopf. Dieses unangenehme Gefühl, wenn die eigenen Werte und das eigene Handeln nicht übereinstimmen.

Beziehung öffnen – oder nicht?

Kann die Beziehung den Vertrauensverlust überleben? Und ist der Vorschlag, Sex mit anderen zu haben, wirklich so konstruktiv, wie er in der Forschung erscheint? Die positiven Umfrageergebnisse bei Paaren in offenen Beziehungen könnten ja auch einfach darauf zurückzuführen sein, dass die Paare, die so leben, das auch wollen, und deshalb happy sind. Leute, die gern Grünkohl-Smoothies trinken, finden die ja auch „lecker". Kann man daraus schließen, dass auch der Rest der Bevölkerung sie „lecker" finden würde, müsste, könnte, sollte …? (Probieren Sie mal einen, dann wissen Sie die Antwort.)

Wer beispielsweise keine Lust mehr hat und daher Sex mitdritten vorschlägt, sollte bereit sein, in einer offenen Beziehung zu leben. Das aber wollen viele von uns gar nicht. Wer Partner oder Partnerin anderweitig auf Lustsuche schickt oder selbst so handelt, stellt in vielen Fällen die Beziehung an sich infrage[269]. Denn das Weggeschicktwerden oder den Fremdsex interpretieren die meisten von uns als Ablehnung. Außerdem entsteht so eben häufig doch außerhalb der Beziehung Intimität, die dann innerhalb der Beziehung fehlt.

Ein vertrauensvoller Austausch innerhalb der Beziehung ist im seltensten Fall das Ergebnis einer Affäre oder einer offenen Beziehung. Sondern, wenn überhaupt, deren Grundlage.

Wer gut miteinander kommunizieren kann, so sagen die einen, der könne auch die Bett- oder Beziehungsprobleme lösen. Oder eben, so sagen die anderen, eine Öffnung der Beziehung aushalten. Auch Esther Perel behauptet nicht, dass Affären Beziehungen retten. Sondern bestenfalls, dass Beziehungen Affären gestärkt überstehen können.

VOM „ZWANG ZUR VERSÖHNUNG“ ZUM „ZWANG ZUR TRENNUNG“? LIEBER NICHT!

Die Beratungserfahrung lehrt: Es ist in manchen Fällen möglich, diese Situation konstruktiv zu nutzen. Häufig fanden ja beide die Beziehung schon längere Zeit eher schal. Da kann es durchaus belebend sein, die Bedürfnisse und Möglichkeiten des Partners oder der Partnerin kennenzulernen, die er oder sie anderswo ausagiert hat. Es lässt sich jedoch nicht vorhersagen, welche Paare aus einer solchen Situation gestärkt hervorgehen – und bei welchen auch nach tausend Gesprächsstunden und zehn Jahren noch ein Restmisstrauen bleibt.

Deshalb: Es gibt in dieser Hinsicht kein „richtig“ oder „falsch“. Wo die Untreue-Advokatin Esther Perel jedoch bestimmt recht hat: Es wäre schade, den veralteten Zwang zur Versöhnung durch einen modernen Zwang zur Trennung zu ersetzen. Sie sind ganz frei darin, sich zu entscheiden. Das ist mühsam und anstrengend. Am Ende kann dabei jedoch herauskommen, was genau zu Ihnen passt!

WARUM EMOTIONALE UNTREUE MEHR SCHMERZT ALS SEXUELLE

Übrigens wurde lange Zeit behauptet, dass Männer vor allem die sexuelle Untreue der Partnerin missbilligen würden, Frauen hingegen die emotionale Untreue des Mannes. Das erschien auch plausibel, denn evolutionsbiologisch geht es Männern darum, Nachfahren in die Welt zu setzen – und wenn ihre Frau parallel mit einem anderen Mann schläft, bekommt sie ja vielleicht dessen Kinder. Hingegen benötigen die Frauen die Männer, um den Nachwuchs erfolgreich großzuziehen (und die Frau weiß ja, dass es ihr Kind ist, wogegen es aus ihrer Sicht nicht unbedingt der biologische Vater sein muss, der bei der

Aufzucht hilft). Deswegen wäre es logisch, dass sie vor allem durch emotionale Untreue beunruhigt wäre, wogegen es ihr ziemlich egal sein könnte, wenn er noch ein Kind mit einer anderen Frau zeugt, solange er nicht zu dieser zieht.

Nun kann man ja schlecht Paare dazu verdonnern, mal emotional und mal sexuell untreu zu sein, und anschließend die Therapiesitzungen auswerten. Wie also werden solche Werte erhoben? Männer und Frauen werden aufgefordert, sich vorzustellen, wie es wäre, wenn Ihre Partnerin bzw. Ihr Partner entweder Sex mit jemand anderem hätte, ohne dass dabei große Gefühle involviert wären – oder wie es wäre, wenn sie oder er eine enge emotionale Beziehung zu einer Person des anderen Geschlechts aufbaut (emotionale Untreue). Dabei geben Frauen zu Protokoll, die Vorstellung von emotionaler Untreue Ihres Partners schlimmer zu finden, Männer die Vorstellung sexueller Untreue Ihrer Partnerin. Ach so. Also im Grunde: Wollen wir nachher in die Pizzeria oder zum Chinesen – und dann soll man vorher sagen, wie es einem hinterher wohl gefallen haben könnte.

Als man jedoch Frauen und Männer befragte[270], deren Partnerinnen und Partner tatsächlich untreu gewesen waren, kam etwas ganz anderes dabei heraus: Sowohl hetero- wie homosexuelle Personen fanden emotionale Untreue schlimmer als sexuelle Untreue.

Das soll kein Freibrief für sexuelle Untreue sein. Untreue ist einerseits oft ein Symptom dafür, dass die Beziehung, um es mal sehr vorsichtig zu sagen, in Schieflage geraten ist. Andererseits ist eine Affäre, die herauskommt oder gebeichtet wird, oft ein weiteres Problem für das betroffene Paar.

Ohnehin kann man das auch anders sehen: Nicht die Beziehung ist in Schieflage geraten, sondern diejenige oder derjenige, der betrügt, ist aus dem Gleichgewicht geraten. Dieser Mensch will sich endlich wieder lebendig fühlen und dennoch die bewährte Beziehung nicht aufgeben. Wer je in einer solchen Situation war, kann das bestätigen, denn genau so fühlt es sich an.

Können Sie also aus der Erhebung schließen, dass es okay ist, mit anderen herumzumachen, solange nur keine Gefühle ins Spiel kommen? Erstens: nein. Zweitens: Das klappt sowieso nicht. Drittens: So groß ist der Frust-Unterschied zwischen sexueller und emotionaler Untreue auch gar nicht. Er ist messbar, aber es ist keineswegs so, dass sexuelle Untreue wider Erwarten unproblematisch wäre.

Warum schreiben wir dann darüber? Weil die emotionale Untreue unserer Meinung nach unterschätzt wird. Und weil die Grenze nicht so klar ist. Sexuelle Untreue ist eindeutig definierbar – küssen, fummeln, Sex, das müssen Sie selbst entscheiden oder besprechen. Aber wann sind Sie emotional untreu?

WIE SIE DEN ANFANG VOM ENDE VERMEIDEN

Darüber nachzudenken, kann sich lohnen. Nicht nur, um die Beziehung zu retten. Denn Untreue ist nicht nur der Scheidungsgrund Nummer eins für Männer[271], und zwar quer durch alle Nationen und Kulturen. Auch in Deutschland ist Misstrauen Beziehungskiller Nummer eins[272], noch vor Humorlosigkeit und Desinteresse! Das heimliche Austauschen von Nachrichten mit anderen Männern oder Frauen ist für mehr als die Hälfte aller deutschen Singles der häufigste Grund für Misstrauen und Argwohn in neuen Beziehungen[273]. Und 52 Prozent könnten selbst einen einmaligen Ausrutscher (ganz zu schweigen von einer längeren Affäre) nicht verzeihen[274].

Was Sie, bevor Sie sich auf eine Affäre einlassen, vielleicht auch noch bedenken sollten: Sexuelle Untreue führt nicht zu einem höheren Risiko, verlassen zu werden[275]. Sondern viel öfter dazu, dass die untreu gewordene Person die Beziehung am Ende doch von sich aus beendet. Sie können allen Beteiligten viel Stress sparen, wenn Sie das gleich tun. Oder indem Sie sich das mit der Affäre doch noch mal überlegen.

MEHR BETEILIGTE, MEHR DISKUSSION: SO KÖNNTEN DIE LIEBESBEZIEHUNGEN DER ZUKUNFT AUSSEHEN

Nicht nur gegen Sexfrust, sondern auch zur Entlastung von überhöhten Beziehungsansprüchen (s.S. 174) empfehlen manche Forscher*innen und Therapeut*innen einvernehmliche offene Beziehungen oder Polyamorie. Das klingt in einer weitgehend monogam normierten Gesellschaft erst mal komisch. Trotzdem lohnt es sich, darüber nachzudenken und vielleicht auch zu sprechen. Ja, solche Beziehungsformen sind aufwändiger. Genau darin liegt aber auch ihr Vorteil: Man wurstelt nicht im Dunkeln allein für sich herum, sondern spricht offen über die eigenen Bedürfnisse. Über die man sich dazu auch erst mal ganz ehrlich klarwerden muss. Wenn Sie das Thema interessiert oder Sie vielleicht sogar mal vorsichtig einen Versuchsballon in der eigenen Beziehung starten wollen, bietet sich als Reflexionsanregung oder Gesprächsstarter die ebenso kluge und unterhaltsame Miniserie „Wanderlust“ mit Toni Colette als Paartherapeutin an. Um ihre Ehe zu beleben, schlägt sie eine offene Beziehung vor, bei gleichzeitiger absoluter Ehrlichkeit zueinander. Schauen Sie einfach mal zu, was das dann mit der Liebe Gutes und Fieses macht.

So gut die Argumente für eine gegenseitige Entlastung von (überhöhten) Erwartungen sind, sind wir doch aktuell nicht sicher, ob offene Beziehungen sich weithin durchsetzen oder eher Einzelfälle bleiben werden. Vielleicht haben wir uns nur an eine unnatürliche Monogamie gewöhnt. Oder Zweisamkeit ist wirklich für die meisten von uns eine schöne, belastbare und weitgehend zufriedenstellende Beziehungsform. Erfreulich finden wir jedenfalls, dass immer mehr verhandelbar ist.

Warum „Wie du mir, so ich dir" manchmal (k)ein guter Rat ist

Elias hatte eine sechsmonatige Affäre mit seiner Assistentin. Nachdem die gekündigt hatte und weggezogen war, hat er Marie alles gebeichtet. Es sei ein Ausrutscher gewesen, einfach so passiert, sie hätte ihn verführt, er habe die andere nie mehr geliebt als Marie.

Marie hat Elias verziehen. Oder etwa doch nicht? Zwei Jahre später lernt sie in einem Café einen jungen Studenten kennen, der ihr Komplimente macht. Marie ist hin und weg – schockverliebt! Ohne weiter darüber nachzudenken, lässt sie sich von Ben in dessen WG mitnehmen. Und sie genießt Elias' Entsetzen, als sie ihm am folgenden Abend von ihrem Abenteuer erzählt.

Maries Verhalten ist durchaus verständlich. Doch leider ist Rache ein Grund, aus dem Untreue sich gar nicht lohnt. Denn wenn jede*r sich abwechselnd am anderen rächt, stehen am Schluss beide schlechter da als vorher. Philosophen und Mathematiker untersuchen seit Langem, wie man sich unter „Bedingungen der Unsicherheit" am besten verhält. Denn ich weiß ja nicht, welchen „Zug" mein „Gegner" als Nächstes macht (wobei ein Teil des Problems vielleicht schon deutlich wird, wenn man sich im Rahmen der Lebenspartnerschaft als

„Gegner" ansieht, die „Züge" machen). Um Eskalationen zu vermeiden, wird für den Alltag empfohlen[276]:

- Spielen Sie keine Spielchen. Manipulation zahlt sich langfristig nicht aus.
- Seien Sie so freundlich wie möglich. Handeln Sie kooperativ, es sei denn, Sie haben guten Grund, das nicht zu tun.
- Lassen Sie sich nicht über den Tisch ziehen. Wenn jemand etwas tut, was Ihnen nicht passt, reagieren Sie angemessen und deutlich.
- Und sobald das erledigt ist, vergeben und vergessen Sie. Kehren Sie, nach konsequenten Worten oder Taten, zu einer kooperativen Haltung zurück.

Mit anderen Worten: Kopieren Sie das Verhalten Ihres Gegenübers. Ist er oder sie gemein, wehren Sie sich. Aber nur kurzfristig, bis die Einzelsituation geklärt wurde. Ist er oder sie nett, seien Sie auch nett. Und bringen Sie die negativen Teile (Gegenwehr) so zügig wie möglich hinter sich. Tragen Sie nicht nach.

Wenn Sie Alltagsprobleme nicht vergeben können, dann haben Sie ein grundlegendes Beziehungsproblem. Handeln Sie dagegen nach der Empfehlung oben, können Sie das Wohlbefinden aller Beteiligten maximieren. Zumindest theoretisch, zugegeben. Trotzdem: Für Situationen, in denen man sich fragt: Ist das den Ärger jetzt wert, stellen die oben angeführten Regeln eine ganz gute Richtschnur dar, um nicht zu viel einzustecken, aber auch nicht zu viel auszuteilen.

Ungewöhnliche Ideen: Diese drei Maßnahmen sparen Ihnen die Trennung

„Besser ein Ende mit Schrecken, als ein Schrecken ohne Ende", hört man immer wieder. Aber wenn es so weit ist, trennt sich kaum jemand gern. Schon gar nicht nach einer längeren Beziehung. Die Vertrautheit, die gemeinsamen Erlebnisse, die Freunde, vielleicht auch die Kinder, das Haus, die Finanzen … dazu kommt die Angst, nie wieder eine Partnerin oder einen Partner zu finden, ewig allein zu bleiben.

Andererseits kennen Sie vielleicht dieses Gefühl, sich selbst verloren gegangen zu sein. Sie leben Ihren Alltag in der Beziehung und werden sich selbst immer fremder.

Damit sind Sie nicht allein. Der Sozialpsychologe Eli Finkel entwickelte die These, dass anhaltend hohe Ansprüche aneinander auf die Dauer zu einer Art „Sauerstoffmangel" in der Ehe führen[277] (s.S. 174). Zu dem Gefühl zu ersticken. Doch hilft dagegen eine Trennung? Finkel jedenfalls deutet die Befunde einer Studie[278], an der er beteiligt war, nicht so:

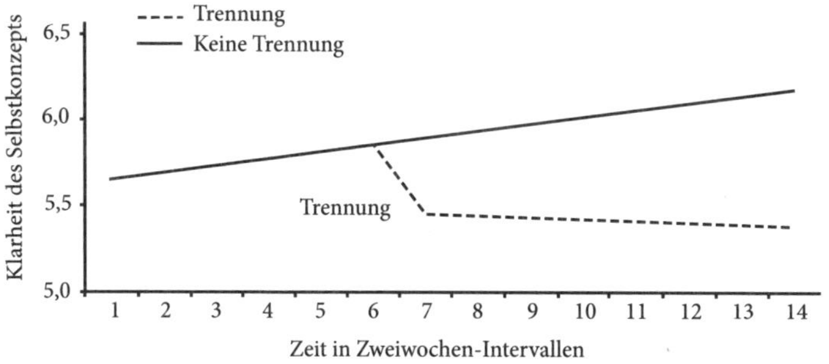

Bei Interviews mit einigen Hundert Studenten sowie bei der Auswertung von (Online)Tagebucheinträgen stellte sich heraus, dass die Betroffenen nach einer Trennung von einer deutlich geringeren Klarheit über das eigene Ich – das sogenannte „Selbstkonzept" – berichteten.[279]

Das bedeutet: Im Miteinander der Beziehung entwickeln wir auch ein deutlicheres Bild davon, wer wir selbst sind. Ohne Gegenüber leidet unsere Vorstellung davon, wer wir sind.

Allerdings möchten wir anmerken, dass die Studie unter Studenten durchgeführt wurde, also vornehmlich jungen Leuten, deren Selbstkonzept vielleicht noch etwas wackeliger sein mag als das älterer Personen. Und es wurde auch nicht untersucht, ob das Selbstkonzept, das in einer Beziehung leidet, sich vielleicht nach Monaten oder Jahren wieder erholt.

Was also können wir aus den Angaben schließen, wenn überhaupt etwas? Wohl, dass wir uns zumindest unmittelbar nach einer Trennung unsicherer auch uns selbst gegenüber fühlen werden. Dass eine Trennung also nicht unbedingt die zwangsläufig beste Lösung für Unzufriedenheit in der Beziehung ist. Andererseits macht Finkels Beitrag überdeutlich, dass anhaltend als überhöht empfundene gegenseitige Ansprüche ein Problem darstellen, das gelöst werden muss. Nur eben möglicherweise nicht unbedingt durch „hop oder top". Vielleicht sind stattdessen die von ihm und inzwischen auch von etlichen Kollegen erarbeiteten Ideen nützlicher, als es auf den ersten Blick scheint.

Finkel empfiehlt insbesondere drei Möglichkeiten. Uns scheint es sinnvoll, über diese zumindest ernsthaft nachzudenken, zumal sie einander gegebenenfalls beeinflussen. Sie können die folgenden Vorschläge auch als Startpunkt für ein gemeinsames Gespräch nutzen, bei dem Sie vielleicht nicht nur auf neue Ideen kommen, sondern einander auch besser kennenlernen.

Vorhandene Ressourcen optimieren	Sauerstoffzufluss erhöhen	Sauerstoffverbrauch verringern
z. B. alternative Sichtweisen kultivieren (schon sieben Min. bewusst aus einer neutralen Perspektive über einen Konflikt zu schreiben, besserte die Stimmung messbar)	z. B. gemeinsam Zeit verbringen im Gespräch oder mit einer gemeinsamen Aktivität	z. B. gezielt Unterstützung durch andere Personen als Partnerin/Partner suchen
90 Min./Woche gemeinsame, als abenteuerlich empfundene Aktivitäten (z. B. Klettern oder Tanzen)	Gemeinsame soziale Aktivitäten (z. B. Freunde treffen)	Zwei Wohnungen (teuer und aufwändig, aber gut für die Zufriedenheit, weil das bewusste Überwinden einer Trennung die Liebe frisch hält)
Gemeinsames Achtsamkeitstraining für die Beziehung (z. B. beim Paartherapeuten oder in der Volkshochschule)	Gemeinsames ehrenamtliches Engagement	Offene Ehe (sexuelle Beziehungen zu Dritten in Absprache miteinander verringern ebenfalls die Ansprüche aneinander) (vgl. S. 176)

Die Empfehlung, nicht nur irgendetwas Schönes gemeinsam zu unternehmen, sondern etwas mehr oder weniger „Abenteuerliches“, geht übrigens auf den Versuch aus der Flirtforschung zurück, den wir auf S. 44 schildern.

Keine Angst vor dem Vergleich

Eifersucht, das haben Sie bestimmt schon mal gehört, sei eine Leidenschaft, die mit Eifer sucht, was Leiden schafft. Was daran auf alle Fälle stimmt, ist die Tatsache, dass wir Eifersucht als unangenehm empfinden – und dass sie oft im Übermaße auftritt.

Andererseits hat Eifersucht einen evolutionsbiologischen Sinn (nämlich rechtzeitig mögliche Konkurrenz ausschalten zu können) und wird häufig auch als Kompliment angesehen.

Und das Verrückte ist ja auch: Warum können wir furchtbar eifersüchtig werden, obwohl die Beziehung tief in einer Krise steckt? Vielleicht, weil die Annahme, dass unser Partner oder unsere Partnerin sich weiterhin so verhalten wird wie bisher, das Fundament der meisten Beziehungen darstellt. Oft ist das sogar der unausgesprochene Beziehungsgrund: Du versorgst mich oder du bringst mich zum Lachen, du linderst meine Angst oder Einsamkeit, du siehst toll aus … wir gehen davon aus oder hoffen zumindest, dass das immer so bleibt. Hat nun eine*r heimlich eine Affäre, dann bedeutet das zugleich: Sein oder ihr Verhalten hat sich ganz deutlich geändert! Das macht uns erst mal gehörig Angst.

Und nicht nur Menschen reagieren so. Auch Hunde machen gezielt auf sich aufmerksam, wenn Herrchen oder Frauchen sich mit einem niedlichen Stoffhund beschäftigen[280]. „Eifersucht", sagte Autor Max Frisch, „ist die Angst vor dem Vergleich." Wie viel Eifersucht ist also noch gut für die Beziehung, und wann wird es zu viel?

Natürlich soll Ihnen Ihr Partner bzw. Ihre Partnerin nicht egal sein. Und wenn er oder sie deutlich erkennbar mit anderen flirtet, ist das vermutlich kein gutes Zeichen für den aktuellen

Stand Ihrer Beziehung. Darüber hinaus jedoch scheint Eifersucht eher eine negative und wenig hilfreiche Emotion zu sein, die vor allem etwas über denjenigen bzw. diejenige aussagt, der/die sie empfindet. Der Begriff „Eifersucht“ geht auf die althochdeutschen Wörter „eiver“ (für „bitter“ oder „herb“) und „suht“ (= „Krankheit“, „Seuche“) zurück. Denn tatsächlich beruht schmerzhafte Eifersucht wohl vor allem auf negativen eigenen Glaubenssätzen. Beispielsweise der Annahme, für immer allein sein zu müssen, wenn jemand einen verlässt. Oder dass der Partner aktiv auf Beutezug wäre, nur weil er (oder sie) kurz einen attraktiven Menschen anschaut. Letztlich steht dahinter die unausgesprochene Annahme, die Welt sei schlecht und man könne niemandem trauen.

Wie gesagt: Es geht nicht darum, das Gefühl von Eifersucht zu ignorieren und sich schlecht behandeln zu lassen. Sondern das Ziel könnte sein, die gefühlte Eifersucht erst einmal möglichst ruhig zur Kenntnis zu nehmen. Und dann zu untersuchen, wie berechtigt sie ist. Im Endeffekt geht es darum, innerhalb der Beziehung Bedingungen zu schaffen bzw. auszuhandeln, die es erlauben, möglichst angstfrei zu leben.

Wir haben jedenfalls etliche Studien gefunden, die belegen, dass intensive Eifersucht Beziehungen beschädigt[281]. Aber keine, die besagt, dass Eifersucht wirklich nützlich oder hilfreich wäre. Bestenfalls wird leichte Eifersucht ohne ernsthaften Anlass als Kompliment angesehen.

Darauf wären Sie nie gekommen: Welches Verhütungsmittel Sie unnötig eifersüchtig macht

Übrigens hat auch die Wahl des Verhütungsmittels Einfluss auf die Eifersucht[282]. Frauen, die mithilfe der Antibabypille verhüten, sind eifersüchtiger als solche, die nicht hormonell verhüten. Und sie reagieren auch empfindlicher auf die Vermutung sexueller Untreue, wogegen Frauen sonst in der Tendenz emotionale Untreue als problematischer empfinden. Denkbar, dass dies darauf zurückzuführen ist, dass die Pille dem Körper eine Schwangerschaft sozusagen vorspielt – und wäre die Frau tatsächlich schwanger, dann wäre es ausgesprochen unpraktisch, wenn der werdende Vater parallel ein weiteres Kind mit einer anderen bekäme. Nervt Sie das, können Sie versuchen, das Präparat zu wechseln, denn je höher die Östrogendosis der Pille, desto dramatischer die Eifersucht.

Dabei ist es wenig hilfreich, den Partner oder die Partnerin kontrollieren zu wollen. Denn das hat den gegenteiligen Effekt. Zeigt man Studienteilnehmern[283] Fotos von unterschiedlich attraktiven Personen und lenkt ihre Aufmerksamkeit auf die hässlichen (also weg von der potenziellen sexuellen Konkurrenz), so erscheinen die gut aussehenden noch schöner. Und nicht nur das, die Proband*innen weisen hinterher eine geringere Verbindlichkeit ihrer bestehenden Beziehung gegenüber und ein größeres Interesse an einem Seitensprung auf. Es ist also offenbar wie in vielen anderen Bereichen, insbesondere der Kindererziehung: Verbote machen Dinge nur interessanter und verlockender. Der bessere move, egal wie selbstbewusst Sie sind, ist also zumindest cool zu tun.

Zeit zum Ausstieg? Diese Statistik spricht dagegen: Ehen werden nie „gut", bestenfalls „besser"

Sie haben geheiratet oder sind eine auf Dauer angelegte Bindung eingegangen in der Hoffnung auf mehr Glück, Lebensfreude, Zweisamkeit. Und jetzt ist es langweilig, sperrig, nervt. Ist das normal oder liegt es an Ihnen?

Bei einer über 17 Jahre dauernden, in fünf sogenannten „Wellen" durchgeführten Studie ergab sich deutlich ein anhaltendes Absinken des Eheglücks: am Anfang hoch, dann immer niedriger. Das galt für alle sogenannten „Kohorten", also die unterschiedlich lang verheirateten Gruppen, die befragt wurden.

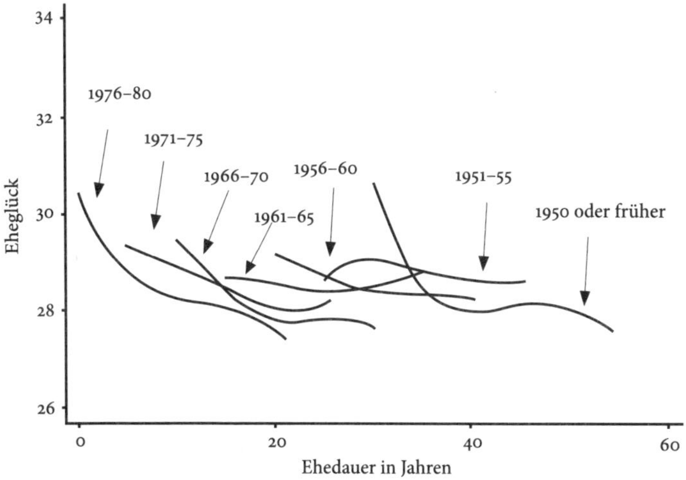

Egal wann geheiratet, egal wie lange verheiratet: Die Beziehungszufriedenheit nimmt fast immer ab.[284]

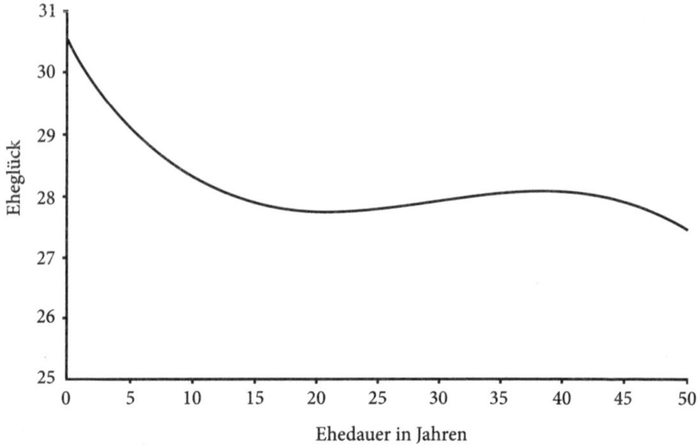

Okay, nach etwa 35 Ehejahren ist da noch mal ein Zwischenhoch zu sehen, aber das ist leider nur ein letztes Aufbäumen vor dem – statistischen – Niedergang des Eheglücks.[285]

Einerseits also lässt sich daraus schließen: Herzlichen Glückwunsch, Sie sind mit Ihrer Krise, der Unzufriedenheit und dem geringeren Beziehungsglück in bester Gesellschaft. Andererseits könnte man nun auch auf die Idee kommen, der Sache lieber ein Ende zu setzen, als gemeinsam immer tiefer zu sinken. Vielleicht ist das für Sie genau die richtige Entscheidung.

Es bleibt aber noch eine Alternative. Denn das Beziehungsglück ist schließlich nicht alles im Leben, und sich für die eigene Zufriedenheit dauerhaft von anderen abhängig zu machen, birgt Risiken. Möglicherweise ist daher jetzt der Zeitpunkt gekommen, die Verantwortung für das eigene Glück zu übernehmen und sich mit etwas weniger Beziehungsglück als erhofft zufrieden zu geben.

BEZIEHUNGEN MACHEN VIELLEICHT NICHT GLÜCKLICH, ABER ZUMINDEST WENIGER UNGLÜCKLICH

Zumal verheiratet zu bleiben zwar vielleicht nicht unbedingt „glücklich" macht, wohl aber der Gesundheit nützt. Und auch die Stimmung hebt bzw. jedenfalls weniger tief sinken lässt. Denn grundsätzlich nimmt die Lebenszufriedenheit in der Lebensmitte erst ab und nach dieser „Midlife-Crisis" dann wieder zu. Bei verheirateten Personen war die U-Form dieser Depri-Kurve flacher[286], das heißt: Sie wurden nicht so unzufrieden mit dem Leben insgesamt. Ganz besonders galt das für Paare, die sich einander zugleich auch noch freundschaftlich verbunden fühlten. Der Positiveffekt der Ehe ist immerhin doppelt so hoch bei denjenigen, die ihren Partner oder ihre Partnerin zugleich als „besten Freund" ansehen.

Was nützt Ihnen das, wenn Sie tief in einer Beziehungskrise stecken? Sie wissen jetzt immerhin, dass es statistisch für Ihre Gesundheit gut wäre, die Beziehung zu kitten und möglichst lange weiterzuführen. Und dass die Beziehung besser laufen wird, wenn Sie einander nicht nur sexy finden, sondern auch mögen.

Und umgekehrt: Wenn Ihnen bei all diesen Vorstellungen eine Gruselgänsehaut über den ganzen Körper läuft, ist da ja auch eine Ansage.

Warum wir gemeinsam älter werden als allein

Die Ehe, liest man immer wieder, ist gesund. Wer verheiratet ist, lebt länger. Die erste entsprechende Erhebung stammt bereits aus dem Jahr 1858. Damals stellte der

Epidemiologe William Farr, als er aus Ordnungsliebe, Langeweile oder warum auch immer das Sterberegister durchsah, fest: Verheiratete leben länger als Unverheiratete. Das gilt noch immer, ergab eine Metastudie[287] von 2011, für die Daten von über 500 Millionen Menschen ausgewertet wurden. Ergebnis: Verheiratete haben im Vergleich zu Dauer-Singles ein um 24 Prozent geringeres Sterberisiko. Pro 100 tote Singles sterben also nur 76 Ehepartner.

(Oft werden Studien nur mit Verheirateten und Singles durchgeführt, sodass Personen in langfristigen Partnerschaften außen vor bleiben. Daher freuen wir uns ganz besonders, berichten zu können, dass der sogenannte „Protektionseffekt" offenbar[288] für alle Mitglieder von auf Dauer angelegten Beziehungen gilt, egal ob mit Trauschein oder ohne.)

Problem[289]: Um dem sogenannten „wissenschaftlichen Goldstandard" zu genügen, müsste man nach dem Zufallsprinzip Teilnehmern einer gesellschaftlich repräsentativen Gruppe zuweisen, zu heiraten oder Single zu bleiben. Nur so erhält man eine brauchbare Kontrollgruppe.

Noch besser wäre es, wenn die Beteiligten selbst nicht wüssten, ob sie verheiratet sind oder nicht. So wie bei medizinischen Studien Patienten nicht wissen, ob sie das neue oder das alte Medikament (oder ein Placebo) bekommen. Man nennt solche Versuche „blind". Und „doppel-blind" ist noch besser: Weder der Arzt noch die Patienten wissen, wer was bekommt. Das schließt Einflüsse durch bestimmte Überzeugungen („das neue Medikament hilft bestimmt") aus. Das lässt sich bei Menschen und Ehen so schlicht nicht realisieren.

In den meisten Studien werden daher Personen in etwa gleichem Alter und mit ähnlichem sozialem Status verglichen. Also Alice, Single, 35, Lehrerin, mit Belinda, verheiratet,

34, Postbeamtin. Und Jörg, 56, verheiratet, Frührentner, mit Bernd, 57, Single, langzeitarbeitslos. Sie werden natürlich nicht einzeln ins Verhältnis zu einander gesetzt, sondern nur statistisch als Gruppen.

Alternativ werden dieselben Personen über den Verlauf ihres Lebens befragt, Alice also mit 35 als Single, mit 45 während der Ehe, und mit 55 dann vielleicht noch während derselben Ehe, einer zweiten Ehe, oder wieder als Single. So kann man ermitteln, wie dieselbe Person – allerdings in verschiedenen Lebensphasen – von der Ehe profitiert (oder auch nicht). Eine entsprechende Metaanalyse[290] stellte beispielsweise fest: Um die Hochzeit herum steigt das Wohlbefinden, im Lauf der Ehe fällt es – um eine Scheidung herum ist das Wohlbefinden ziemlich mies, danach steigt es[291]. Daraus könnte man dann durchaus folgern: Scheidungen, die nicht bereut werden, erhöhen das Lebensglück!

PARTNER BERUHIGEN. AUCH WENN SIE NERVEN

Auch andere Versuche zeigen, dass Ehepartner uns nützen. Unsere Pupillen reagieren innerhalb von 200 Millisekunden auf Stress[292]. Mit einer Infrarotkamera kann man dies aufzeichnen. Nun ließen Forscher Ihre Probanden[293] einen Stresstest am Computer durchführen, den sogenannten „Stroop-Test". Dabei werden z. B. Begriffe für Farben („rot", „grün", „gelb" usw.) angezeigt – aber in einer anderen Farbe geschrieben (also: „rot" ist z. B. blau geschrieben, „gelb" ist grün geschrieben, usw.). Ziel ist es, die unwichtige Information (z. B. die Schriftfarbe) von der wichtigen Information (z. B. dem Wort selbst, oder eben umgekehrt) zu unterscheiden.

Die Hälfte der Teilnehmer befand sich in Begleitung des Ehepartners, der neben ihnen sitzen und ihre Hand halten durfte. Die andere Hälfte musste allein klarkommen. Der Test stresste anfangs alle Teilnehmer, die Pupillen der Händchenhalter zeigten dann aber, dass diese sich viel schneller wieder beruhigen konnten. Man kennt genau das auch aus dem Leben: Wir zanken uns vielleicht seit Monaten – aber wenn dann ein richtig solides Problem auftritt, sind wir froh und dankbar, den Partner oder die Partnerin an unserer Seite zu wissen. Das Gefühl von Beruhigung, das sich durch den anderen einstellt, ist keine Einbildung, sondern wissenschaftlich nachgewiesen.

Heißt das nun, wir dürften vor lauter Freude und Dankbarkeit keine Meinungsverschiedenheiten mehr haben? Gegenfrage: Warum sollte das so sein? Unserer Ansicht nach belegt die Forschung, was viele Menschen ohnehin erleben: Beziehungen können mehrere Ebenen haben, auf einer sind wir vielleicht gerade unzufrieden mit dem Partner oder der Partnerin, auf einer anderen aber froh über sie oder ihn.

Es könnte hilfreich sein, gerade in anhaltenden (Alltags)-Krisen diesen Aspekt auch mal zu betrachten. Vielleicht relativiert es den Streitpunkt. Oder Ihnen wird deutlich: In einer schwierigen Situation möchte ich den oder die ganz bestimmt nicht an meiner Seite haben.

Es bedeutet andererseits: Wenn Sie sich miteinander einigermaßen gut verstehen, dann ist es bereits hilfreich, „da" zu sein. Sie müssen nichts „tun", um Ihre Partnerin oder Ihren Partner zu unterstützen. Das zeigte sich auch in einer Betrachtung[294] der Gesundung von knapp 12 000 Patienten, die sehr unterschiedliche OPs durchführen lassen mussten. Bei verheirateten Männern war die Überlebensrate zwei Jahre später deutlich höher, wenn sie verheiratet waren. Unverheiratete und geschiedene Männer waren deutlich schlechter dran – allerdings schienen Witwer sogar noch etwas länger zu leben als Ehemänner.

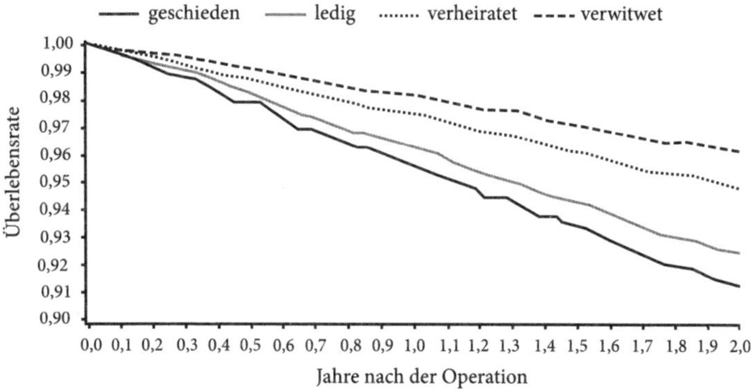

Überlebensrate von Männern im Lauf der zwei Jahre nach der OP. Von 100 Witwern lebten noch 97, von 100 Ehemännern 96, von 100 Singles etwa 93 und von 100 geschiedenen Männern sogar nur noch 92.

Frauen dagegen wiesen keine unterschiedliche Überlebensrate auf, egal ob verheiratet, geschieden, verwitwet oder nie verheiratet.

Bei etlichen der in diesem Buch vorgestellten Studien sind die Auswirkungen auf Männer größer als auf Frauen, oder ein Effekt zeigt sich nur bei Männern. Möglich, dass Frauen einfach besser im Einklang mit sich und der Welt leben, während Männer immer noch eine Art „Maske“ tragen und irgendwelchen Werten nachhecheln, die sie stressen. Vielleicht hat es auch andere Gründe.

Jedenfalls: Wenn Sie ein Mann sind, oder wenn Sie Ihrem derzeitigen Mann ein langes Leben wünschen (was ja nicht unbedingt der Fall sein muss, wenn Sie in der Beziehungskrise stecken), dann empfiehlt es sich, verheiratet zu bleiben.

Eine mögliche Interpretation dieser Beobachtung lässt sich mithilfe der „Grant & Glueck“-Studien aus Harvard vornehmen. Über 75 Jahre lang wurden gut 400 Männer aus armen Familien in Boston (Grant-Studie) sowie knapp 300 männliche

Harvard-Absolventen (Glueck-Studie) regelmäßig und gründlich befragt. Anschließend wurden die Ergebnisse miteinander verglichen. Eindeutiges Ergebnis[295]: Gute (!) Beziehungen machen Männer gesünder und lassen sie älter werden[296]. Eine weitere Metaanalyse[297] von 148 Studien mit insgesamt gut 300 000 Teilnehmer*innen kam zum selben Ergebnis. Wichtig dabei ist nicht die Anzahl der Freunde, sondern die Qualität der Beziehungen. Das bedeutet: Wie viel Offenheit wir zulassen können, wie verwundbar wir sein dürfen, wie sicher wir uns miteinander fühlen, wie entspannt wir miteinander umgehen können, in welchem Umfang wir „wir selbst" sein dürfen. Diese Beziehungen können Bestandteil einer Ehe oder Partnerschaft sein, das ist jedoch nicht notwendig.

WIE MAN LIEBE UND LEBEN IN EINKLANG BRINGT

Nun scheint es uns nicht weit hergeholt, dass Personen, die nach Operationen sterben, im Zweifel eher älter als jünger sind, und daher im Zweifel auch eher länger als kürzer verheiratet. Es wäre möglich, dass sie entweder ihre Beziehung immer noch führen, anstatt sich getrennt zu haben, weil sie sich wohl mit ihrer Partnerin fühlen, oder weil sie zumindest ihren Frieden damit geschlossen haben. Daher könnte der oben beschriebene Effekt einer geringeren Sterberate verheirateter Männer nach den OPs vielleicht darauf zurückzuführen sein, dass die in den Grant & Glueck-Studien dafür hilfreiche enge, gute Beziehung zu ihrer Ehefrau besteht.

Diese Interpretation wirkt auch deshalb plausibel, weil es nicht wirklich einleuchtet, wie eine Ehe, in der beide ständig streiten (und solche Ehen kennen wir, und Sie bestimmt auch) zur Genesung, Langlebigkeit oder sonst etwas Positivem beitragen könnte. Harvard-Psychiater George Vaillant, der die

Studie von 1972 bis 2004 leitete, war der Ansicht: „Liebe ist sehr wichtig. Und man muss eine Möglichkeit finden, mit dem Leben klarzukommen, ohne die Liebe dabei kaputtzumachen.“[298]

Mit anderen Worten: Es könnte überlegenswert sein, zu versuchen, eine mittelmäßige Ehe weiterzuführen, statt sich den Stress der Trennung anzutun. Aber es scheint nicht klug, nur aus statistischen Überlegungen in einer Ehe zu verharren, die eindeutig schiefläuft. Obwohl das viele Menschen tun: 33 Prozent der Deutschen bleiben[299] mehrere Monate in einer Beziehung, der sie innerlich keine Chance mehr geben, und 26 Prozent sogar über ein Jahr.

Doch das bringt nichts. Bei einer Studie[300] mit mehr als 9000 Beamten ergab sich, dass diejenigen mit einer unglücklichen Beziehung ein um über 30 Prozent erhöhtes Risiko für Herzinfarkte hatten. Oder anders gesagt: Eine Ehe wider Willen nützt nicht nur nichts, sondern schadet erheblich! (Sie verspielen damit statistisch jeden dritten Tag vom Rest Ihres Lebens, und die anderen beiden Tage sind auch nicht vom Glück erfüllt.)

Vorbildlich: Was wir alles aus Fernbeziehungen lernen können

Alltag, vielleicht Kinder, und jetzt auch noch eine Fernbeziehung. Viele Paare fürchten das Schlimmste, wenn einer z. B. aufgrund eines Jobwechsels in eine andere Stadt ziehen muss. Die Angst: Weil man den Alltag nicht mehr teilt, entfremdet man sich. Und weil anderswo die Abende lang sind und es nette Kolleg*innen und Bars gibt, kommt es über kurz oder lang zum Seitensprung.

Doch Fernbeziehungen sind offenbar besser als ihr Ruf. Forscher ließen Teilnehmer einer Studie[301] präzise aufzeichnen, wie sie im Lauf der Woche mit ihrem Partner kommunizierten: von Angesicht zu Angesicht, per Telefon, im Video-Chat, mit SMS, Instant Messenger und E-Mail. Dabei stellte sich heraus, dass die meisten der Paare, die eine Fernbeziehung führten, deutlich inniger mit ihrem Partner umgingen. Sie öffneten sich einander mehr und sahen die Verhaltensweisen des anderen positiver. Das könnte daran liegen, dass die Kommunikation mühevoller ist – weswegen ihr mehr Wert zugeschrieben wird.

Sie gaben sich auch mehr Mühe, Zuneigung und Intimität in der Kommunikation auszudrücken. Davon könnten sich die zusammenlebenden Paare offenbar mal eine Scheibe abschneiden.

Auch die Blutwerte sprechen dafür, dass Fernbeziehungen möglich sind. Frauen in Fernbeziehungen weisen[302] höhere Testosteronwerte auf als Frauen, deren Partner in der gleichen Stadt leben. Sie sind also wohl „kämpferischer“ aufgestellt, weniger abhängig, können für sich eintreten und ihre eigenen Probleme lösen, aber auch kraftvoll Engagement für die Beziehung zeigen. Über die Hälfte aller Deutschen betrachtet die Intensität der gemeinsam verbrachten Zeit als echten Pluspunkt einer Fernbeziehung, und jede*r Dritte empfindet es als Vorteil, mehr Zeit für sich selbst zu haben[303].

Das bedeutet: Wenn beide einverstanden sind und sich Mühe geben, muss eine Fernbeziehung kein Problem werden. Das ist gut für viele Menschen. Immerhin führen sechs Prozent der Deutschen zurzeit eine Fernbeziehung innerhalb des Landes[304], und weitere drei Prozent sogar mit jemandem, der außerhalb von Deutschland wohnt.

Überraschend: Wie die Trennung Ihrer Besten Freundin Ihre Ehe zerstört!

Liv hat sich von Dominik getrennt. Endlich! Doch wieso sollte das Auswirkungen auf Ihre Beziehung haben? Doch der Beziehungsverlauf enger Freundinnen und Freunde ist ein erstaunlich wichtiger Faktor für Ihr eigenes Verhalten.

Wir wissen: Menschen mit übergewichtigen Freunden neigen selbst auch zu einem hohen BMI[305]. Ähnlich ist es mit Trennungen: Hat sich einer Ihrer fünf besten Freunde oder ein enger Verwandter scheiden lassen, wird dasselbe Los für Sie damit um 75 Prozent (!) wahrscheinlicher. Und war es nur die Freundin einer Freundin oder der Freund eines Freundes, nimmt die Wahrscheinlichkeit immer noch um ein Drittel zu. Gut möglich, dass die Erklärung ganz einfach ist: Unsere engen Freunde und Verwandten haben einerseits Vorbildcharakter, andererseits möchten sie unbewusst im Gespräch bestimmt auch die eigenen Entscheidungen rechtfertigen – und bringen uns damit gedanklich in Kontakt mit den Schwachstellen und möglichen Trennungsgründen in der eigenen Partnerschaft.

Derselbe „Ansteckungs"-Faktor lässt sich auch im Positiven zeigen[306]: Glückserlebnisse von Freunden, die nicht mehr als 1,5 Kilometer entfernt leben, erhöhen die Wahrscheinlichkeit, dass unser eigenes Glück ebenfalls zunimmt, um satte 25 Prozent. Und dieser Effekt funktioniert sogar „über Eck", also mit Freunden von Freunden, dann aber natürlich nicht so stark. Wenn es den direkten Nachbarn gut geht, erhöht das die Wahrscheinlichkeit für unser Glück sogar um 34 Prozent. Und das Wohlbefinden unseres Ehepartners beeinflusst unser eigenes nur um etwa 8 Prozent. Der Grund für diesen eher geringen Wert liegt wahrscheinlich darin, dass der Einfluss durch gleichgeschlechtliche Personen erheblich höher ist als durch gegengeschlechtliche Personen. Was dann auch bedeuten würde, dass der Einfluss von Partner oder Partnerin in lesbischen oder homosexuellen Beziehungen größer ist.

Kollegen übrigens üben keinen nennenswerten Einfluss auf unser Glück aus, auch wenn wir viel Zeit mit ihnen verbringen. Offenbar fallen sie eben in den Bereich „Job" und beeinflussen daher unsere Weltsicht und unser Verhalten nicht.

Was können Sie also tun, wenn Sie Ihre Beziehung retten wollen? Umgeben Sie sich bewusst mit mehr Menschen, die nicht in Trennung leben. Umgekehrt gilt das übrigens auch: Wenn Sie finden, Ihre Freunde sollten es noch mal miteinander versuchen, dann leisten Sie einen großen Beitrag zum Erfolg, indem Sie Ihre eigene Beziehung pflegen und gut über sie sprechen!

Wie man sich den Partner schönsäuft – und warum es trotzdem nicht empfehlenswert ist

Es ist naheliegend, dass regelmäßiger und vor allem übermäßiger Alkoholkonsum Beziehungsprobleme auslösen und/oder verschlimmern kann. Die Studienergebnisse sind in diesem Bereich dennoch nicht eindeutig. Eine aktuelle Studie[307] wurde von vielen Medien[308] dahingehend gedeutet, dass Paare, die gemeinsam Alkohol trinken, glücklicher sind. Dieser Schluss scheint uns jedoch voreilig. Ergebnis der Studie war nämlich, dass ältere Frauen, die selbst Alkohol konsumierten, ihre Ehe mit der Zeit als „weniger negativ" ansahen, wenn die Männer ebenfalls Alkohol konsumierten. Blieben die Männer jedoch nüchtern, fanden die Frauen die Beziehung immer mieser.

Nun könnte man ja vermuten, wenn Paare zusammen einen heben, wäre das ein nettes Rendezvous und daher positiv. Doch ob die Paare gemeinsam tranken, war gar nicht Gegenstand der Erhebung.

Stattdessen sieht es für uns eher so aus, als könnte man belegen, was ohnehin plausibel erscheint: Wenn beide regelmäßig trinken, erscheint ihnen das Leben, einschließlich der Beziehung, weniger schlimm. Genau aus diesem Grund trinken sie ja regelmäßig. Ob das nun so ein toller Tipp gegen Beziehungskrisen ist, sei dahingestellt. Es ist aber ein toller Tipp gegen voreilige Deutungen von Studien.

Crazy: Wie eine gute Eigenschaft im Übermaß negative Auswirkungen haben kann

Im ersten Abschnitt (s.S. 113) haben wir Ihnen davon berichtet, dass Durchhaltevermögen – im Englischen: „grit" – ein guter Hinweis auf Erfolg in vielen Lebensbereichen ist, vor allem beruflich und akademisch[309].

In Ehen ist diese Charaktereigenschaft eigenartigerweise kein eindeutiger Indikator. Stattdessen ist das Durchhaltevermögen von Frauen für die Ehedauer irrelevant. Nur das Durchhaltevermögen der Männer hat Auswirkungen: Viel „grit" führt zu einer um immerhin 17 Prozent höheren Chance, sich nicht zu trennen.

Das klingt eigentlich gut. Hat aber eine Schattenseite, auf die wir hier zu sprechen kommen wollen. Dieser Abschnitt ist also nur relevant für Sie, wenn Sie entweder selbst ein Mann mit viel Durchhaltevermögen sind – oder wenn das auf den Mann zutrifft, mit dem Sie sich derzeit in einer Beziehung befinden. Wie man ermittelt, ob jemand über ein großes Durchhaltevermögen verfügt, steht im ersten Abschnitt (siehe S. 21).

Männer mit hohem Durchhaltevermögen bringen zu Ende, was sie angefangen haben. Egal, was es kostet. Egal, wie sinnvoll. Die Frage, ob sie es wollen, ob es nützlich oder richtig ist, stellt sich ihnen nicht. Wie gesagt, in vielen Lebensbereichen ist das eine hilfreiche und durchaus wünschenswerte Eigenschaft.

Sie kann aber in Beziehungskrisen dazu führen, dass die Option einer Trennung schlicht undenkbar erscheint. Aufgeben kommt einfach nicht infrage, fertig, aus. Nun ist eine Trennung wahrlich kein „Aufgeben“, sondern oft eine mutige und positive Entscheidung. Aus der Perspektive eines Durchhalters aber nicht! Für solche Männer ist diese Möglichkeit nicht nur undenkbar – sie muss sogar beängstigend erscheinen. Und daher verdrängt, verleugnet oder abgewehrt werden.

Das heißt konkret: Wenn Sie betroffen sind, sei es selbst oder als Partnerin, dann brauchen Sie vielleicht etwas Hilfe oder Unterstützung, um mit der schwierigen Situation umzugehen. Die Männer müssen es hinbekommen, weniger „stur“ zu bleiben. Frauen tun sich daher einen Gefallen, wenn sie ihren Partner möglichst selten in eine kämpferische Situation bringen, in der er meint, Biss zeigen zu müssen. Denn für einen Durchhalte-Mann ist eine Trennung möglicherweise eine Niederlage, die um jeden Preis vermieden werden muss. Und dieser Preis kann zu hoch sein. Wohlgemerkt: Kann! Vielleicht ist es auch ein großes Glück für Sie beide, dass er nicht einfach die Waffen streckt, sondern das Problem aussitzt oder zu lösen versucht, und nach ein paar Jahren werden Sie darüber froh sein.

Wir möchten niemandem zu einer Trennung raten (oder von einer Trennung abraten). Wir wollten nur auf diesen „blinden Fleck“ hinweisen, den für alle Beteiligten schwer bemerkbaren Krisen-Nachteil einer an sich meist mit Erfolg in Verbindung gebrachten Eigenschaft.

Sie werden nicht glauben, wie wichtig es ist, woran wir glauben!

Vielleicht kennen Sie das auch. Ihre Partnerin bzw. Ihr Partner und Sie können sich im Grunde über nichts mehr einigen, jedes Gespräch wandelt sich in einen Streit. Sie scheinen völlig inkompatibel zu sein. Vor allem: Sie werden ständig missverstanden und reden die ganze Zeit aneinander vorbei.

Ein häufiger Grund dafür sind unterschiedliche Wertvorstellungen. Werte stellen sozusagen regelhaft die „Außengrenzen“ dessen dar, was wir für richtig oder wünschenswert halten. Und umgekehrt legen sie fest, was aus unserer Sicht mehr oder weniger eindeutig falsch oder inakzeptabel ist.

Welche positiven Auswirkungen gemeinsame Wertvorstellungen haben können, zeigt zum Beispiel die Tatsache, dass bei einer internationalen Erhebung[310] Frauen, die in hochreligiösen, traditionellen Ehen leben, glücklicher und auch sexuell erfüllter waren als der Bevölkerungsdurchschnitt. Nun gibt es ja keinen Anlass, ernsthaft zu glauben, dass Gott diese Beziehungen besonders erotisch erfüllend angelegt hätte. Sehr wahrscheinlich sind die Frauen ganz einfach mit der Entscheidung, die sie getroffen haben, ausgesprochen zufrieden. Ja, ihnen mag der Vergleich mit allerhand anderen Partnern fehlen, insofern können sie objektiv vielleicht gar nicht wissen, ob ihr Sexleben zufriedenstellend ist. Aber subjektiv sind sie happy. Reicht das nicht vielleicht? Werte – das klingt höchst abstrakt, nach Ethik-Unterricht in der Schule. Dabei ist es Ihre ganz persönliche Weltsicht, die Sie morgens aufstehen lässt, und die dafür sorgt, dass sie mittags das essen, wofür Sie sich entscheiden, und abends vielleicht dieses Buch lesen. Werte werden ständig diskutiert im Zusammenhang mit der Digitalisierung, mit Künstlicher Intelligenz und selbstfahrenden Autos. Warum? Weil wir vorher entscheiden und einprogrammieren müssen, was die Geräte in Problemsituationen tun. Beliebtes Beispiel: Ein Kind läuft auf eine einspurige Straße und ein selbstfahrendes Auto kann nur noch a) das Kind totfahren oder b) in den Abgrund rechts ausweichen und dabei den Fahrer ums Leben bringen. (Jetzt wird auch klar, warum es eine einspurige Straße sein muss.) Was fänden Sie besser? Und falls Sie sich entschieden haben, das Kind retten zu wollen – würden Sie ein Auto kaufen, dass notfalls den Fahrer bzw. die Fahrerin tötet?

Wie gesagt, diese Diskussion wird geführt, weil wir das Auto vorher darauf programmieren müssen, was zu tun ist. Wir selbst reagieren in solchen Situationen reflexhaft, und es lässt sich nicht vorhersagen, wie. Dennoch ist die Reaktion sicher durch unsere Wertvorstellungen beeinflusst.

WIE VERHANDELBAR SIND IHRE WERTE?

Was uns nun in Beziehungen oft das Leben schwer macht, ist noch ein anderer Aspekt, nämlich die Frage, ob bzw. in welchem Umfang Werte „verrechenbar“ sind. In der Praxis ist es so, dass in Europa einige Werte – Freiheit, das Recht auf Leben – zumindest als nahezu absolut angesehen werden. Sie „trumpfen“ sozusagen über andere Werte, z. B. die Nachteile, die durch sie entstehen, oder die Kosten, die durch sie anfallen. In anderen Ländern, auch schon in den USA (Stichworte: Todesstrafe, Guantanamo) sieht das anders aus.

Was hat das mit Liebesbeziehungen zu tun? Oft kollidieren in scheinbaren Sachentscheidungen unsere häufig unbewussten Wertvorstellungen, z. B. Monogamie und Ehrlichkeit oder Vernunft und Lebensfreude. Wie großzügig schenkt man, wie wichtig ist Familie, wie viel Aufwand ist zu betreiben, um die Umwelt zu schützen? Muss man sparen für schlechte Zeiten oder ist es besser, das Heute zu genießen?

So entstehen manchmal Schein-Widersprüche, im letzten Beispiel wird das besonders deutlich. „Sparer“ hoffen oft, dass Geld auf dem Konto zu mehr Sicherheit und damit mehr Zufriedenheit führt. Und in gewissem Maße ist das ja auch der Fall. Bestimmt kennen Sie Menschen, die eine besonders hohe Rente oder Pension erhalten, und froh darüber sind. Andererseits ist auch nachvollziehbar, dass ein absolutes Vertagen allen Genusses in die Zukunft nicht unbedingt sinnvoll sein muss, z. B. wenn man stirbt, bevor man mit dem Genießen anfängt. Kann man daraus schließen, dass es besser wäre, das Geld hier und jetzt mit vollen Händen für alles auszugeben, was einem gerade in den Sinn kommt? Auch nicht unbedingt. Hier prallen im Alltag manchmal zwei „Werte“ aufeinander (Sicherheit vs. Lebensfreude), die überhaupt nicht im Gegensatz stehen, sondern die sich nur beeinflussen. Und wir haben die Möglichkeit, als Paar unseren eigenen Werte-Mix zu erstellen. Vor allem können wir, wenn wir anfangen über unsere jeweiligen Werte nachzudenken und zu sprechen, auch wieder Kompromisse mit dem Partner bzw. der Partnerin eingehen. Solange wir jedoch damit beschäftigt sind, uns in unseren Wertevorstellungen angegriffen zu fühlen, geht das nicht.

Deshalb empfehlen wir, im Kopf zu behalten: Die meisten Menschen erhoffen sich von ihrer Beziehung das Gefühl „jemand ist für mich da“[311]. Doch was das aktuell konkret bedeutet, ist dabei völlig offen. Fragen Sie einander, und erzählen Sie von sich und Ihren Vorstellungen von „gut und richtig“. Das ist selbst dann hilfreich, wenn Sie einander in- und auswendig zu kennen glauben. Denn oft müssen nach längerer Zeit elementare Dinge wie z. B. die individuell richtige Balance aus Nähe und Distanz neu verhandelt werden.

Sie erraten nie, was besser ist für die Beziehung: Höflichkeit oder Ehrlichkeit?

Offenheit wird von vielen Menschen als eine sehr wichtige Eigenschaft angesehen. Richtig ist sicher: Wenn Sie sich in Ihrer Beziehung andauernd verstellen müssten, wäre das viel zu viel Arbeit. Konstruktive Offenheit bedeutet nicht, jederzeit einfach sagen zu dürfen oder gar zu sollen, was einem in den Sinn kommt! Mithilfe von Hirnscans ließ sich zeigen[312], dass Personen, die eine hohe Beziehungszufriedenheit zu Protokoll geben, über drei Fähigkeiten verfügen:

- sie sind empathisch,
- sie können Ihre Gefühle kontrollieren und Ihren Stress managen, und
- sie halten an einer positiven Sicht auf den Partner bzw. die Partnerin fest.

Das lässt sich daraus schließen, welche Bereiche im Gehirn nur aktiviert werden, wenn jemand ein Foto der Partnerin oder des Partners anschaut.

Der erste und der letzte Punkt sind selbsterklärend. Einfühlungsvermögen ist gut für die Beziehung, und eine positive Sicht auf die Partnerin oder den Partner auch. Was aber hat es mit der Gefühlskontrolle auf sich? Widerspricht das nicht unserem Wunsch danach, „total ehrlich“ zu sein, „ganz wir selbst“? Das tut es, und aus gutem Grund.

Haben Sie schon mal im Zorn etwas gesagt (na ja, gerufen … also eher: gebrüllt oder gezischt), was Sie später bereut haben? Oder was man zumindest konstruktiver hätte formulieren können? Um diese Momente geht es. Personen, die dann die Ruhe bewahren können, oder die wenigstens merken, dass sie das nicht schaffen und sich deshalb eine Auszeit nehmen, haben glücklichere Beziehungen.

Wenn man es so betrachtet, ist es eigentlich auch wieder selbsterklärend. Die Leute im Job, die nicht immer gleich durchdrehen, mögen Sie auch lieber, und man kann besser mit ihnen arbeiten. Hier kollidieren zwei Werte miteinander: Offenheit bzw. Ehrlichkeit (und der Wunsch nach Aufgehobensein, wenn wir uns am blödesten fühlen und benehmen) auf der einen Seite mit Kontrolliertheit und so etwas wie Anstand oder „gutem Benehmen“ auf der anderen Seite.

Wenn Ihnen die Vorstellung überhaupt nicht einleuchtet, dass es sinnvoll und nett sein könnte, so freundlich wie möglich zu Ihrer Partnerin oder Ihrem Partner zu sein, erzählt das eine Geschichte für sich. Vielleicht sehen Sie das nicht ein, weil Sie gar keine Motivation mehr haben, dieser Person sympathisch erscheinen zu wollen. Das mag traurig sein, ist aber eine wertvolle und oft auch hilfreiche Erkenntnis.

Wenn Sie nachvollziehen können, dass

1. Personen, die ihre Gefühle besser kontrollieren können, weniger destruktiven Streit haben, und Sie der Ansicht sind, dass

2. Sie gern mit Ihrem Partner weniger destruktiven Streit hätten,

dann ist es einen Versuch wert, sich ab und zu auf die Zunge zu beißen und mal zu gucken, was passiert.

(Achtung: Es gibt natürlich auch Menschen, die immer total kontrolliert sind und sich nie in die Karten gucken lassen. Das ist auch nicht gut für Beziehungen und hier nicht das Ziel. Es geht nur darum, die Spitzen der überschießenden Emotionen zu vermeiden. Sonst ist all die Mühe, die Sie sich die restliche Zeit geben, umsonst. Oder, wie es manchmal so schön heißt: Sie reißen dann, was Sie mit den Händen aufgebaut haben, mit dem Arsch wieder ein.)

Um unsere Deutungs-These an dieser Stelle explizit zu machen: Wir vermuten, dass die drei Bereiche nicht aufleuchten, weil die Proband*innen glückliche Beziehungen haben, sondern wir vermuten, dass sie glückliche Beziehungen haben, weil sie über die oben genannten Fähigkeiten verfügen. Und die lassen sich trainieren.

Warum Geborgenheit uns gar nicht so glücklich macht, wie wir es uns erhoffen

Was erwarten Sie noch von der Liebe? Vielleicht Abenteuer, Spannung, das Gegenteil von Langeweile? Und was passiert im Alltag? Jeden Tag das Gleiche: Nix! Weil Ihr Gegenüber das vielleicht ganz anders sieht. Denn immerhin rund ein Drittel aller Deutschen[313] zieht eine „beständige Beziehung" einer „aufregenden Beziehung" vor.

Problem 1: Einer wünscht sich Beständigkeit, der andere Action. Schwierig.

Problem 2: Beide bevorzugen in Wirklichkeit die Beständigkeit, im Geiste jedoch das Abenteuer. Das heißt, beide erwarten etwas von der Beziehung, was sie gleichzeitig fürchten. Ja, wir Menschen sind manchmal komisch.

Auch hier ist es wieder so, dass Beständigkeit und Abenteuer einander gar nicht ausschließen. Es handelt sich nicht um zwei Orte im Osten und Westen, an denen man nicht gleichzeitig sein kann. Sondern Sie können Ihren ganz persönlichen Mix aushandeln und umsetzen, sobald Sie anfangen, offen miteinander darüber zu sprechen. (Übrigens wirklich mal ein guter Moment für eine Ichbotschaft: „Ich habe darüber nachgedacht, was ich mir von unserer Beziehung wünsche, und dabei ist mir Folgendes klargeworden: .... Wie siehst du das?" Sie merken schon, das ist was ganz anderes als: „Ich finde dich langweilig und fett. Nie unternimmst du was mit mir.")

WIR BRAUCHEN MEHR STRESS!

Der Beziehung einen Frischekick zu verpassen, indem man gemeinsam etwas Neues lernt, zum Beispiel Fallschirmspringen. Oder auch nur etwas ein klein wenig „Abenteuerliches" unternimmt, zum Beispiel ins Theater gehen oder einen Tanzkurs besuchen. Das wird Paaren in der Krise immer wieder geraten. Denn a) unter etwas unkalkulierbareren Bedingungen erscheinen uns andere Personen attraktiver (s. S. 44), und b) werden Paare, die nichts gemeinsam unternehmen, davon zwar nicht unglücklicher. Paare jedoch, die auch nur 90 Minuten pro Woche zusammen aktiv sind, erleben eine Zunahme der Beziehungszufriedenheit[314].

Dafür spricht auch die Tatsache, dass wir uns offenbar – entgegen der gängigen Selbsteinschätzung – gar nicht unbedingt nur Ruhe und Entspannung in der Beziehung wünschen. Je mehr Stressfaktoren ein Paar innerhalb der letzten zwei Jahre ausgesetzt war, desto höher die Beziehungszufriedenheit[315]. Möglicher Grund: Schwierigkeiten lassen sich gemeinsam besser bewältigen und man spürt den anderen mehr in solchen Phasen. Das weiß jeder Abteilungsleiter, deswegen sind Hochseilgärten und Escape-Rooms so beliebte Teambuilding-Maßnahmen.

Warum Streit uns notwendig erscheint – und was Sie stattdessen tun sollten

Streit gehört in Krisenzeiten zum festen Beziehungsrepertoire. Schlimmer ist dann eigentlich nur noch, nicht mehr zu streiten. Wir empfinden Streit häufig zwar als unangenehm, aber unvermeidlich. Weil wir schließlich recht haben, uns nicht unterbuttern lassen dürfen, tausend gute Gründe. Natürlich ist es wichtig, die eigenen Bedürfnisse ernst zu nehmen und Gefühle auszusprechen. Andererseits ist Streit weit schädlicher, als wir im Alltag so annehmen.

Was glauben Sie, wie groß ist die Auswirkung von anhaltendem Streit auf die Heilung von Wunden? Um das festzustellen, fügten Wissenschaftler freiwilligen (!) Teilnehmer*innen eines Versuchs[316] zwei Mal etwa münzgroße Schürfwunden am Arm zu. Einmal gingen die Paare danach zum Paartherapeuten, das zweite Mal sollten sie sich über ein Problemthema unterhalten, woraufhin fast immer direkt Streit ausbrach.

Die Ergebnisse lassen sich wie folgt herunterbrechen:

- Egal ob das Paar unter Anleitung konstruktiv zusammenarbeitete oder nicht, nach den Therapiesitzungen heilten die Wunden schneller als nach dem Streit.

- Eine Ausnahme bildeten ausschließlich jene Paare, die auch in der Auseinandersetzung freundlich und wohlwollend miteinander umgingen, statt „richtig" zu streiten. Bei Ihnen unterschied sich die Wundheilung kaum von den Paaren in der Therapiesitzung (ein handfester Beweis für die Thesen des Psychologen John Gottman, die wir Ihnen ab Seite 219 vorstellen).

- Die Heilung verlief bei denjenigen, die sich in beiden Szenarien nicht feindselig verhielten, fast doppelt so schnell!

Ein anderer Versuch[317] ergab, dass dieser Effekt sich auch partnerunabhängig zeigen lässt. Bei Personen, die allgemein häufig wütend oder gereizt reagierten, bildete sich langsamer eine Schorfkruste, und auch die Heilung insgesamt dauerte länger. Nicht umsonst sagen wir: „Ich ärgere mich", wenn wir uns ärgern. Betonen Sie den Satz mal auf dem letzten Wort: „Ich ärgere mich." Und wer will das schon?

Deshalb: Ärgern Sie sich möglichst wenig über den Partner und den Rest des Lebens. Und betonen Sie in Auseinandersetzungen die Gemeinsamkeit (Stichwort: „wir", s. auch nächsten Abschnitt) und die Zuneigung, bevor Sie so freundlich wie möglich Ihre abweichende Position darlegen. Dann heilen die Wunden, die Sie einander hoffentlich gar nicht zufügen, garantiert schneller.

Machen Sie es sich und Ihrem Partner bzw. Ihrer Partnerin leichter, wenn Sie schon wissen, dass das Gespräch schwierig wird. Eine Möglichkeit: Stellen Sie ein Heißgetränk auf den Tisch und wählen Sie weiche Sitzgelegenheiten.

Echt jetzt?

Ja! Wärme löst möglicherweise warmherzige Gefühle aus. Sogar in geradezu absurden Versuchsanordnungen[318]. Nehmen wir an, ich stehe mit einem Stapel Papiere und einem Kaffee im Fahrstuhl. Die Papiere fallen mir runter, und ich bitte Sie, kurz meinen Kaffee zu halten, während ich sie aufhebe. Zack, bin ich Ihnen sympathischer, als hätte ich Ihnen einen Eiskaffee oder ein anderes kaltes Getränk in die Hand gedrückt.

Das Gleiche gilt für harte oder weiche Sitzgelegenheiten[319]. Auch sie beeinflussen unser Verhalten. (Kritisiert[320] wurde das Fahrstuhlexperiment allerdings für die geringe Teilnehmerzahl und den nicht allzu großen Unterschied in der Bewertung. Dennoch: Mit einem warmen Getränk und einem Kissen auf dem Stuhl machen wir jedenfalls nichts falsch.)

Spannend: Warum es gut ist, wenn Ihre Gespräche sich langweilig anhören!

Vielleicht haben Sie sich in der Schulzeit auch gefragt, wozu es gut sein soll, die Bezeichnungen für Funktionswörter zu lernen: Personalpronomen (ich, du, wir), Artikel (der, die, das), Konjunktionen (und, aber, weil) und Präpositionen (auf, unter, nach). Die sind doch nicht besonders wichtig, dachten wir damals. Sie verbinden halt den einen Satzteil auf eine bestimmte Weise mit dem anderen.

Das stimmt aber nicht. Sie tun viel mehr, sie prägen nämlich unseren Sprachstil. In einem guten Roman kann seitenweise Dialog stehen, und Sie wissen immer, wer was sagt. Weil jede Figur eine eigene Sprechweise hat.

Was einem Roman Spannung verleiht, nervt offenbar im Leben. Wertet man mithilfe eines Computers die Gespräche von Männern und Frauen bei einem Date aus[321], dann sollte mindestens eine mittelgute Übereinstimmung bei der Nutzung von Funktionswörtern vorliegen, damit das Date als Erfolg gewertet wurde. (Genauer gesagt: Jedes dritte Date von Personen mit mindestens mittelguter Ähnlichkeit wurde positiv bewertet, andernfalls nur jedes zehnte.) Mit anderen Worten: Könnte eine Romanleserin in einem Dialog zwischen Ihnen und Ihrem Partner nicht leicht erkennen, wer was sagt, fände sie das verwirrend und langweilig – Sie hingegen passen dann gut zusammen.

Natürlich ist es nicht besonders lebenspraktisch, Dialoge aufzuzeichnen und die Verwendung der Funktionswörter darin zu analysieren. Aber vielleicht achten Sie mal darauf, wie ähnlich oder unterschiedlich Sie Ihre Sätze bauen. Oder Sie bitten eine Freundin oder einen Freund, darauf zu achten.

Natürlich ist eine unterschiedliche Sprechweise kein K.o.-Kriterium für eine Beziehung. Eine ähnliche wäre aber ein Hinweis darauf, dass Sie wahrscheinlich besser zusammenpassen, als Sie vielleicht gerade glauben.

Und wo wir schon über das Sprechen sprechen … in der Paartherapie wird häufig ein Kniff empfohlen, um den Partner bzw. die Partnerin „an Bord zu holen“: „wir“ sagen. Also keinen langen Vortrag darüber halten, was schiefläuft und was der andere oder die andere doch bitte ändern soll. Sondern mittendrin etwas sagen wie: „Wir könnten doch dies oder das tun.“ Und zwar selbst dann, wenn Sie eigentlich meinen: „Du könntest doch dies oder das tun.“

MEHR „WIR“ IST GUT FÜR UNS

Das klingt artifiziell und fühlt sich auch erst mal komisch an, ist aber von der Praxis inspiriert. Lässt man Paare im Labor über ein aktuelles Beziehungsproblem diskutieren[322], kamen diejenigen deutlich schneller und häufiger zu einer Lösung, in deren Gespräch immer wieder mal „wir“ und „uns“ zu hören war. Wogegen die Gespräche von Paaren, die in erster Linie „du“ verwendeten, erheblich negativer liefen. Richtig ist natürlich, dass Paare, die konstruktiv und freundschaftlich miteinander umgehen, von sich aus häufiger von „wir“ und „uns“ sprechen. Doch es funktioniert eben auch andersherum: Sprechen Sie häufiger von „wir“ und „uns“, entscheiden Sie sich damit für einen sprachlichen und gedanklichen Perspektivwechsel vom Gegeneinander zum Miteinander.

Eine weitere Möglichkeit, allein positiven Einfluss auf dic Beziehung auszuüben, besteht darin, sich schriftlich kurz und intensiv mit der Partnerschaft auseinanderzusetzen. Ließ man Proband*innen an drei Tagen nacheinander je 20 Minuten ihre

Gefühle in Bezug auf die Beziehung aufschreiben[323], kommunizierten hinterher beide positiver miteinander. Und die Wirkung hallte lange nach: Drei Monate später waren noch 77 Prozent der Paare zusammen, von denen eine*r über die Gefühle geschrieben hatte, aber nur 52 Prozent der Paare in der Kontrollgruppe. Die aktive Beschäftigung mit der Beziehung hatte also positive Auswirkungen auf beide Partner.

Um die Abnahme der Beziehungszufriedenheit aufzuhalten, reichte es sogar[324], drei Mal sieben Minuten lang schriftlich den letzten Konflikt aus der Perspektive eines wohlmeinenden Außenstehenden darzustellen.

Heißt:

- Je ähnlicher zueinander Sie sprechen, desto besser.
- Mehr „wir", weniger „ich" und „du".
- Wenn Sie – für sich allein – die Gefühle in der Beziehung schriftlich reflektieren und dabei eine möglichst neutrale, wohlwollende Perspektive einnehmen, tun Sie sich beiden einen Gefallen.

Das alles ist wichtig, denn es lässt sich klar zeigen: Unglückliche Paare, die mit einem groben Keil auf einen groben Klotz losgehen, nach dem Motto „Auge um Auge, Zahn um Zahn", enden wirklich wie in dem Filmklassiker „Rosenkrieg". Die Auseinandersetzung eskaliert immer weiter[325]. Der einzige Ausweg besteht darin, einfach aufzuhören mit dem Streiten. Auch, wenn Sie vielleicht recht haben. Ganz egal.

WIE SIE LERNEN, SICH WENIGER ÜBER DEN ANDEREN ZU ÄRGERN

Haben Sie eine Garantie dafür, dass Ihr Gegenüber Sie dann wieder mehr mag? Nein. Kann sein, dass sich da nichts mehr ändert. Dann sind Sie aber auch nicht besser damit bedient, immer weiterzumachen. Mit ständigen Auseinandersetzungen machen Sie sich das Leben genauso schwer wie Ihrem Partner oder Ihrer Partnerin.

So oder so ist es sinnvoll, aus einem Dauerstreit auszusteigen. Denn er erscheint zwar wahnsinnig notwendig und konstruktiv. Ist er aber nicht.

Wichtig dabei ist, dass Sie nicht passiv weiterstreiten. Sich in die Schmollecke zurückzuziehen und zu schweigen, ist das Einzige, was noch mehr Schaden anrichtet als Streit. Wenn Sie das Aufschaukeln nicht mehr mittragen wollen, brauchen Sie einen Ausweg aus derartigen Situationen. Einen simplen Satz wie: „Es tut mir leid, dass es dir so geht. Ich möchte aber nicht mehr weiter streiten. Ich hoffe, das ist für dich in Ordnung." Gebetsmühlenartig wiederholen und mal sehen, ob's was nützt.

Ein weiteres Hilfsmittel, um Konflikten möglichst zu entgehen, kann darin bestehen, die eigene Sichtweise – bewusst – zu verändern. Paare, die Unstimmigkeiten konstruktiv und ohne Streit lösten, zeichneten[326] sich dadurch aus, dass sie als Ursache eines Problems nicht den miesen Charakter des Partners bzw. der Partnerin ausmachten („immer kommst du zu spät", „nie kann man sich auf dich verlassen" usw.), sondern äußere Umstände (der Bus war unpünktlich, der Chef wollte noch schnell was). Am meisten brachte es, wenn Frauen die Welt so sahen. Also: Versuchen Sie, nicht auf die Persönlichkeit des Partners bzw. der Partnerin einzuschlagen („du bist blöd"), sondern maximal auf sein bzw. ihr

Verhalten („das fand ich blöd"). Und besser noch, versuchen Sie vorher, eine mögliche Erklärung zu finden („das fand ich blöd, aber er/sie konnte ja nicht wissen, dass der Bus Verspätung haben würde"). Augenwischerei?

Eher nicht. Wenn Sie der Ansicht sind, Ihr Partner bzw. Ihre Partnerin sei tatsächlich allumfassend blöd und meine es nicht gut mit Ihnen, sollten Sie in beiderseitigem Interesse die Konsequenzen ziehen. Und wenn nicht … dann gibt es wenig Grund, an der schlechten Angewohnheit festzuhalten, den anderen in seiner Persönlichkeit anzugreifen.

Eine ambitionierte, aber keineswegs unerreichbare Variante besteht darin, sich darauf zu besinnen, was Sie an Ihrem Partner oder Ihrer Partnerin früher mal richtig toll fanden. Sehr wahrscheinlich verfügt sie oder er über diese Eigenschaft(en) immer noch. Wenn es Ihnen gelingt, sich das immer wieder bewusst zu machen, und so eine Art „rosarote Brille" wie in der Zeit der ersten Verliebtheit aufzusetzen, wird das mit großer Wahrscheinlichkeit beiden guttun. Denn im Alltag sind derartige romantische Illusionen sozusagen der Puffer zur schnöden Realität. Das zeigt eine Studie[327], bei der beide Partner und deren Freunde um Einschätzungen der verschiedenen persönlichen Qualitäten gebeten wurden. In den zufriedenen Beziehungen nahmen die Beteiligten ihre Partnerin oder ihren Partner als netter und kompetenter war, als sie sich selbst, und auch als ihre Freunde es taten.

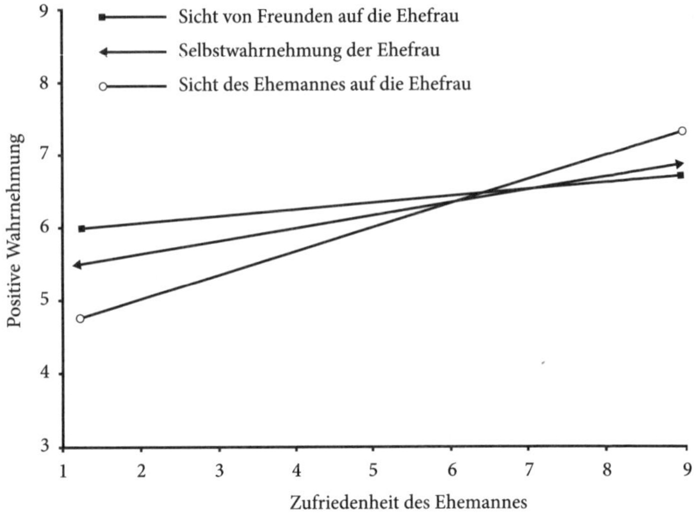

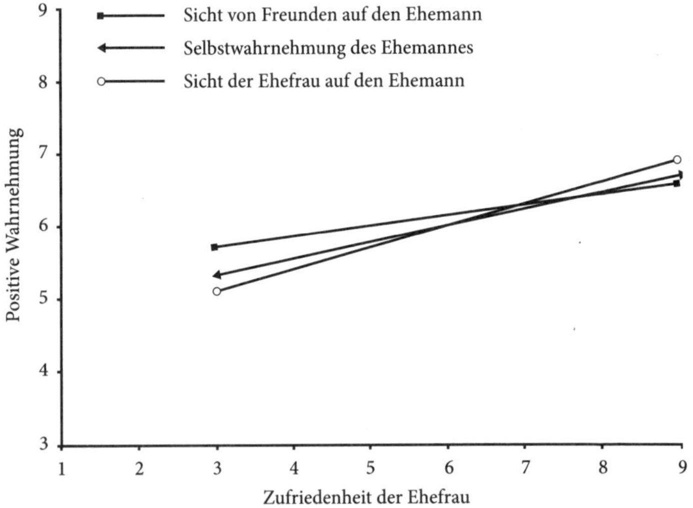

Je positiver jemand gesehen wird, desto zufriedener ist die Person.

Entscheidend dabei: Durch die Auswertung von Einzelfragen lässt sich zeigen, dass nicht etwa die Zufriedenheit einer Person dazu führt, höher eingeschätzt zu werden. Das wäre ja naheliegend. Menschen, die zufrieden sind, erscheinen uns sympathischer und kompetenter. Sondern es verhält sich eben genau umgekehrt: Wer den Partner bzw. die Partnerin sozusagen ungerechtfertigt toll findet, verbessert damit die Beziehung. Das sollten wir alle beherzigen. Zumal glückliche Paare, die viel voneinander halten und sich geradezu anhimmeln, dennoch in der Lage sind, die Schwächen des Partners korrekt zu benennen[328]. Sie machen sich bloß auch die positiven Seiten des Partners bewusst. Kitschiges Anhimmeln macht also nicht blind, sondern nett.

ANGENOMMEN, ICH WÄRE DIR WOHLGESONNEN …

Das bestätigen auch andere Studien. Wenn wir davon ausgehen, dass unser Gegenüber es gut mit uns meint, fühlen wir uns wohler[329]. Gelingt es Menschen, negativen Eigenschaften oder Verhaltensweisen des Partners bzw. der Partnerin auch etwas Positives abzugewinnen, läuft die Beziehung besser[330]. Das Muster dafür heißt: „Ja, aber!" Ja, er nervt mit seinem Sparen, aber dafür konnten wir davon jetzt einen teuren Urlaub machen. Ja, sie sagt manchmal nicht, was ihr auf der Seele liegt, aber dafür hat sie ein gutes Gespür für meine Bedürfnisse. Ja, sie will jede Kleinigkeit immer gleich ausdiskutieren, aber dadurch stauen sich negative Gefühle nicht auf. Ja, er macht vieles mit sich aus, aber nur, weil er gründlich darüber nachdenkt, bevor er etwas anspricht.

Und so weiter. Arbeitsauftrag: Können Sie einer Eigenart, die Sie nervt, eine positive Seite abgewinnen? Die Studienautoren gingen sogar noch so weit, zu erklären[331]: „Positive Verzerrungen sind nicht naiv, sondern sprechen für eine gewisse Beziehungsweisheit und das Bemühen, einander als gleichwertig anzunehmen. Diese integrative Leistung ist ein wichtiger Indikator für die Beziehungsstabilität."

Eine idealistische Sicht auf den Partner bzw. die Partnerin ist wichtiger als eine realistische[332]. Zufriedene Partner sehen den jeweils anderen in einem besseren Licht als der- oder diejenige sich selbst. Das wiederum beeinflusst dann die Selbstwahrnehmung positiv. Und die wiederum hat Auswirkungen auf die Handlungen. So entsteht ein stärkender Kreislauf[333]:

Die Einflüsse zwischen dem tatsächlichen Verhalten, der Wahrnehmung durch den Partner und der Zufriedenheit sind komplex. Doch egal wie tief man in die Mechanismen eindringt, es bleibt dabei: Idealisieren Menschen ihren Partner oder ihre Partnerin, dann sind beide zufriedener!

Wäre es aber nicht doch besser, den Partner oder die Partnerin so zu sehen, wie diese „wirklich" sind? Gegenfrage eins: Geht das überhaupt? Gegenfrage zwei: Besser wofür? Jedenfalls nicht für die Beziehung. Und um die geht's hier doch!

Voll der Egotrip: Wie ein Blick in den Spiegel klärt, ob Sie zusammenpassen

Gern werfen wir unseren Partnern vor, sie seien so anders als wir. Die Implikation: Wir sind toll und machen alles richtig, der andere ist irgendwie verkehrt! Häufig sind wir dabei aber weniger verschieden, als wir glauben. Denn insgesamt suchen wir uns meist Menschen, die uns ähnlich sind – und ähnlich sehen.

Das zeigt sich beispielsweise, wenn in Tests[334] Fotos nach der Attraktivität der aufgenommen Personen beurteilt werden müssen. Zeigt man Teilnehmer*innen vor manchen Fotos unbemerkt für Millisekunden ein Bild des gegengeschlechtlichen Elternteils (also bei Frauen ein Foto vom Vater, bei Männern ein Foto der Mutter), dann gefällt ihnen die darauf folgende Person gleich viel besser. Was dafür spricht, dass wir Menschen suchen, die uns genetisch ähneln. Und zwar gerne sehr: Fotos, auf denen das Gesicht einer unbekannten Person mit dem der Testperson „gemorpht" (digital verschmolzen) worden war, fanden Proband*innen besonders anziehend!

Wird unser Partner also immer mehr „wie seine eigene Mutter" bzw. „wie sein Vater"? Vermutlich eher wie unsere eigene Mutter bzw. unser eigener Vater! Erst wenn offengelegt wird, dass die bearbeiteten Bilder halb wir selbst sind, gefallen diese auf einmal nicht mehr. Wahrscheinlich sorgen also nur gesellschaftliche Tabus dafür, dass wir uns nicht in zu enge Verwandte verlieben.

Und es ist wohl auch etwas dran an der Annahme, dass wir uns immer auch ein wenig in das eigene Spiegelbild verlieben. Weshalb Forscher auch davon ausgehen, dass wir belastbare Beziehungen nur führen können, wenn wir uns selbst ausreichend lieben. Zugleich werden wir einander im Laufe der Jahre immer ähnlicher. Einzelfotos von Ehepartnern nach 25 Jahren Beziehung lassen sich von Fremden deutlich besser korrekt zuordnen als Bilder aus der Anfangszeit der Beziehung[335]. Vermutlich liegt das einerseits an der gemeinsamen Ernährung, andererseits an geteilten Lebenserfahrungen sowie einer Angleichung der Mimik. Auch was Interessen und Angewohnheiten angeht, Religion, Gewicht und sogar die Größe – es gilt: Je ähnlicher die Partner, desto länger hält die Ehe[336]. (Die Grundannahme solcher Untersuchungen ist, dass sich Menschen eben doch, wenn sie einander nicht guttun, entweder scheiden lassen oder früh ins Grab bringen. Lange Ehe bedeutet daher implizit: glückliche Ehe.)

Stellen Sie sich also mal vor den Spiegel oder führen Sie mithilfe einer App einen Face-Swap (Gesichtstausch) durch. Und überlegen Sie, ob das, was Sie am Partner nervt, nicht vielleicht Dinge sind, die Sie selbst auch tun, und die Sie auch an sich selbst nerven.

Stellen Sie dabei fest, dass Sie einander ähnlicher sehen als gedacht, und dass Sie sich auch ähnlicher verhalten als bemerkt, dann sind Sie vielleicht gar keine Trennungskandidaten, sondern passen im Grunde ganz gut zusammen.

Achtung, Missverständnis-Gefahr: Welche Nation ihre Liebe wie ausdrückt

Als ein Fastfood-Hersteller 2003 in Deutschland den Slogan „Ich liebe es!“ einführte, entbrannte eine öffentliche Diskussion darüber, was Liebe eigentlich ist. Ob man mit diesem hehren, für höchste Gefühle reservierten Wort so etwas Schnödes wie einen Ein-Euro-Burger adeln darf.

Das war Anlass genug, die unterschiedliche Verwendung von Liebesbekundungen in Deutschland und den USA genauer unter die Lupe zu nehmen[337]. Im Zeitalter der Globalisierung und Digitalisierung treffen die eher extrovertierte Kultur der USA und die eher introvertierte Kultur Deutschlands aufeinander. Zwar ist die Beziehungskultur in den USA weitgehend konservativ. Aber die Supermacht ist eben auch immer für Superlative gut. Da werden Kumpel „geliebt“, Freunde, Jobs, Mahlzeiten: „I love you, man“, „I love my team“, „I'm lovin' it“.

In beiden Ländern sagen sich Liebespaare am häufigsten „Ich liebe dich" (knapp 80 Prozent taten dies „oft" und weitere 15 Prozent „hin und wieder"). Aber Achtung: Ehepaare zählten in der Befragung nicht als Liebespaare! Und sie verhalten sich ganz anders: 45 Prozent Prozent der Verheirateten sagen nur „hin und wieder" die berühmten drei Worte, nur 40 Prozent tun dies „oft".

Ein weiteres interessantes Ergebnis der Studie: Immerhin knappe 5 Prozent der Befragten sagen auch entfernten Bekannten noch „oft", dass sie sie lieben. Okay …

Die Studie ergab noch viele andere lustige Dinge, zum Beispiel bevorzugen 80 Prozent der Deutschen nonverbale Liebesbekundungen, bei den Amerikanern sind es nur 45 Prozent. Vielleicht auch, weil „Ich liebe dich" von den Deutschen als wesentlich formeller und gewichtiger empfunden wird als die Amerikaner ein „I love you" hören. Entsprechend sagen deutsche Männer im Durchschnitt nur vier Personen „Ich liebe dich", Frauen sogar nur drei[338]! Angemessen, bei durchschnittlich[339] 3,4 Beziehungen im Leben.

Daraus könnte man nun zwei Schlüsse ziehen. Vielleicht frustet es Sie, dass Ihr Partner oder Ihre Partnerin Ihnen so selten sagt oder deutlich zeigt, dass sie/er Sie liebt. Dann könnten Sie jedoch feststellen: Das mag schade sein, ist aber normal. Oder Sie könnten auch (vielleicht sogar gemeinsam) auf die Idee kommen, dass wir es offenbar als romantisch ansehen, häufig „Ich liebe dich" zu sagen. Es wäre also durchaus denkbar, dass es der romantischen Seite der Beziehung guttut, die gefühlte Liebe öfter zum Ausdruck zu bringen, statt sich zu denken: Klar liebe ich ihn/sie, sonst würde ich ja nicht mit ihm/ihr zusammenbleiben.

Und wie sagt man's dann richtig? Was gehört zu einer gefühlvollen Liebesbekundung dazu?

Laut Umfrage[340]: Umarmungen, Küsse, Lächeln, Augenkontakt, Aufrichtigkeit. Dabei war den US-Studienteilnehmern der Körperkontakt wichtiger, den Deutschen die spürbare Aufrichtigkeit und der Augenkontakt. In Zahlen ist das noch beeindruckender:

	Was gehört für Sie zu einer Liebesbekundung dazu?			
	Umarmung	**Küsse**	**Augenkontakt**	**Aufrichtigkeit**
USA	56,1 %	40,2 %	7,5 %	7,5 %
Deutschland	19,6 %	15,2 %	20,5 %	32,1 %

Und wo sagt man „Ich liebe dich"? Im Grunde wird es überall gern gehört, wobei Amerikaner auch öffentliche Räume nannten (z.B. Geburtstags- oder Highschoolfeiern), Deutsche bevorzugen Zweisamkeit.

Auch was als nonverbaler Ausdruck von Liebe gedeutet wurde, unterschied sich:

USA	Deutschland
Jemand etwas (ab)geben, was man gern selbst behalten/konsumiert hätte	Aufstehen, um das schreiende Baby zu beruhigen, und es gerne tun
Den Partner aufheitern oder zum Lachen bringen, wenn der einen schlechten Tag hatte	Sich um Senioren in der Nachbarschaft kümmern und für diese einkaufen

So eigenartig die von den Autoren ausgewählten Beispiele auch erscheinen mögen, sie zeigen doch, wie „oberflächlich"

Amerikaner die Welt sehen, und wie „substanziell" in Deutschland alles sein soll. Vielleicht könnten wir daraus lernen, in Sachen Liebesbekundungen mal etwas kleinere Brötchen zu backen, um uns und denen, die wir lieben, das Leben etwas leichter zu machen?

Nicht ganz zu Unrecht beklagten deutsche Studienteilnehmer den inflationären Gebrauch des Verbs „lieben", und zugleich den hohen kulturellen Druck, alles Mögliche zu „lieben" (und nicht nur gut zu finden).

Sie sind also gar nicht aufgefordert, alles und jeden zu lieben. Sondern nur dann und wann, wenn Sie es sowieso fühlen, damit vielleicht nicht mehr ganz so urdeutsch hinter dem Berg zu halten.

DIE FÜNF SPRACHEN DER LIEBE

Gerade weil uns Deutschen das mächtige „Ich liebe dich" vielleicht ein bisschen schwerer fällt, und auch um zu zeigen, wie abwechslungsreich man kommunizieren kann (und worauf man für ein gutes gegenseitiges Verständnis achten sollte), wollen wir kurz die „Fünf Sprachen der Liebe" von Gary Chapman vorstellen. Der US-Paarberater ist der Ansicht, es gebe fünf unterschiedliche Arten zu kommunizieren – und wir würden ohne weiteres Bemühen erst mal nur unsere „Muttersprache" nutzen und verstehen. Wir könnten jedoch auch lernen, in der „Sprache" des Partners bzw. der Partnerin zu kommunizieren. Die fünf „Sprachen" sind:

- Lob und Anerkennung
- Zweisamkeit (Zeit nur für euch)
- Geschenke, die von Herzen kommen
- Hilfsbereitschaft
- Zärtlichkeit

Hofft man darauf, wie wir es oft tun, dass unser Gegenüber schon „irgendwie" weiß oder spürt, was wir brauchen, geht das oft schief. Wenn Sie zum Beispiel gern Lob und Anerkennung bekommen, aber Ihr Partner oder Ihre Partnerin macht Ihnen sehr selten Komplimente und bringt stattdessen die Liebe zum Ausdruck, indem er oder sie Hilfsbereitschaft zeigt, also was Schönes kocht oder die Steuer organisiert, könnte Sie das kränken. Die Liebessprache „Hilfsbereitschaft" verstehen Sie nicht, oder Sie berührt Sie nicht. Loben Sie dagegen Ihr Gegenüber gern, weil auch Sie gern gelobt werden, mag ihn oder sie das vielleicht sogar irgendwann nerven und als oberflächlich erscheinen, wenn Sie nicht auch mal mit anpacken, also die Sprache der Hilfsbereitschaft zeigen.

Achtet man nicht auf die Unterschiede in der Ausdrucksweise von Gefühlen, kann es gut passieren, dass Sie aneinander vorbeireden. Und sich missverstehen, ärgern oder sogar trennen, obwohl das gar nicht nötig wäre. Auf https://www.ehevorbereitung-online.ch/die-fuenf-sprachen-der-liebe/ finden Sie einen kostenlosen Online-Test, mit dessen Hilfe Sie Ihre „Muttersprache" sowie die Kommunikationsvorliebe des Partners bzw. der Partnerin herausfinden können.

Wie Sie sich nie wieder über die nervigen Eigenarten Ihres Partners ärgern

Befragt man Männer und Frauen vor und nach einem Speed-Dating-Abend, ergeben sich interessante Differenzen. Männer, von denen es ja oft heißt, sie reflektierten nicht sonderlich, geben vorher an, dass sie vor allem nach einer hübschen

Partnerin suchen – und so kommt es dann auch: Sie bewerten die Damen, denen sie gegenübersitzen, nach ihrem Aussehen.

Die Frauen hingegen gehen vorher davon aus, dass Äußerlichkeiten ihnen weniger wichtig sind als innere Werte (die sich dann auch im stattlichen Verdienst des Neuen zeigen sollten). Das klingt herzkälter, als es sich dann in Studien zeigte, denn am Ende gefielen auch den Frauen die gut aussehenden Männer am besten[341]. Wir (lies: Frauen) wissen also gar nicht immer, was wir wollen. Was erklären könnte, warum wir uns manchmal hinterher fragen, wie das denn jetzt passieren konnte …

Es bedeutet auch, dass es nicht unbedingt hilfreich ist, besonders gezielt (Partnerbörsen, Blind Dates) auf die Suche zu gehen. Weil wir am Ende vielleicht doch jemanden wollen, von dem wir das nie erwartet hätten.

Das liegt wohl auch daran, dass die Auswahl an möglichen Eigenschaften zu groß ist. Natürlich wäre ein Mann oder eine Frau aus der Retorte „perfekt", wie auch immer Sie das definieren. Aber in Wirklichkeit ist niemand so. Und das ist auch gut, denn wir verlieben uns wahrscheinlich eher in die Ecken und Kanten einer Persönlichkeit.

Dennoch gibt es ganz persönliche Minimalbedingungen. Das zeigte eine Befragung[342], bei der Teilnehmer*innen nur wenige Eigenschaften des Traumpartners nennen durften. Auf einmal war eine mindestens durchschnittliche Intelligenz entscheidend wichtig, gefolgt von Freundlichkeit. Das ist nachvollziehbar: Eine gewisse Intelligenz hilft, das Leben erfolgreich zu bewältigen, und Freundlichkeit bedeutet hoffentlich auch, dass der Partner bzw. die Partnerin seine bzw. ihre weiteren Eigenschaften (z. B. Geld, Körper) mit dem anderen teilt.

Erst wenn die grundlegenden Eigenschaften (Intelligenz und Freundlichkeit) erfüllt sind, werden andere wichtig.

Der Witz kommt aber noch. Denn natürlich haben jeder Partner und jede Partnerin auch Eigenarten, die uns nicht passen. Was tun wir? Aus der Praxis könnte man den Eindruck gewinnen: Wir versuchen, den Partner oder die Partnerin zu ändern. Unseren Wünschen anzupassen. Wir nörgeln, wir fordern, wir unterstützen. Das stimmt auch. Viel wichtiger aber ist für langfristige Beziehungen ein anderer Faktor: Wir passen ganz schlicht unsere Wunschvorstellung mit der Zeit an unseren tatsächlichen Partner oder die tatsächliche Partnerin an[343]! So werden sich Idealbild und Realität immer ähnlicher – damit steigt die Zufriedenheit mit der Beziehung, und das Risiko einer Trennung sinkt.

Wenn Sie sich fragen, wie zukunftsfähig Ihre Beziehung ist, überlegen Sie ganz einfach: Wenn der andere oder die andere sich überhaupt nicht ändern würde, könnten Sie damit leben? Oder würden Sie sofort Ihre Sachen packen?

Kompassregeln: Krise

1. Lernen Sie einander wieder bzw. besser kennen. „Kenntnisse über den anderen“ stehen ganz oben auf der Liste wichtiger Beziehungswünsche. Nutzen Sie z. B. die Fragelisten im folgenden Kapitel, um das Gespräch zu beginnen!

2. Schluss mit dem Liebesentzug! Klar, es fühlt sich machtvoll an, jemandem die kalte Schulter zu zeigen. Doch kaum etwas richtet so viel Beziehungsschaden an. Steigen Sie sofort aus der Spirale aus.

3. Männer und Frauen sind etwa gleich häufig untreu. Das muss nicht bei jedem Paar zu Problemen führen. Überlegen Sie, wie wichtig eine sexuell monogame Beziehung für Sie ist – oder welche Alternativen infrage kämen.

4. Wird eine Affäre kompetent aufgearbeitet, kann das Paar durchaus eine Chance haben. Rache-Affären und „Schwamm-drüber“-Schweigen helfen dabei nicht.

5. Eine heimliche Affäre ist kein guter Weg, die aktuelle Beziehung zu erhalten. Wer untreu wird, trennt sich häufig später trotzdem.

6. Stellen Sie keine zu hohen Ansprüche an Ihre Ehe oder langjährige Beziehung. Sie tun sich selbst und Ihrem Partner oder Ihrer Partnerin nur den Frust an, ständig hinter Erwartungen zurückzubleiben.

7. Verheiratete werden älter und nach Erkrankungen oder Operationen schneller wieder gesund als Alleinlebende. Aber nur, wenn die Beziehung zufriedenstellend ist. Eine schlechte Ehe macht nicht nur unglücklich, sondern auch

krank. Heißt: Wenn es okay läuft, ist weitermachen besser als hinschmeißen. Wenn es schlecht läuft, ist Trennen besser als weitermachen.

8. Höflichkeit ist fürs Beziehungsglück noch wichtiger als Ehrlichkeit! Und je öfter Sie „wir“ sagen, desto besser!

9. Wer sich den Partner bzw. die Partnerin „schönredet“ und gute Seiten an schlechten Eigenschaften findet, verbessert damit die Partnerschaft für beide!

10. Die Antwort auf die folgende Frage verrät, ob Sie bleiben oder gehen sollten: Wie schlimm wäre es, wenn Ihr Partner oder Ihre Partnerin sich überhaupt nicht änderte?

THERAPIE, PAARBERATUNG
& (SELBST)COACHING

Konkrete Hilfestellung

Hop oder top, gehen oder bleiben? Lohnt sich mein Engagement, ist da überhaupt noch etwas zu retten – oder läuft es bei genauer Betrachtung vielleicht sogar besser als gedacht? Wir hoffen, dass die vielen ausgewählten und vorgestellten Studien und Forschungsergebnisse Ihnen dabei geholfen haben, den Status Ihrer Beziehung besser einschätzen zu können.

Wo es sinnvoll war, haben wir jeweils im Anschluss konkrete Deutungs- und vor allem auch Handlungsmöglichkeiten genannt. Denn was nützt die schönste Studie, wenn man mit ihr nichts Nützliches anfangen kann?

Am Ende des Buches möchten wir den Fokus noch etwas erweitern. Denn Studien erfassen, was wie ist. Was wie funktioniert oder auch nicht. Im Alltag von Coaches und (Paar) Therapeuten geht es darum, praktische Lösungen für konkrete Problemsituationen zu finden. Die häufiger sind als die Betroffenen glauben. Oder anders gesagt: Viele Paare haben ähnliche Schwierigkeiten.

Auch die Therapie, als Unterwissenschaft der Psychologie, entwickelt sich weiter. Die Arbeitsweise und die Empfehlungen von Therapeuten und Coaches heutzutage unterscheiden sich grundlegend von dem, was man auch nur vor zehn oder gar zwanzig oder fünfzig Jahren tat und riet. Deshalb fassen wir im Folgenden einige uns besonders hilfreich erscheinende aktuelle Therapie- und Selbstcoaching-Konzepte zusammen. Sie schaffen Möglichkeiten, selbst etwas gegen die Verschlechterung oder für die Verbesserung der eigenen Beziehung zu tun.

Grundsätzlich besteht der Unterschied zwischen Therapeut und Coach in der Ausbildung. Als Faustregel kann man sagen, dass Therapeuten, anders als Coaches, über eine mehrjährige universitäre Ausbildung verfügen. Therapeuten, es sei denn, sie therapieren nur auf der Basis einer heilpraktischen Ausbildung, sind Ärzte und können daher auch mit den Krankenkassen abrechnen.

In der Therapie ist eine akute Krise oft der Anlass für den Blick auf Grundsätzliches. Coaching ist meist auf schnellere Erfolge ausgerichtet und schaut sich grundlegende Probleme nur an, wenn nötig. Ganz allgemein verknappt, geht Coaching etwas schneller, und eine Therapie geht etwas tiefer.

Der Übergang zwischen therapeutischem Vorgehen und Coaching ist fließend. So ist beispielsweise die Bestsellerautorin Stefanie Stahl („Das Kind in dir muss Heimat finden") zwar Psychologin und Therapeutin. Doch ihre Bücher fordern klar zur eigenständigen Arbeit auf. Zudem arbeiten viele Coaches heutzutage ohnehin auf der Basis fundierter psychologischer Erkenntnisse, und Therapeuten setzen regelmäßig Coaching-Techniken ein.

In der persönlichen Behandlung sind Sympathie und Geschick meist relevanter als die formale Ausbildung. Unsere folgende Zusammenstellung kann eine nötige (Paar)Therapie nicht ersetzen. Sie ist eher als eine Ergänzung zu den Studienergebnissen aus den vorigen Abschnitten gedacht. So wie auch nicht alle Studien relevant für Sie und Ihr Leben sind, sind es auch nicht alle Therapieansätze oder Coachingtechniken. Aber es sind bestimmt ein paar dabei, die Sie interessieren oder die Ihnen nützen.

JOHN GOTTMAN: DIE VERMESSUNG DER LIEBE

Auf der Schnittstelle zwischen Forschung und Beziehungstipps begegnen wir John Gottman. Er gilt als „Papst der Paartherapie“[344] und „Einstein der Liebe“[345]. Warum? Weil seine Einsichten und Tipps einerseits revolutionär sind, andererseits leicht verständlich, gut umsetzbar und vor allem plausibel. Von ihm stammt unter anderem die bekannte Fünf-zu-eins-Regel. Sie besagt, dass man für eine glückliche Beziehung pro kritischer Bemerkung zum Ausgleich mindestens fünf nette Dinge sagen sollte. Dieses Verhältnis wird in Fachkreisen sogar als Gottman-Konstante bezeichnet[346].

Wie forscht Gottman nun, und wie belastbar sind seine Ergebnisse, die er als Autor oder Co-Autor in immerhin über 200[347] Studien, zahlreichen wissenschaftlichen Veröffentlichungen Aufsätzen und sechs Büchern festhielt? Seit 40 Jahren beobachtet Gottman Paare. Seine These: Wie wir im Alltag miteinander umgehen ist entscheidend dafür, wie zufrieden wir miteinander sind – und damit auch dafür, wie wahrscheinlich die Beziehung hält oder scheitert. Nicht die „großen Momente“ sind es, die große Auswirkungen hätten. Sondern die zahllosen kleinen. Das ist insofern wirklich ungewöhnlich, weil sich fast alle Kollegen wahlweise auf „besser streiten“ oder „zusammen tolle Sachen erleben“ konzentrieren. Ist es besser, Schwächen zu lindern oder Stärken hervorzuheben? Gottman sagt: Keines von beidem, am wichtigsten ist, wie wir tagein, tagaus miteinander umgehen.

Bekannt wurde er dafür, nach nur wenigen Minuten Beobachtung eines Paares zu 90 Prozent korrekt sagen zu können, ob dieses sich innerhalb der nächsten sechs Jahre trennen wird. Das ist jedoch nur halb richtig. Denn seine Studien sind keine Vorhersagen, sondern Rückblicke. Sie funktionieren so: Gottman und Kollegen lassen Paare in ihrem „LoveLab" – einer künstlichen Wohnung, in der alle Interaktionen auf Video aufgenommen werden (ja, genau wie in der „Truman Show", aber freiwillig) – Diskussionen führen[348]. Anschließend analysieren sie die Kommunikation so detailliert wie möglich. Ebenso werden Blutdruck, Puls und die Leitfähigkeit der Haut (ein Indikator für Stress) ausgewertet[349]. Jahre später fragt das Gottman Institute bei den Teilnehmerinnen und Teilnehmern nach, ob sie noch zusammen sind oder nicht. Dann wird rückblickend[350] ermittelt, ob es kommunikative Eigenheiten gibt, die alle oder zumindest möglichst viele der mittlerweile getrennten Paare Jahre zuvor aufwiesen. Und es geht dabei wirklich um Kleinigkeiten: Schaut jemand weg, verdreht die Augen, verzieht den Mund, macht eine wegwerfende Handbewegung, verwendet einen herablassenden Tonfall[351]?

Fand Gottman Anzeichen oder sogar Ursachen?

Diese scheinbar entscheidenden Kleinigkeiten spielen tatsächlich eine Rolle. Viele der Paare, die sich später trennten, zeigten ähnliche kommunikative Verhaltensweisen. Kann man daraus nun schließen, dass sie die Ursache der Trennungen darstellten? Oder war es vielleicht einfach nur Zufall? (Sie erinnern sich, die Anzahl der Hochzeiten in Hawaii von 1999 bis 2005 weist eine Übereinstimmung von immerhin knapp 95 Prozent mit der Preisentwicklung einer handelsüblichen Tüte Kartoffelchips im selben Zeitraum auf.) Wissenschaftlich gefragt also: Kausalität (Ursache) oder „nur" Korrelation (Zusammenhang)?
Bei Gottman sprechen vor allem drei Dinge für Kausalität:

1. Seine Ergebnisse wurden nicht nur in Büchern, sondern auch in vielen Studien veröffentlicht, die „peer reviewed" wurden, also von anerkannten Kollegen überprüft. Sie scheinen also Fachleuten zumindest sinnvoll nachvollziehbar.

2. Sie haben sich in verschiedenen Studien[352] immer wieder feststellen lassen, sind also reproduzierbar. (Das ginge mit den Hochzeiten auf Hawaii und dem Chipspreis nicht!)

3. Am wichtigsten jedoch: Was Gottman empfiehlt, besteht den Praxistest. Man kann nachvollziehen, warum bestimmte Kommunikationsformen bestimmte Botschaften aussenden und warum dies für eine Beziehung auf Dauer tödlich sein kann. Man kann in sich hineinhorchen, ob man lieber wie in den dauerhaften oder wie in den problematischen Beziehungen behandelt werden möchte. Und vor allem: Sie können es ausprobieren – halten Sie sich probeweise an Gottmans Vorschläge und warten Sie ab, was passiert!

Damit genug der Vorrede und, wie man im Norden so schön sagt: Butter bei die Fische. (Das passt, weil Gottman sein neues Labor im Hafenort Seattle hat.) Gottman machte vier „apokalyptische Reiter"[353] aus[354]:

- Kritik
- Rechtfertigung
- Verachtung
- Mauern

Kritik tritt im Alltag am häufigsten auf. Das von Gottman beobachtete Problem bestand vor allem darin, den Partner oder die Partnerin persönlich anzugreifen (die Soziologin Dr. Brené Brown würde ein solches Verhalten als „beschämen" bezeichnen). Im Grunde geht es um: „Ich fand das nicht okay" im Gegensatz zu „Du bist nicht okay." Konkret: „Als du zu spät kamst und dich nicht gemeldet hast, habe ich mir Sorgen gemacht und mich herabgesetzt gefühlt" (eine Ichbotschaft zu einem erlebten Verhalten des Partners) – voll in Ordnung. Kein gutes Zeichen hingegen: „Immer kommst du zu spät! Auf dich ist einfach kein Verlass! Andere Menschen sind dir egal, du bist wirklich furchtbar egoistisch!" Generalisierend durch das „Immer", ohne Ichaussage und vor allen Dingen sehr auf die Persönlichkeit abzielend = kein gut verdaulicher Mix.

Häufig folgt auf Kritik eine **Rechtfertigung**. Wir fühlen uns angegriffen und schlagen zurück: „Als ob auf dich immer Verlass wäre! Wer hat denn das Geschenk für deine Mutter besorgt? Und außerdem habe ich im Büro gerade furchtbar viel zu tun. Aber das interessiert dich ja nicht!"

Mit der Zeit schleicht sich **Verachtung** ein. Kennen Sie, oder?

Und schließlich folgt das **Mauern**. Wir schweigen, behaupten alles wäre in Ordnung, lassen den anderen oder die andere nicht mehr an uns ran. Das erscheint im Moment wie ein Selbstschutz. Wir wollen den Streit und den Nerv nicht mehr, unser Gegenüber ist sowieso blöd, das bringt doch alles nichts, ich will bloß noch meine Ruhe. Diese Angewohnheit wieder abzulegen ist am schwersten.

Was tun[355]? Erst mal: darauf achten. (Eine naheliegende Alternative wäre, bei Ihrem Partner oder Ihrer Partnerin darauf zu achten und ihm oder ihr entsprechende Vorwürfe zu machen. Leider wenig hilfreich.) Also: darauf achten, ob und wann und wie wir selbst diese vier Verhaltensweisen an den Tag legen.

Dann: **Kritik** ersetzen durch die berühmten „Ichbotschaften". Eine Ich-Botschaft ist NICHT, zu sagen: „Ich finde dich blöd", oder „Ich finde, du bist ein Egoist". Eine Ichbotschaft ist: „Ich mache mir Sorgen", „Ich habe Angst", „Ich fühle mich nicht ausreichend berücksichtigt." Das ist schwieriger als es klingt, aber es geht. Denn es geht um Selbstoffenbarung: Ich beschreibe, wie es mir geht und hoffe, dass das beim Gegenüber Einsicht oder Verständnis auslöst.

Eine gut formulierte Ichbotschaft

... drängt den anderen nicht in die Defensive,

... ist ehrlich und mutig,

... gibt persönliche Eindrücke möglichst konkret wieder,

... erklärt, was das Verhalten des anderen für Gefühle bei einem selbst auslöst,

... kann mit einem Appell an den anderen enden, wobei das oft heikel ist, weil es beim anderen ankommen kann wie ein verpackter Befehl.

Eine gelungene Ichbotschaft folgt der Formel:

Ich + Sachaussage + meine Bedürfnisse und Gefühle + wahlweise mein Appell

Ichbotschaften funktionieren übrigens auch in einem Satz: „Wenn du mich anschreist, bekomme ich Angst und kann nicht mehr richtig zuhören." Im Übrigen sollten wir laut Gottman die üblichen **Rechtfertigungen** ersetzen durch Entschuldigungen. Fast immer ist irgendwas Wahres dran an den Vorwürfen, die wir zu hören bekommen. Übernehmen Sie die Verantwortung für diesen Teil und entschuldigen Sie sich gegebenenfalls: „Es tut mir leid, dass ich zu spät gekommen bin, bitte entschuldige", „Entschuldige, dass ich vergessen habe, Milch zu kaufen. Ich habe nicht daran gedacht." Der Clou besteht darin, danach aufzuhören, und die Entschuldigung nicht zum Sprungbrett für die nächste Rechtfertigung zu machen.

Wenn Sie Ihren Partner oder Ihre Partnerin wirklich verachten, sollten Sie sich trennen. Das ist für alle besser. Wenn die **Verachtung** jedoch aus dem Alltag gewachsen ist, Sie in ruhigen Momenten aber trotzdem noch an das Gute erinnern, dann kultivieren Sie diese positive Sichtweise. Natürlich gibt es Momente, in denen Ihr Gegenüber nicht Ihren Erwartungen entspricht. Doch daneben ist reichlich Platz für die Momente, in denen er oder sie nett ist, klug, witzig, einfühlsam, zuverlässig. Versuchen Sie, das eine und das andere zu sehen.

Und wenn Ihnen danach ist zu **mauern,** holen Sie tief Luft, lernen Sie, sich selbst zu beruhigen, machen Sie einen kurzen Spaziergang. Lenken Sie sich ab und tun Sie sich etwas Gutes. Versuchen Sie, es zu bemerken, wenn Sie bockig oder trotzig werden, und sich dann nicht diesen Schein-Triumph zu gönnen und den anderen oder die andere so richtig auflaufen zu lassen. Besser: Pause machen und später wieder so freundlich wie möglich entweder weiterdiskutieren, wenn nötig, oder einfach mit dem Tag fortfahren. Denn tatsächlich lässt sich nachweisen[356], dass ein derartiger Komplett-Zusammenbruch der Kommunikation die Gefahr für Depressionssymptome bei beiden Partnern erheblich erhöht.

Warum wir Beziehungen führen – und wie wir sie ganz aus Versehen kaputt machen

Gottman ist der Ansicht, dass wir in einer Beziehung vor allem emotionale Sicherheit suchen[357]. Alle Alltagsinteraktionen dienen zumindest auch dem Zweck, uns dieser Sicherheit entweder zu vergewissern oder sie wiederherzustellen. Hält man das für plausibel und beginnt es im Alltag mitzudenken, ergeben sich völlig neue Interpretationen der eigenen Verhaltensweisen sowie der des Partners oder der Partnerin. Gottman fasst Dinge, die wir sagen, als Angebote zur Kommunikation auf. Eines der wichtigsten Ergebnisse seiner Paarbeobachtungen war nämlich, dass der Großteil unserer Kommunikation aus völlig unwichtigem Kram besteht. Warum sagen wir diese Dinge? Gottman vermutet: Weil wir eine positive Reaktion erhalten wollen!

Ein Beispiel[358] macht das deutlich. Nehmen wir an, die Frau mag Vögel und entdeckt einen Spatz auf dem Balkon. Daraufhin sagt sie zu ihrem Mann: „Guck mal, der niedliche kleine Spatz da." Dabei ist nicht so wahnsinnig wichtig, dass da draußen ein niedlicher kleiner Spatz sitzt, den der Mann unbedingt sehen müsste. Sondern die Frau hofft auf eine positive Entgegnung, die ihr Vertrauen in die Beziehung vergrößert. Nun hat er im Wesentlichen zwei Möglichkeiten: Er kann sich ihr „zuwenden" oder sich von ihr „abwenden", sie also mehr oder weniger ignorieren und auflaufen lassen.

- Zuwendung hieße, die Zeitung oder das Handy sinken zu lassen, sich den Spatz anzuschauen, und zumindest kurz mit der Ehefrau darüber zu reden.

- Abwendung hieße, entweder wortlos weiterzulesen und höchstens noch desinteressiert „hm, hm“ zu brummeln. Oder, schlimmer noch, zu kritisieren: „Du immer mit deinen blöden Vögeln! Das interessiert doch keinen Menschen! Siehst du nicht, dass ich lese?!“

Nun ist es völlig normal, dass wir nicht immer begeistert juchzen, egal was unser Partner oder unsere Partnerin gerade sagt. Doch Gottman stellte fest: Bei Paaren, die verheiratet blieben, betrug das Verhältnis von positiven zu negativen Kontakten mindestens fünf zu eins. Pro unerfreulicher Interaktion brauchen wir mindestens fünf positive Momente, um uns insgesamt zufrieden und geborgen zu fühlen.

Anders gesagt: Der wichtigste und überraschendste Faktor der Beobachtungen besteht darin, wie sehr sich das Verhalten der Partner gegenseitig beeinflusst, und wie schwer dabei auch kleinste negative Elemente wiegen[359].

In der Praxis ist es nicht so einfach, die negativen Kontakte zu verringern, weil sie vielen von uns „so rausrutschen“. Es geht, aber es ist Arbeit. Was hingegen jede und jeder sofort kann, ist die Zahl der positiven Bemerkungen zu vergrößern. Ein Dank, ein Kompliment, eine Anerkennung, aufmerksam zuhören – alles zählt! Auch Handlungen gelten: Müll rausbringen, nette Textnachricht schreiben, Spülmaschine ausräumen (s.S. 253).

Wer derartige Gespräche und Aktionen nicht gewohnt ist, findet sie anfangs merkwürdig und vielleicht sogar nutzlos. Warum jemandem Komplimente über die Frisur machen oder sich ausdrücklich fürs Rasenmähen bedanken? Warum die Spülmaschine ausräumen, obwohl das doch nicht der vereinbarten Aufgabenverteilung entspricht, und wozu nichtssagenden

Unsinn per Textnachricht versenden? Das ist doch albern, und warum soll ich auf einmal so freundlich „tun“? Unser Tipp: Ignorieren Sie dieses Gefühl einfach und seien Sie weiter nett. Denn über zu wenig Komplimente und Freundlichkeit zerbrechen Ehen, aber über zu viele Komplimente und Freundlichkeit hat sich noch niemand beschwert.

Das heißt im Übrigen keineswegs, dass Probleme unter den Teppich gekehrt werden sollten. Im Gegenteil. Die erfolgreichsten Beziehungen waren in Gottmans Lovelab-Studien die[360], in denen Partner es einander ermöglichten, regelmäßig im Alltag Kritik zu äußern. So lassen sich Probleme und Krisen frühzeitig klären oder lösen, und das Klima bleibt freundlich und konstruktiv. (Das mag einer der Gründe sein, warum regelmäßige Achtsamkeitsübungen die Beziehungszufriedenheit erhöhen, s. S. 181, denn Achtsamkeit trägt dazu bei, dass wir auch kleinere Stimmungsveränderungen bei uns selbst bemerken und zum Ausdruck bringen können.)

Gottman ist allerdings nicht unumstritten, manchen Kritikern gilt er als antiquiert, u. a. wegen Machoaussagen wie:

> *„Wenn der Ehebruch mit einer Prostituierten erfolgte, ist das nicht so schlimm.“*
>
> *„Wenn Sie häufiger mit Ihrem Partner ins Bett gegangen wären, wäre er nicht fremdgegangen.“*
>
> *„Frauen müssen akzeptieren, dass Männer eben Männer sind.“*
>
> *„Das eigentliche Ziel besteht darin, die Ehe zu retten – koste es, was es wolle.“*[36]

Gelten Gottmans Empfehlungen auch für gleichgeschlechtliche Paare?

Noch ein Hinweis zum Schluss: Viele Studien Gottmans beschäftigen sich speziell mit gleichgeschlechtlichen Partnerschaften. Ergebnis: Schwule bzw. lesbische Paare verhalten sich zwar in Details anders als heterosexuelle. Der größte Unterschied scheint zu sein, dass es zwei Frauen in der Tendenz leichter fällt, miteinander über Probleme zu reden, zwei Männern eher schwerer als dem Durchschnitt[362]. Alle weiteren Beobachtungen Gottmans ließen sich jedoch reproduzieren, d. h., auch gleichgeschlechtliche Paare sollten die vier apokalyptischen Reiter meiden.

BRIAN OGOLSKY: DER ALLESWISSER

Brian Ogolsky, „Romantic Relationship Researcher"[363] an der Universität Illinois, fraß sich wie die kleine Raupe Nimmersatt durch über 1100 Beziehungsstudien aus 50 Jahren. Seine Motivation: „Meine Kollegen verbringen so viel Zeit damit, Beziehungskrisen vorherzusagen. Ich wollte lieber versuchen, so gut es geht, die positiven Seiten der Partnerschaft herauszuarbeiten."[364]

Ogolsky unterteilte die Ergebnisse[365] in zwei Bereiche: Problemvermeidung und Beziehungsverbesserung. Natürlich gibt es Überschneidungen – was die Liebe nährt, vermeidet zugleich eine Trennung. Eine weitere Beobachtung: Manche Tipps lassen sich allein umsetzen, manche nur gemeinsam. 17 Strategien wurden in den von Ogolsky untersuchten Studien am häufigsten empfohlen:

Krisenvermeidung für mich:

1. **Nicht fremdflirten.** Personen in langandauernden Beziehungen entscheiden sich immer wieder aktiv dagegen, mit

dritten zu flirten. Dazu vergegenwärtigen sie sich, welche Vorteile ihr aktueller Partner gegenüber einem möglichen Interessenten hat.

2. **Partner idealisieren.** Beziehungsprofis bemühen sich, den eigenen Partner möglichst positiv wahrzunehmen. Sie schätzen sie oder ihn als deutlich attraktiver oder männlicher ein, als objektive Beobachter dies tun, und sie sind der Ansicht, die Beziehung wäre etwas ganz Besonderes und von überdurchschnittlicher Qualität. Vermutlich stabilisiert das die Partnerschaft, da das Gefühl, besser als andere zu sein, motiviert, so weiterzumachen.

3. **Verhalten der Partnerin bzw. des Partners positiv deuten.** In stabilen Beziehungen gehen die Beteiligten davon aus, dass der oder die andere es gut meint und das Beste im Sinn hat. Wie schon der vorige Punkt lässt sich diese Haltung nicht erzwingen, aber in gewissem Maße kultivieren. Ziel ist nicht, sich blind zu stellen fiesem Verhalten gegenüber. Sondern das vorhandene Gute dem eigenen Gehirn gegenüber ein wenig überzubetonen.

Krisenvermeidung für Paare:

4. **Sich einigen können**. Paare in langen, zufriedenstellenden Beziehungen haben Möglichkeiten gefunden, Konflikte zu lösen. Wichtig ist nicht, wie Ihnen das gelingt. Nur, dass es gelingt. Sie können Kompromisse machen, nachgeben, mit unterschiedlichen Positionen leben, sich entschuldigen. Entscheidend ist, dass Sie nicht dauernd streiten, sondern sich darauf verlassen können, dass Sie im Normalfall eine Meinungsverschiedenheit einigermaßen konstruktiv klären

können. (Das größte Problem trat übrigens bei Paaren auf, die nicht mal mehr streiten, sondern mauern oder einfach „auf Durchzug" schalten – siehe den schlimmsten apokalyptischen Reiter oben bei John Gottman.)

5. **Vergeben.** Das ist ein schwieriger Tipp, und hier zeigt sich auch die Problematik des gezielt positiven Ansatzes. Viele Studien stellen fest, dass Paare, die einander nicht vergeben können, sich früher oder später trennen. Das ist ja auch nachvollziehbar. Der Rückschluss, dass es der Beziehung nützt, einander zu vergeben, scheint aber nicht so ganz belastbar. Natürlich ist es gut und hilfreich, einander ab und zu, wenn es angemessen ist, zu vergeben, statt am eigenen Groll festzuhalten. Das ist nicht leicht, aber gut für die Seele. Nicht so nützlich ist es dagegen, immer zu vergeben, also jedes beliebige Verhalten zu tolerieren. Damit bringt man Leuten, die sich rücksichtlos verhalten, ja geradezu bei, dass sie damit durchkommen. Deshalb mahnt auch Ogolsky selbst, man solle sich nicht ausnutzen lassen. Wohl aber sei es von Vorteil für die Liebe, wenn Paare die Möglichkeit der gegenseitigen Vergebung im Repertoire haben.

6. **Nachgeben.** Auch hier geht es ums Gleichgewicht. Wenn eine*r immer nachgibt, entsteht auf die Dauer Unzufriedenheit. Tue hingegen ich heute was für dich und du morgen für mich, ist das erfreulich. Achtung: Nachgeben ist nicht unbedingt dasselbe wie Kompromisse zu schließen. Nachgeben bedeutet, etwas dem anderen oder der anderen zuliebe zu tun und jedenfalls nicht unmittelbar aufzurechnen oder eine direkte Gegenleistung zu erwarten.

7. **Einander unterstützen.** Dem Partner oder der Partnerin dabei zu helfen, (langfristige) Pläne zu schmieden und Ziele zu erreichen, ist ein starkes Aphrodisiakum. Partner stimmen dafür oft ihre Handlungen aufeinander ab, was die Beziehung ebenfalls stärkt.

8. **Gegenseitig entstressen.** Job, Geld, Haushalt – viele Paare schaffen es, diese und andere Stressfaktoren füreinander noch zu verschlimmern. Gelingt es Ihnen, einander in schwierigen Momenten beizustehen und zu beruhigen, lassen sich harte Zeiten leichter gemeinsam durchstehen.

Beziehungsverbesserung für mich:

9. **Im Team denken.** Paare, die sich als ein „wir" auffassen, bleiben länger zusammen. Das ist in der Negativvariante leicht nachvollziehbar: Wenn Sie einander ausschließlich als „ich" und „du" ansehen, ist der Zusammenhalt deutlich schwächer. Die Beobachtung, dass solche Paare nicht so lange zusammenbleiben, ist nachvollziehbar. Diese Form der Beziehungsverbesserung ist tatsächlich, wenn Sie sich dazu entschließen, leicht umzusetzen: Sie verwenden bewusst ab jetzt das Personalpronomen „wir", wenn Sie über sich und Ihre Partnerin bzw. Ihren Partner sprechen, und warten ab, welche (positiven) Auswirkungen das hat.

10. **Großzügigkeit.** Spielt hinein in Vorschläge wie „Vergebung", „Unterstützung" und „Einigung". Spontane Nettigkeiten dem anderen bzw. der anderen gegenüber zahlen auf das Beziehungskonto ein. Sie können Blumen mitbringen, das Bett machen oder die Geschirrspülmaschine ausräumen, obwohl Sie gar nicht dran wären. (Achtung, wenn Sie

im Anschluss triumphierend darauf hinweisen, wandelt sich die Großzügigkeit in Kleinkrämerei.)

11. **Dankbarkeit.** Paare, die sich nicht gut verstehen, geben zu Protokoll, dass sie nicht besonders dankbar dafür waren, mit Ihrem Partner zusammenzuleben. Und dieser Partner brauchte auch keine Dankbarkeit dafür zum Ausdruck, mit ihnen zusammenzuleben. Umgekehrt sind Paare, die lange zusammenbleiben, nicht nur dankbar für das gemeinsame Glück und den Beitrag aller Beteiligten daran, sondern sie sagen (oder zeigen) es auch! Denn woher soll Ihr Gegenüber sonst wissen, wie dankbar Sie sind?

12. **Beten.** Hier wird deutlich, dass die untersuchten Studien a) älter und b) aus den USA sind. Aber Daten sind nun einmal Daten, und die Erhebungen zeigen deutlich: Menschen, die für ihren Partner beten, sind überdurchschnittlich oft in langandauernden und von ihnen als zufriedenstellenden bezeichneten Beziehungen. Dafür kann es nun natürlich verschiedene Gründe geben. a) Gott freut sich und hält seine schützende Hand über das Paar. Kann man jedenfalls nicht ausschließen. b) Gläubige Paare sind vielleicht konservativer oder genügsamer, und daher länger zufriedener mit ihren Beziehungen, und/oder Trennung kommt für sie aus religiösen Gründen nicht in Frage. c) Vielleicht funktioniert „beten" auch eher so wie Achtsamkeit für die Beziehung, man denkt in positivem Kontext an sie, nimmt sich (unbewusst) vor, selbst zu tun, was nötig ist, um die Liebe am Leben zu halten. Jedenfalls: Wenn Sie beten, dann machen Sie ruhig weiter damit! Dies deckt sich übrigens mit dem Befund einer Studie[366],

die den Zusammenhang zwischen sexueller Zufriedenheit und gemeinsam ausgeübter Religion untersuchte: Personen, die zu Hause zusammen beten, geben eine höhere sexuelle Zufriedenheit zu Protokoll, als diejenigen, die nicht zusammen beten. Mögliche Gründe: s. a) und b) oben, außerdem sorgen miteinander geteilte weltanschauliche (und damit eben auch religiöse) Überzeugungen sicher für ein Gefühl der Nähe und Vertrautheit.

Beziehungsverbesserung im Team (s. Punkt 9):

13. **Offen kommunizieren.** Unzufriedene Paare schmollen, schweigen, bocken. Zufriedene Paare erkundigen sich regelmäßig und auch in konfliktreichen Phasen ehrlich interessiert danach, wie es dem anderen bzw. der anderen geht.

14. **Beziehungsgespräche.** Erfolgreiche Paare besprechen regelmäßig, wie sie die Beziehung gerade empfinden, welche Probleme sie sehen, was sie sich für die Zukunft wünschen. So entsteht eine Art „Außensicht" auf die Beziehung, und es wird deutlicher, was „wir" gemeinsam erreichen wollen, d. h., das Team wird gestärkt.

15. **Zuhören.** Es klingt banal, ist aber möglicherweise einer der wichtigsten Faktoren für die Beziehungszufriedenheit: Paare, die lange glücklich miteinander sind, hören einander zu. Was heißt das? Es heißt, wenn Ihr Partner mit Ihnen spricht, legen Sie das Handy oder die Zeitung weg. Oder schalten den Fernseher aus. (Oder Sie sagen: „Ich möchte gern die Nachrichten sehen, können wir das nachher besprechen?") Das bedeutet einerseits, dass Sie das Kommunikationsangebot (s. Gottman) ernst und annehmen.

Es bedeutet andererseits auch, dass Sie (wie später bei Holger Kuntze beschrieben) bereit sind, vorurteilsfrei zuzuhören. Es geht nicht darum, zu helfen, zu trösten, Probleme zu lösen. Es geht um Aufmerksamkeit!

16. **Humor.** Sarkasmus: Schlecht! Zynismus: Schlecht! Über sich selbst lachen können: Gut! Das Witzige an einer schwierigen oder ernsthaften Situation bemerken: gut! Humor ist vielleicht das am schwierigsten zu erlernende Beziehungsschmiermittel. Aber auch eines der allerbesten! Mit Humor lassen sich Probleme entschärfen und Sorgen lindern.

17. **Gemeinsame Unternehmungen.** In der Freizeit etwas Angenehmes mit dem Partner zu unternehmen, hilft vermutlich dabei, die jeweiligen Rollen in der Ehe auszuhandeln und Spannung abzubauen (indem man nicht nur „nützliche", sondern auch erfreuliche Tätigkeiten teilt). Dies ist eine gute Möglichkeit, das Schließen von Kompromissen zu üben (Punkte 3 und 6), im Team zu denken und sich dabei zu unterstützen, vom Alltag zu entspannen (Punkte 8 und 9), und wenn Ihnen danach ist, können Sie ja zusammen auch was Kreatives oder Abenteuerliches machen, das belebt die Beziehung noch mehr[367].

Lassen Sie sich von dieser anspruchsvollen Sammlung nicht zu sehr unter Druck setzen. Es geht nicht darum, immer alles richtig zu machen. Unser Ziel ist nur, Ihnen eine Vorstellung davon zu vermitteln, was hilfreich und was eher schädlich sein könnte. Vielleicht fällt Ihnen dabei ein „blinder Fleck" auf – ein Bereich, den Sie bisher noch gar nicht wahrgenommen haben. Oder Sie denken sich: Hey, da kann ich ohne viel Mühe richtig Gas geben!

Was die Studienergebnisse angeht, so müssen unserer Ansicht nach auch immer zwei Aspekte ganz besonders bedacht werden: Erstens handelt es sich um Durchschnittswerte. In diesem Fall sogar um die Durchschnitte von Durchschnittswerten, weil ja über mehr als 1000 Studien hinweg gemittelt wurde. Das erhöht einerseits die Aussagekraft, andererseits bleibt das Individuelle dabei ganz und gar auf der Strecke. Zweitens werden viele Befragungen an Studenten vorgenommen, weil Forscher auf die leicht zugreifen können. Aber sind Studenten und ihre Beziehungen repräsentativ? Natürlich nicht!

Deshalb lesen Sie die Liste oben bitte als uns plausibel erscheinende Anregung, was Sie tun könnten, um Ihre Beziehung zu verbessern oder jedenfalls nicht zu verschlechtern. Oder auch als Anregung dazu, das Gespräch darüber (Punkt 14) mit Ihrem Partner oder Ihrer Partnerin zu suchen.

SUE JOHNSON: NOCH EINMAL MIT GEFÜHL

Psychologie-Professorin aus Kanada entwickelte die sogenannte „Emotionsfokussierte Therapie" (kurz: EFT), weil sie der Ansicht war, dass wir uns den Problemen unserer Partnerschaft zu sehr mithilfe von Verstand und Sprache nähern. Dabei müssten wir uns ihrer Ansicht nach doch viel mehr mit den Gefühlen befassen, sie seien der wahre Hebel, um Beziehungen zu verbessern! Denn wie kleine Kinder sehnen sich auch Erwachsene danach, in Beziehungen gesehen und gehalten zu werden.

Johnson betont, Liebesbeziehungen seien die Krönung des menschlichen Miteinanders, sie stimulieren unser persönliches Wachstum. Reifen könnten wir am besten in einer Beziehung!

(Wichtig: Auch die esoterische Klopftechnik „Emotional Freedom Technique" wird EFT abgekürzt, die beiden Verfahren haben aber nichts miteinander zu tun.)

Die Emotionsfokussierte Therapie gilt als Prävention. Paare sollen in der Beratung lernen, sich einander zu- statt voneinander abzuwenden. EFT lässt sich somit nicht allein zu Hause anwenden, denn es ist eine bestimmte Form der Bearbeitung von Beziehungsproblemen. Geprägt wurde Johnson bei der Entwicklung von EFT durch John Bowlbys Bindungstheorie (s. S. 81). Sie ist überzeugt, dass sein Beitrag zum Verständnis der menschlichen Psyche größer ist als der Sigmund Freuds. In einer erfolgreichen Beziehung würden beide Partner durch die sichere Bindung an den anderen bzw. die andere Stärke und Stabilität gewinnen. Geht diese sichere Bindung jedoch verloren, schalten wir direkt um auf „Kampf oder Flucht" (engl.: „fight or flight"), d. h., wir reagieren aggressiv oder wenden uns ab. Das Gehirn schaltet um auf die Angst vor Zurückweisung und Verlassenwerden. Denn wir wüssten intuitiv: Wenn wir rufen und keiner kommt, sind wir sehr verletzlich. EFT soll dabei helfen, diesen Mechanismus möglichst selten auszulösen.

Sowohl sichere als auch vermeidende Bindungstypen können mit Konflikten recht gut umgehen. Gefährdet sind Johnsons Ansicht nach vor allem ängstliche Bindungstypen, sie würden schon auf kleinste Krisen sehr intensiv reagieren, indem sie entweder

- klammern und fordern, oder
- sich in ihr Schneckenhaus zurückziehen, um sich zu beruhigen und zu schützen.

Anfangs hilft das, doch auf die Dauer entsteht so eine Spiralbewegung zunehmender Unsicherheit, die dazu beiträgt, dass sich die Partner innerlich immer weiter voneinander entfernen.

Johnson: „Wütende Kritik führt zu Abschottung und Zurückweisung – und Abschottung und Zurückweisung führen zu wütender Kritik. Es dreht sich im Kreis, im Kreis, im Kreis …“

Stärken stärken, statt Schwächen zu schwächen

Johnsons Ansicht nach beschäftigen sich die meisten Paartherapien zu ausführlich damit, das Austragen von Streit und Konflikten zu vermeiden oder zu verbessern. Doch das gehe am Kern der Sache vorbei. Denn anders als John Gottman ist sie der Ansicht, dass glückliche Paare auch nicht besser kommunizierten als unglückliche. Relevant sei vielmehr die emotionale Zugewandtheit der Beteiligten – und diese lasse sich mittels einer EFT-Therapie verbessern. Der große Vorteil der Kurzzeit-Interventionstechnik: EFT ist gut dokumentiert, was bedeutet, dass Therapeuten weltweit ähnlich arbeiten. Die Behandlung untergliedert sich in drei Teile mit insgesamt neun Schritten. Der Konflikt wird deeskaliert, im Anschluss wird der positive Teil der Beziehung gestärkt, und schließlich werden neue Wege gesucht, um zukünftige Konflikte konstruktiv zu bewältigen.

Im Grunde ist Johnsons Ansatz: Stärken stärken, statt Schwächen schwächen. Das hat sich mittlerweile auch im Management durchgesetzt. Statt Mitarbeiter aufwändig üben zu lassen, wie sie besser werden in Dingen, die ihnen schwerfallen, trainiert man heutzutage meist das, was jemandem ohnehin leichtfällt und gut gelingt – und versucht, denjenigen oder diejenige einfach so einzusetzen, dass die Schwachstellen kein großes Problem mehr darstellen.

Im Grunde bedeutet es, sich auf die positiven Fähigkeiten zu konzentrieren, diese deutlich in den Vordergrund zu rücken und für das, was nicht so gut läuft, eine Art Notfallplan zu erlernen.

Das funktioniert nicht nur im Arbeitsleben, sondern eben auch zu Hause. Vielleicht fällt es uns problemorientierten Deutschen ganz besonders schwer, doch zahlreiche Studien[368] belegen den Erfolg der Vorgehensweise. Und zwar sowohl für 08/15-Paare als auch insbesondere für Paare, die sich vor besondere Herausforderungen gestellt sehen, z. B. weil sie ein chronisch krankes Kind haben oder unter Trauma-Spätfolgen leiden. Über 70 Prozent aller Paare können, so das Ergebnis mehrerer Studien[369], mithilfe von EFT ihre Beziehungsprobleme „erfolgreich“ lösen, über 90 Prozent zeigen eine „deutliche Verbesserung“.

Im Rahmen der Therapie wird Teilnehmerinnen und Teilnehmern im Idealfall klar, dass ihre sichere Bindung zueinander verloren gegangen ist. Manchmal leiden sie an einem Tunnelblick, der das Gefühl erzeugt, der Lebensgefährte sei der Feind. Sie können zugeben, dass sie sich nach dieser sicheren Bindung sehnen und diese erreichen wollen. Und dann lernen und üben die Beteiligten, wie das konkret gelingen kann. Dabei zeigen die Untersuchungen nicht nur, dass EFT hilft, sondern auch, dass die gewünschten Veränderungen aus den vorhergesagten Gründen eintreten. Es ist also nicht nur klar, *dass* EFT wirkt, sondern auch *wie* und *warum*.

Für Menschen, deren Beziehung vor sich hindümpelt oder die vielleicht sogar in einer handfesten Krise stecken, mag ein Experiment[370] besonders interessant erscheinen. Therapieteilnehmerinnen wurde gebeten, sich in ein fMRI-Gerät zu legen, einen speziellen Magnetresonanzscanner, mit dessen Hilfe die Aktivitäten im Gehirn live mitverfolgt werden können. Nun erhielten die Teilnehmerinnen unter drei unterschiedlichen Bedingungen einen leichten Elektroschock:

- sie waren allein,
- ein Fremder hielt ihre Hand,
- der Partner hielt ihre Hand.

In allen drei Fällen empfanden sie Schmerz und Schreck etwa gleich.

Nach den EFT-Bindungsgesprächen wurde der Versuch wiederholt, und diesmal fanden sie den Elektroschock zwar immer noch unangenehm, wenn sie allein waren oder ein Fremder ihre Hand hielt. Doch wussten sie den Partner an ihrer Seite, so hatten sie weniger Angst und empfanden weniger Schmerz! Johnson: „Die Hand ihrer Ehemänner ist ein erstaunlicher Sicherheitshinweis. Das ist die Macht der Liebe, die Angst und Schmerz ausschalten kann! Deshalb sagt die Forschung, wir sind stärker und widerstandsfähiger, wenn wir mit jemandem verbunden sind, den wir lieben."

Liebe überhaupt möglich werden lassen

Johnson weist darauf hin, dass wir alle in ständiger Versuchung seien, wechselnde Sexualpartner zu haben, und dass dies in der Moderne leichter denn je möglich wäre. Doch zugleich wünschten wir uns eine tiefe, sichere monogame Beziehung. Und beides zugleich sei nun einmal nicht möglich. Dabei erwarteten wir mehr denn je von unseren Beziehungen, seit wir nicht mehr aus Gründen der Existenzsicherung heiraten. Deshalb sei es um so wichtiger, die Liebe ernst zu nehmen, sie zu einer Priorität zu machen, Zeit für Sie zu schaffen.

Eine sicherere Liebesbeziehung führe dann auch wieder zu mehr Sex. Denn auch dem Sex sollten wir uns nicht so verkopft und mechanistisch nähern, wie es oft geschieht. Johnson sieht gelungenen Sex als eine „mächtige Bindungs-Aktivität" an, die (wieder) möglich wird, wenn wir uns einander vertrauensvoll zugewandt fühlen: „Sex unterstützt Bindung völlig natürlich, und effektivere Bindung unterstützt Sex." Sex in einer sicheren Verbindung sei entspannt und vertrauensvoll. Gesteigerte Angst hingegen führe zu einem geringeren Maß an Erregung sowie abnehmenden Orgasmen.

Johnson betrachtet die angestrebte sichere Bindung als einen konstanten Prozess: Wir müssen uns aufeinander einstimmen und miteinander verbinden, doch immer wieder kommt es zu kleineren Konflikten, sodass die Verbindung verloren geht. Nun gilt es, sie zu reparieren und „sich wieder zu verlieben". Die dafür notwendigen Elemente bezeichnet Johnson mit dem Kürzel A.R.E.:

Accessibility (Zugänglichkeit)

Responsiveness (Zugewandtheit)

Engagement (Engagement).

Johnsons EFT ist einerseits eine erfolgreiche, zunehmend verbreitete Therapiemethode. In jeder größeren Stadt finden Sie mittlerweile deutsche EFT-Angebote. (Wie gesagt, nicht mit der „Klopftherapie" verwechseln.)

Andererseits zeichnet sich EFT durch ein interessantes Verständnis von Beziehungen aus. Im Mittelpunkt steht nicht die Interaktion (und wie man sie verbessern könnte), sondern der Wunsch nach einer sicheren Bindung (und wie man ihn erfüllen könnte). Oberflächlich betrachtet mag das ähnlich klingen. Lässt man es aber mal sacken, dann verändert sich der Blick auf Beziehungen. Als würde ihnen plötzlich ein Schimmer innewohnen, der nur darauf wartet, aufleuchten zu dürfen. Wenn Ihnen diese Perspektive interessant erscheint, empfehlen sich die folgenden beiden Bücher von Sue Johnson: *Halt mich fest* (2011), und *Liebe macht Sinn* (2017).

HOLGER KUNTZE: WENIGER IST MEHR

Jahrzehnte lang hat sich die Paartherapie darauf konzentriert, Probleme zu lösen. Vor allem sollten Paare lernen, „besser" zu streiten: aufmerksamer zuhören, weniger dazwischenfahren, die Wünsche des Partners oder der Partnerin wohlwollend prüfen.

Das passt einerseits beispielsweise zu Gottmans Ergebnissen, andererseits auch in die Zeit: Von 1950 bis 2000 wurde auch im Bereich der Unternehmen und der Arbeitswelt versucht, Schwächen zu verbessern. Wir sollten lernen, besser zu kommunizieren, zu führen, zu delegieren. In regelmäßigen Feedbackgesprächen bekamen wir gesagt, was nicht klappt, und wann der Kurs stattfindet, in dem wir es lernen.

Mittlerweile hat sich der Wind gedreht. Job-Coaches und Managementberater setzen heutzutage eher darauf, Stärken zu stärken. Das heißt, man versucht zu ermitteln, was gut funktioniert, und macht dann mehr davon, oder macht es besser. Weder wir noch das Geschäftsmodell sollen ständig umgekrempelt werden. Im Gegenteil.

Auch im Personal Coaching verbreitet sich dieser Ansatz, nicht zuletzt auch durch das zunehmende Interesse an Achtsamkeit, Meditation und dem sogenannten „Selbstmitgefühl". Psychologen wie Kristen Neff[371] (in den USA) oder der Deutsche Andreas Knuf[372] engagieren sich für einen sanfteren Umgang mit uns selbst. Sie bestreiten nicht, dass wir Einfluss darauf haben, wie wir uns verhalten und auch auf unsere Persönlichkeit und Weltsicht. Doch sie plädieren dafür, in weit größerem Umfang als bisher anzunehmen, was ist. Sowohl uns selbst, so wie wir gerade sind, als auch das Leben insgesamt.

Auf den ersten Blick mag das frustrierend erscheinen, nimmt doch die Reichweite unseres Einflusses durch eine solche Haltung drastisch ab. Doch es folgt viel Zufriedenheit daraus, sich weniger gegen das Leben zu stemmen und mehr seinem Fluss zu folgen.

Auch in der Paartherapie fängt diese Sichtweise an, sich durchzusetzen. Nicht so sehr, weil sie nachweislich „richtig" wäre – wie sollte man das beurteilen? Sondern weil sie funktioniert und Erfolge bringt! Zu den Vorreitern der neuen inneren Freiheit gehört der Berliner Paartherapeut Holger Kuntze, der postuliert: „Lieben heißt wollen"[373]. Er unterscheidet ausdrücklich zwischen der Zeit der Verliebtheit (die nach etwa sechs bis zwölf Monaten zwangsläufig und unwiderruflich endet) und der Liebe. Die Verliebtheit überkommt uns, Gegenwehr zwecklos. Die Liebe hingegen ist, so Kuntze, eine Entscheidung. Wir entscheiden uns – je bewusster, desto besser – dafür, unser Leben mit jemand anderem zu teilen, unsere Zeit. Wir nehmen dabei billigend in Kauf, dass es auch mal schlechte Tage, Wochen oder sogar Monate und Jahre geben wird. Nicht kann, sondern wird. Das ist bei einer auf Dauer angelegten Partnerschaft schlicht Fakt. Es ist keine Frage des „ob", sondern nur des „wann".

Sollten wir uns einigen, um uns wohlzufühlen – oder müssen wir uns wohlfühlen, um uns einigen zu können?

Selbstverständlich haben wir jederzeit die Möglichkeit, die Beziehung zu beenden. Kuntze schlägt vor, dass wir uns grundsätzlich dagegen entscheiden und die Trennung nicht ständig als Entscheidungsoption abwägen. Das führe zu einem gelasseneren Umgang mit uns selbst, mit der Situation und mit einander.

Aus dieser eindeutig kooperativen Haltung heraus ließen sich dann viele Dinge konstruktiv verhandeln. Dieser Aspekt erscheint uns noch etwas vertragstheoretisch. Natürlich kann man jede Beziehung zweier Personen auffassen als einen unausgesprochenen Kontrakt. Aber ist das wirklich so? Funktionieren Beziehungen nur, wenn innerhalb eines (und sei es auch: imaginären) Vertragswerkes beide Seiten auf ihre Kosten kommen?

Im echten Leben scheint es eher andersherum zu sein: Wenn alle Beteiligten zufrieden sind und sich sicher und geborgen fühlen, sind sie zu Kompromissen, Opfern, Einsatz bereit. Und Kuntze weist den Weg dahin, indem er vorschlägt[374]:

1. Zuhören ist das neue Reden!

Lange haben wir gelernt, dass beide zum Ausdruck bringen können müssen, was sie sich wünschen, was sie bewegt, welche Bedürfnisse sie haben. Doch genau das misslingt in Krisensituationen immer wieder. Genau darum die zahlreichen Kurse, in denen man „besser streiten" lernen kann.

Kuntze & Co. setzen andersherum an. Wir müssten einander im ganz normalen Alltag viel bewusster und viel aufmerksamer zuhören. Denn häufig bestehen unsere Gespräche nur daraus, dass wir den anderen bzw. die andere reden lassen, bis wir endlich dran sind und entweder von unserem Tag erzählen können oder – noch besser – verkünden können, wie es wirklich ist oder besser geht. Doch Kuntze behauptet: Wir reden nicht, um verstanden zu werden, sondern um uns geborgen zu fühlen. Daraus folgt, dass wir keine Lösung wollen, sondern Gehaltenwerden.

Das gilt ganz besonders für schwierige oder Streitgespräche, aber auch im Alltag. Es ist sehr viel einfacher, diese neue

Haltung im Alltag einzuführen und zu üben, als in emotionalen Momenten.

Das besonders Tolle an Kuntzes Vorschlag, und ebenso übrigens am von Neff oder Knuf vorgestellten Selbstmitgefühl: Sie können einfach ganz alleine damit anfangen! Nächstes Mal, wenn Sie miteinander reden, hören Sie aufmerksam zu, statt „nebenbei" schon Ihre Antwort zurechtzulegen. Wenn Sie beim Zuhören gern etwas einwerfen möchten, sagen Sie: „Okay", „Ich höre dir zu", „Danke, dass du mir das mitteilst", „Danke für deine Offenheit" oder vielleicht auch „Was wünschst du dir von mir?" Inhaltliche Nachfragen sind ausdrücklich erlaubt, aber tappen Sie nicht in die Falle, eine scheinbare inhaltliche Nachfrage als passiv-aggressive Kritik zu nutzen („Was meinst du denn damit schon wieder?").

2. Trösten ist das neue Helfen!

In tausend Büchern steht, dass Frauen gehört werden wollen, aber Männer immer gleich versuchen, das Problem zu lösen. Stimmt vielleicht, vielleicht auch nicht. Jedenfalls vertritt Kuntze die Meinung: Wir erzählen in erster Linie nicht von unseren Problemen – auch nicht von den Beziehungsproblemen! – weil wir sie gelöst haben wollen. Sondern wir wollen getröstet werden.

Schalten wir direkt auf „helfen", bleibt die Emotion auf der Strecke. Dann geht es nicht mehr darum, wie jemand sich fühlt, sondern was zu tun ist, was zum Ziel führt. Maßnahmen müssen ergriffen und Verhaltensweisen verändert werden!

Doch laut Kuntze suchen wir in einer Liebesbeziehung vor allem das Gefühl, akzeptiert zu werden, so wie wir sind und so, wie es uns gerade geht. Wir möchten unser sogenanntes „So-sein“ leben dürfen.

Womit wir wieder beim (Selbst)Mitgefühl wären. Es ist alles, zweifelsohne, gerade so, wie es ist. Und die Versuchung ist groß, einen Sprung wagen zu wollen, um das unangenehme Gefühl zu vermeiden oder loszuwerden, und direkt Abhilfe zu schaffen. Doch das, glaubt Kuntze, ist nicht das Bedürfnis unseres Gegenübers. Deswegen können wir es noch so gut meinen: Wenn wir gleich helfen wollen, hilft es nicht.

Er empfiehlt stattdessen Sätze wie: „Du bist nicht allein“, „Ich bin da“, „Ich fühle mit dir“, „Es tut mir sehr leid, dass das passiert ist“ oder auch „Es ist okay, dass du traurig bist“.

Mit viel Einsatz, aber nicht um jeden Preis

Auf Seite 109 haben wir von einem Experiment berichtet, das ergab, dass Frauen es als größte Unterstützung empfinden, wenn der Partner oder die Partnerin ihnen in einer schwierigen Situation wortlos die Hand auf den Nacken legt oder sie dort sanft massiert. Und Männern half es am meisten, wenn sie darstellen konnten, wie sie das bevorstehende Problem lösen werden. In beiden Fällen wittern wir in der erwünschten, erhofften Haltung in etwa das, was Holger Kuntze anregt: Weniger machen, mehr da sein.

Er betont dabei auch und immer wieder, dass dies eine Entscheidung in Freiheit ist, die zugleich zu mehr innerer Freiheit führt. Heißt: Wir müssen nicht so handeln. Wir können. Wenn wir uns frei entscheiden, es zu tun, gewinnen wir damit den Freiraum, nicht ständig um alles kämpfen und streiten zu müssen. Sondern „einfach" mal sein zu dürfen, wie wir sind.

Dabei sollten Sie beachten, darauf weist auch Kuntze ausdrücklich hin:

- Es gibt Paare, die passen schlicht nicht gut zueinander. Das kann beispielsweise an unterschiedlichen Lebenszielen liegen, aber auch an den Bindungsstilen

- Besonders schwer haben es Paare, bei denen eine(r) an einer Sucht, Borderline, Narzissmus oder einer ausgeprägt passiv-aggressiven Persönlichkeit leidet. Kuntze geht so weit, dass er Betroffenen rät: „Beurteilen Sie Ihren Partner nach seinen Taten, nicht nach seinen Potenzialen"[375], und „falls Sie einen Partner haben, der nach einem der vier Muster Ihre Beziehung prägt, Sie darunter leiden, es Sie krank macht, Sie auspowert und Ihr Partner keinen Leidens- oder Veränderungsdruck sieht: Beenden Sie schnellstmöglich die Beziehung."[376]

Es geht also nicht darum, Verständnis aufzubringen um jeden Preis. Ziel ist vielmehr, das Kriegsbeil zu begraben. Beziehungen sind nicht fair, Menschen halten sich nicht immer an Vereinbarungen, und zur Verliebtheit wie am Anfang kann man nicht zurückkehren. Sofern Sie bereit sind, das zu akzeptieren, und wenn Sie über Ihre Partnerin oder Ihren Partner in einem ruhigen Moment sagen: Ich mag ihn/sie eigentlich schon sehr gern – dann haben Sie die Möglichkeit, sofort damit anzufangen, aufmerksamer zuzuhören, statt mehr zu reden, und zu trösten, statt helfen zu wollen.

Aus unserer Sicht schließt dieses Vorgehen an Gottman, Ogolsky und Johnson an, die letztlich alle auf ihre Weise feststellten: Paare, die sich nicht wie Feinde behandeln, haben echt bessere Chancen auf das Glück!

STEFANIE STAHL: AUSSÖHNUNG MIT DEM INNEREN KIND

Gut möglich, dass Sie den (selbst)therapeutischen Ansatz der Psychologin und Therapeutin Stefanie Stahl bereits kennen. Immerhin standen deren Bücher „Das Kind in dir muss Heimat finden“[377] und „Jeder ist beziehungsfähig“[378] mehrere Jahre (!) auf den Bestsellerlisten. Im Mittelpunkt von Stahls Vorgehensweise stehen die Themen „Bindungsangst“ und „Selbstwertgefühl“. Leicht nachvollziehbar ist:

1. Ein geringes Selbstwertgefühl ist im Alltag unangenehm.

2. Es führt zu Bindungsangst.

Außerdem entsteht eine Art Kreislauf: Das geringe Selbstwertgefühl führt zu Bindungsangst – und ein „Beziehungsversagen“ verstärkt wiederum das negative Selbstbild. Dieser Mechanismus lässt sich laut Stahl häufig auf Entwicklungen in der frühen Kindheit zurückführen, in manchen Fällen aber auch auf prägende schlechte Erfahrungen später im Leben.

Für ihren Therapieansatz entwickelte Stahl das starke Bild vom „Sonnenkind“ und vom „Schattenkind“ in jeder und jedem von uns. Im Sonnenkind steckt alles Schöne aus unserer Kindheit, tolle Erlebnisse und Bestätigungen, Liebe und Freude. Das Schattenkind beherbergt die negativen Glaubenssätze, die wir als Kind verinnerlicht haben, alle Sorgen, Ängste und Zweifel, Ablehnung und Wut. (In seltenen Fällen, z. B. bei Traumata, können diese Schattenseiten auch später im Leben entstehen.)

Das Sonnenkind mögen wir, es ist unbeschwert, fröhlich und freundlich. Das Schattenkind aber ist ein echter Stimmungskiller. Deswegen meiden wir es, verdrängen oder verleugnen diese Anteile in uns. Die Bindungsangst ließe sich nun, so Stahl, auf die Glaubenssätze des Schattenkindes zurückführen: Ich bin nicht liebenswert, Männern/Frauen kann man sowieso nicht trauen, ich habe nichts zu bieten, wer will mich schon haben, am Ende bleibe ich sowieso wieder allein usw. Das kann sich dann in Beziehungen z. B. anfühlen wie „einen Schritt vor und zwei zurück“, oder Sie bemerken in immer wieder ähnlichen Momenten eine gewisse Selbstsabotage. Stahl: „Um also unsere vermeintliche Wertlosigkeit zu kompensieren, streben wir nach Perfektion, vermeiden Konflikte oder provozieren sie, flüchten uns in die Arbeit, mauern uns ein, tragen eine Maske und so weiter. Die Glaubenssätze in Kombination mit negativen Gefühlen und den daraus resultierenden Selbstschutzstrategien sind die Ursache für (fast) alle Probleme, die wir im Leben haben – ausgenommen sind lediglich Schicksalsschläge.“[379]

Raus aus dem Kampf um Nähe und Distanz

Stahls These: Erst wenn unser Schattenkind – unsere unbewussten und unterbewussten Ängste – eine „Heimat“ in uns gefunden hat, wird es uns nicht mehr ständig in die Suppe spucken. Das erinnert durchaus an C.G. Jungs positive und negative Persönlichkeitsanteile, ist aber deutlich pragmatischer präsentiert. Das Ziel besteht darin, die inneren Kinder kennenzulernen, anzunehmen und sich schließlich mit ihnen sogar anzufreunden. Für diese Selbsterkundung liefert Stahl vor allem im Arbeitsbuch[380] zu „Das Kind in dir muss Heimat finden“ handfeste Tools zur Eigenanwendung. Sehr gut gefällt uns daran vor allem auch, dass der Ansatz nicht so „kopflastig“ ist, sondern dass gemalt, gebastelt und mit allen Sinnen empfunden wird. Haben Sie den ständigen inneren Konflikt zwischen Sonnenkind und Schattenkind erst einmal hinter sich gelassen, dann können Sie in einem zweiten Schritt auch Ihrem Partner oder Ihrer Partnerin viel ruhiger begegnen. Vielleicht nicht gleich angstfrei, aber doch wenigstens „angstarm". Ziel ist es, das Sonnenkind zu stärken, sodass wir Leben und Beziehungen konstruktiv gestalten können.

In ihrem Buch „Jeder ist beziehungsfähig" geht Stahl auf das Gleichgewicht zwischen Autonomie und Bindung ein. Im Idealfall fühlen wir uns in einer Beziehung geborgen, aber nicht gefangen. Manche von uns klammern jedoch, und beschädigen dadurch die Liebe. Andere lassen niemanden so recht an sich heran. Wir geben uns z. B. perfektionistisch, unverbindlich, überangepasst oder wählerisch. Manche Menschen schwanken auch zwischen beiden Polen: Läuft es gut in der Beziehung, brechen sie einen Streit vom Zaun, um mehr Abstand zu schaffen – wird die Distanz zu groß, bemühen sie sich, beispielsweise durch Sex, um größere Nähe. All das hat oft seine Wurzel in der Kindheit (s. „Bindungstypen" auf S. 81). Gelingt es uns, die Verletzungen und Kränkungen aus der Kindheit zu heilen und die unbegründeten negativen Annahmen abzulegen, so stehen uns auf einmal neue Möglichkeiten der Beziehungsfähigkeit zur Verfügung. Wir brauchen nicht mehr so viel Abstand bzw. ständige Nähe, sondern fühlen uns frei und autark. Endlich können wir der Partnerin oder dem Partner „auf Augenhöhe" begegnen.

In der Praxis sind zwar alle Partnerschaftsprobleme individuell. Dennoch ähneln sie sich oft. Und einige Ansätze haben sich vielfach bewährt. Dazu gehört die Arbeit mit dem „inneren Kind". Beispielsweise kann man schon Freuds Rede vom „Es, Ich und Über-Ich" verstehen als:

Über-Ich: Moral, Regeln, Vorschriften
Ich: kritischer Verstand, Erwachsenen-Ich
Es: Trieb, Bedürfnisse.

Die inneren Stimmen meinen es gut mit uns

Sowohl die Wünsche des „Es“ als auch die mahnende Stimme des „Über-Ich“ kann man dem „inneren Kind“ zuordnen, denn deren Weltsicht entwickelt sich in der frühen Kindheit. Sie können hilfreich, aber auch störend sein – und genau das fängt Stahl mit dem Modell vom „Sonnenkind“ und „Schattenkind“ sehr schön ein. Beide Kinder meinen es gut mit uns, sie wollen nur unser Bestes! Und wie Kinder eben nun mal so sind, ist ihre Vorgehensweise nicht immer konstruktiv.

Auch Modelle eines „inneren Teams“ oder der eigentlich wohlmeinenden „inneren Kritiker“[381] bilden ähnliche Aspekte ab. Manchmal differenzierter, aber eben nicht so berührend nachvollziehbar wie in Stahls Ansatz. Das Ziel eigentlich aller Arbeiten mit dem „inneren Kind“ besteht darin, seelische Wunden aus der Vergangenheit und Gegenwart zu heilen, falsche und dysfunktionale Glaubenssätze zu korrigieren, einen liebevolle(re)n Umgang mit sich selbst zu üben und Probleme somit selbstkompetent zu lösen.

Wenn Sie sich also immer mal wieder fragen: Was ist eigentlich los mit mir, warum kann ich meiner Partnerin bzw. meinem Partner nicht wirklich vertrauen (obwohl sie oder er mir keinen erkennbaren Grund zum Misstrauen gibt)? Oder wenn Sie vielleicht sogar „Immer Pech mit der Liebe“ haben – dann kann Stahls Ansatz Sie schnell deutlich weiterbringen. Weil er Ihren Handlungsspielraum erweitert, statt weiter in der Opferrolle zu bleiben und darauf zu warten, irgendwann endlich etwas anderes zu fühlen!

FRIEDEMANN SCHULZ VON THUN: MIT VIER OHREN HÖRT MAN BESSER

Der deutsche Psychologe und Kommunikationswissenschaftler entwickelte ein Kommunikationsmodell, auf das häufig Bezug genommen wird. Offiziell heißt es „Vier-Seiten-Modell“ oder auch „Kommunikationsquadrat“. Oft wird es jedoch als „Vier-Ohren-Modell“ bezeichnet.

Schulz von Thuns Idee: Jede Botschaft hat vier Ebenen (oder auch vier Seiten). Daraus wurde dann landläufig die Auffassung, wir müssten sozusagen mit „vier Ohren“ hören.

Jede Äußerung, so Schulz von Thun, beinhaltet vier Aspekte (oder eben Seiten):

- die Sachebene (worüber ich informiere)
- die Appellebene (wozu ich meinen Gesprächspartner veranlassen möchte)
- die Beziehungsebene (was ich von meinem Gesprächspartner halte bzw. wie wir zueinander stehen)
- die Selbstoffenbarungsebene (was ich von mir preisgebe).

Diese Aussagen erfolgen „mit allen Sinnen“, also nicht nur durch die Wortwahl, sondern auch mithilfe von Tonfall, Lautstärke, Mimik, Gestik, Blicken usw. Schulz von Thun geht davon aus, dass jede*r von uns alle vier Botschaften gleichzeitig aussendet und auch gleichzeitig empfängt bzw. empfangen kann. Das mache Kommunikation spannend, aber auch fehleranfällig, denn die Wahrscheinlichkeit von Missinterpretationen ist groß.

Von diesem Modell ausgehend entwickelte Schulz von Thun a) acht Kommunikationsstile und b) das innere Team (sozusagen die verschiedenen Stimmen, die uns im Kopf rumspuken – und sich manchmal auch gegenseitig widersprechen). Damit kann man schon ganz schön tief in die Gesprächsanalyse einsteigen.

Warum es nicht reicht, recht zu haben

Im Beziehungscoaching wird am häufigsten auf die vier „Ohren“ Bezug genommen, denn oft „hören“ wir ja gar nicht, was unser Partner bzw. unsere Partnerin sagt – oder sagen will. Daher kann es sich lohnen, einen regelmäßig wiederkehrenden Konflikt auf die verschiedenen (versteckten) Botschaften zu untersuchen. Dann lässt sich leichter klären, ob wir etwas überhören oder falsch deuten. Das Modell eignet sich besonders gut, wenn Sie das Gefühl haben, dass die „Zwischentöne“ in der Beziehung manchmal „irgendwie“ nicht stimmen, aber nicht genau den Finger darauf legen können.

Dazu ein stark vereinfachtes Beispiel. Ein Mann fährt Auto, seine Frau sitzt neben ihm. Die Ampel schaltet auf grün, doch er fährt nicht gleich los.

> Sie: „Es ist grün!“
> Sachebene: Die Ampel hat auf grün geschaltet.
> Selbstoffenbarung: Ich habe es eilig und möchte, dass du sofort fährst.
> Beziehung: Du reagierst zu langsam, es wäre wohl besser, wenn ich führe.
> Appell: Nun mach schon!

Der Mann versteht seine Frau wie folgt:

> Sachebene: Die Ampel hat auf grün geschaltet.

Selbstoffenbarung: Ich habe keine Lust, immer auf dich warten zu müssen.
Beziehung: Du kannst nicht gut Auto fahren!
Appell: Lass nächstes Mal mich fahren!

Sie sehen: „Sachlich" ist die Aussage korrekt (denn die Ampel hat auf grün geschaltet, das bestreitet niemand), und doch bietet Sie Konfliktpotenzial. Beschwert sich der Mann nun („nörgel doch nicht immer an mir rum!"), wird die Frau möglicherweise ausweichen („Was willst du denn? Hab ich etwa etwas Falsches gesagt? Die Ampel *war* doch grün!"). Wüsste der Mann, dass seine Frau es an diesem Tag besonders eilig hat, würde er ihr Drängen vielleicht gutwillig annehmen, statt sich darüber zu ärgern oder aufzuregen. Fühlt er sich hingegen angegriffen, kann er mithilfe des Modells bei Gelegenheit wenigstens erklären, warum er das so empfindet. Denn oft ist eine „unentdeckte" oder (unbewusst) „verborgene" Ebene das Problem.

Beziehungsmuster entdecken und verändern

Man kann die Methode auch nutzen, um sich selbst auf die Spur zu kommen. Beklagt sich Ihre Partnerin oder Ihr Partner bei Ihnen häufiger über Ungeduld, Unklarheit, Grobheit, Hochnäsigkeit – was auch immer –, dann lassen Sie sich noch mal die direkt vorhergehenden Sätze durch den Kopf gehen. Vielleicht haben Sie eine Aussage, die Sie offiziell nicht machen dürfen, auf eine andere Ebene verschoben.

Nehmen wir einmal an, Ihr Partner versucht, etwas auf dem Handy zu erledigen. Sie nehmen ihr oder ihm das Gerät aus der Hand mit den Worten: „Lass mich mal!" Das können Sie vor sich selbst durchaus als hilfreich deuten. Aber liegt vielleicht auf der Beziehungsebene (auch) darin: „Ich kann das besser als du", oder „du bist auf mich angewiesen"? Möglicherweise die Selbstoffenbarung: „Ich habe keine Geduld mehr für dich", oder der Appell: „Versuch es beim nächsten Mal besser gar nicht, sondern lass es gleich mich machen"? Auf diese Weise können Sie selbstständig damit beginnen, lästige, sich wiederholende Konflikte zu bearbeiten. Wäre an den Interpretationsmöglichkeiten etwas dran, hätten Sie selbst – ganz für sich allein – die Möglichkeit, zu überprüfen, ob Sie wirklich dieser Ansicht sind und ob es Ihnen wichtig ist, diese auch deutlich zu machen. Oder ob Sie vielleicht lieber einen Kompromiss schließen und Fünfe gerade sein lassen sollten. Keines von beidem ist richtig oder falsch, das Ziel besteht einzig darin, genauer wahrzunehmen, was ohnehin geschieht, und dann bewusst damit umgehen zu können.

ERIC HEGMANN: RICHTIG STREITEN LERNEN

Deutschlands bekanntester Paar-Coach Eric Hegmann (Gründer des Onlineangebotes „Modern Love School" und im TV mit „Nächste Ausfahrt Liebe") weiß, dass Streit und Auseinandersetzungen zum Leben gehören. Doch er plädiert für einen sanfteren Umgang miteinander: „Das Problem mit dem Streiten ist: Werden wir kritisiert, empfinden wir das als Angriff." Denn wir nehmen uns in diesem Moment durch die Augen unseres Partners wahr, der unseren Selbstwert angreift.

„Je schwächer unser Selbstwert, umso heftiger erleben wir die Kritik als Attacke und umso deutlicher wird unsere Reaktion ausfallen. Dabei geht es nicht darum, ob das Streitthema bedeutsam ist. Was wir erleben in diesem Moment ist: Der geliebte Mensch liebt uns nicht mehr, er greift uns an! Diesen Effekt hat jede Kritik. Eine starke, selbstbewusste Person empfindet Kritik als weniger bedrohlich als eine beispielsweise durch viele vorangegangene Streitereien bereits geschwächte Person. Eine im Selbstwert geschwächte Person neigt entweder zu Bindungsangst oder zu Verlustangst. Eine Person, die leicht Verlustangst spürt, wird eher mit allen Mitteln um den Erhalt der Liebe kämpfen, eine Person, die leicht Bindungsangst spürt, wird versuchen, Distanz zu schaffen und zu flüchten."[382]

Wie Männer und Frauen wieder ins Gespräch kommen

Diese Sichtweise teilt er unter anderem mit Stefanie Stahl (s. S. 290). Während diese jedoch vor allem Frauen anspricht, beschäftigt sich Hegmann speziell auch mit der männlichen Position. „Fast alle Männer fangen irgendwann an zu schweigen. Das verschärft jeden Konflikt. Denn sehr vereinfacht gesagt: Die meisten Frauen stresst es, wenn etwas nicht zu Ende besprochen wird. Die meisten Männer stresst es, wenn ein Gespräch kein Ende findet. Frauen bauen Stresshormone im Gehirn wohl schneller ab als Männer. Deshalb haben Männer das Bedürfnis, um den Block zu gehen, weil Bewegung durch Stoffwechsel den Stress aus dem Gehirn schwemmt. Das männliche Gehirn schaltet bei Stress irgendwann regelrecht ab. Das ist dann die Mauer des Schweigens. Die Partnerin sucht derweil immer noch nach einer Lösung. Tipp an die Männer: Sagen Sie, wenn Sie eine Pause benötigen. Tipp an die Frauen: Wenn der Partner nichts mehr sagt, bieten Sie eine Pause an. Sie kommen mit Argumenten sowieso nicht mehr durch."[383]

Er empfiehlt ein abschließendes Ritual der Versöhnung. Das kann Sex sein, aber auch eine innige Umarmung: „Dabei wirken Botenstoffe wie Oxytocin ebenso beruhigend und entspannend. Das Gefühl, sich trotz aller Differenzen körperlich nah sein zu können, löst Blockaden, die beispielsweise durch Schuldgefühle entstanden sein können."[384]

Hegmanns Tipps[385] zum „besseren Streiten", die auch von John Gottman stammen könnten:

- Ichperspektive statt Vorwürfe, Wunsch oder Bitte statt Angriff

- Im Gegenzug sollte die Partnerin oder der Partner nun Verantwortung übernehmen und zumindest die abweichende Sicht des Gegenübers respektieren, statt sich direkt zu verteidigen.

- Immer wieder Pausen machen, um nicht von Gefühlen überwältigt zu werden

- Und zwischendurch ebenso wie im Alltag Wertschätzung zeigen für die positiven Seiten des Partners oder der Partnerin – statt sie oder ihn herabzusetzen, um eigene Verletzungen zu kompensieren

In der Beratungspraxis beschäftigt sich Hegmann zudem häufig mit der Frage: Bleiben oder gehen? Er rät[386]:

- Veränderungen innerhalb der Partnerschaft sollte man auf den Grund gehen.

- Bei aktuellen äußeren Veränderungen (Jobverlust, Krankheit von Angehörigen) die Beziehung nur dann (weiter) infrage stellen, wenn der Partner oder die Partnerin einen nicht angemessen unterstützt (hat)

- War der Partner in schwierigen Zeiten verlässlich und zugewandt, oder hat sie bzw. er sich gedrückt? Schlechtes Zeichen.

- Sich darüber klar werden, was man am anderen liebt. Manche Menschen lieben nur das Gefühl, geliebt zu werden. Nimmt das ab, fühlen sie sich haltlos und bekommen Angst

- Noch schlimmer: Erzeugt die Partnerin bzw. der Partner Probleme, z. B. durch Alkoholismus oder Schuldenmachen? Das ändert sich nicht ohne externe Hilfe, und selbst dann nicht unbedingt. (Einer ähnlichen Ansicht ist unter anderem Holger Kuntze, s.S. 284.)

(Selbst)Coaching

STARTHILFE: DIE BESTEN FRAGEN VOR BEGINN EINER NEUEN BEZIEHUNG

Die folgenden Fragen könnte Ihnen vielleicht ein Coach oder ein*e Therapeut*in stellen, wenn Sie genauer herausfinden wollen, wie Sie selbst ticken und wie Ihr bisheriges Beziehungsmuster ist. Sie können sie aber natürlich auch für sich allein beantworten.

Am besten (hand)schriftlich, das bringt dazu, präziser zu formulieren und hat dazu einen schönen Aha-Effekt, wenn man sich das Geschriebene anschaut oder gar laut vorliest. So wird auch oft im Coaching gearbeitet.

Hier nun also die Fragen:

- Würde ich mich in mich selbst verlieben?

- Gibt es bestimmte Typen, die mich immer wieder anziehen oder verrückt machen?
  » Was genau reizt mich an ihnen?
  » Tun sie mir gut oder nicht?
- Was ist mir in einer Beziehung wichtiger?
  » Geborgenheit oder Freiheit?
  » Verschmelzung oder Eigenständigkeit?
  » Kein Stress – oder Konflikte, die mich weiterbringen?

Und wenn es gar nicht klappen will mit einer neuen Beziehung, dann empfehlen wir, die eigene Herangehensweise zu überprüfen. So stellte Harvard-Soziologin Holly Wood fest[387], dass viele Menschen zwar viele Stunden täglich auf Dating-Apps sind, aber im Grunde nur eine moderne Art Fleischbeschau betreiben. Vor allem für viele Männer habe die Nutzung von Apps im Grunde das Flirten ersetzt. Doch so funktioniert das nicht. Ändern Sie also Ihre Vorgehensweise. Und setzen Sie die Tipps und Erkenntnisse aus dem „Kennenlernen"-Kapitel auch online ein!

ACHT FRAGEN, DIE IHNEN EIN BEZIEHUNGSCOACH ODER SIE SICH SELBST ZU BEGINN EINER NEUEN BEZIEHUNG UND BEI EINER ERSTEN KRISE STELLEN KÖNNTEN

1. Wie viel Nähe und wie viel Abstand brauche ich?

   Teilen Sie diese Bedürfnisse dem anderen möglichst früh mit. Aus einem unerwiderten Wunsch nach großer Nähe ergeben sich sonst ebenso wie aus dem unbefriedigten Bedürfnis nach mehr Distanz bald Probleme auf anderen Ebenen.

Tipp: Gerade am Anfang führt das nicht zu großen Verletzungen, sondern ist einfach eine Info, die nichts mit dem Gegenüber zu tun hat.

2. Welche ungeschriebenen Regeln haben Sie im Kopf?

   Der Mann zahlt, nach drei Dates hat man Sex … Wir haben durch Erziehung und Medien auch viele Glaubenssätze über das richtige Verhalten beim Kennenlernen verinnerlicht. Aber passen die überhaupt zu Ihnen? Je mehr Dinge wir tun, weil wir glauben, sie tun zu müssen, desto unfreier machen wir uns. Diese Unfreiheit projizieren wir früher oder später auf den Partner oder die Partnerin und fühlen uns eingeengt.

   Tipp: Besser ist es, schon in der Frühphase näher bei sich zu bleiben und zu tun, was man wirklich will und was einem guttut. Wenn es dann funkt, passt es auch gut!

3. Was für ein Partner möchte ich sein und wie soll der andere mich erleben?

   Nachtragend oder großzügig, aggressiv oder ruhig, kontrollierend oder vertrauensvoll?

   Tipp: Mit ein wenig Abstand können wir uns oft dazu entscheiden, eine bessere Version unserer Selbst zu sein.

4. Was hat uns als Paar bisher am besten geholfen, mit solchen Situationen umzugehen?

Wenn Sie sich von „immer“ und „nie“ verabschieden, fallen Ihnen vielleicht ein paar Positivbeispiele aus ähnlichen Momenten ein. Was haben Sie damals anders gemacht? Warum? Was hat Sie dazu befähigt?

Tipp: Jeder Moment ist neu und einzigartig. Niemand zwingt Sie, wie bisher weiterzumachen. Überlegen Sie, welcher alternative Ansatz Erfolg versprechend sein kann!

5. Welche Sätze sollte ich im Streit unbedingt vermeiden?

Es gibt Formulierungen, die bringen Ihr Gegenüber garantiert auf die Palme. Das kann sich im Zorn durchaus gut anfühlen, richtet aber Schaden an. „Immer“ und „nie“ sind selten hilfreich, „du bist wie deine Mutter/dein Vater“ ebenfalls, und auch Ironie, Sarkasmus und Abwertungen („wie blöd kann man sein?“) verschlimmern die Lage nur.

Tipp: Ziehen Sie ein paar Stunden nach jedem Streit Bilanz, notieren Sie die Sätze, mit denen Sie zur Eskalation beigetragen haben.

6. Wie diskutieren befreundete Paare miteinander? Kann ich daraus etwas für uns lernen?

Wenn Sie nicht zufällig dabei sind, fragen Sie ruhig. Fast jede*r freut sich, als Vorbild angesehen zu werden.

Tipp: Stellen Sie sich beim Streiten vor, Freunde säßen mit am Tisch, oder Ihre Diskussion würde live ins Internet übertragen. Schon benimmt man sich zivilisierter.

7. Wollen Sie recht haben oder glücklich sein?

   Die Frage klingt flapsig, ist jedoch nicht so gemeint. Manchmal möchte man recht haben, oder die Position ist einem zu wichtig, um sie „einfach" loszulassen. Der Preis für „Glück" (im Sinne von: Frieden zwischen den Beteiligten) wäre Selbstverleugnung. Wenn Sie ehrlich antworten, wird das schnell sichtbar.

   Tipp: Wenn Sie (in diesem Fall) lieber glücklich sein wollen, als recht zu haben – lassen Sie locker, lächeln Sie und sagen z. B.: „Weißt du was, eigentlich ist mir das gar nicht so wichtig. Wir machen es so, wie du möchtest. In Ordnung?"

8. Wenn Sie sich über den anderen ärgern, fragen Sie sich: Aus welchem Grund könnte sie oder er so handeln?

   Will sie oder er mich wirklich ärgern – oder macht er die Dinge nur anders als ich? Für unsere Wahrnehmung stellt die Motivation hinter einer Handlung einen großen Unterschied dar. Ist die Kassiererin unfreundlich zu mir, oder hat sie sich heute morgen über ihren Ex-Mann geärgert? Warum sollte Ihre Partnerin oder Ihr Partner Sie gezielt auf die Palme bringen wollen? Hat ihr bzw. sein Verhalten vielleicht kaum etwas mit Ihnen zu tun?

   Tipp: Wenn viel dafür spricht, dass die Situation gar nicht persönlich gemeint ist, können Sie trotzdem um einen freundlicheren Umgang miteinander bitten. Und Ihre Erfolgschancen steigen, denn Sie können ruhiger bleiben, weil Sie sich weniger angegriffen fühlen.

DIESE ZWEI COACHING-TOOLS KLINGEN EINFACHER, ALS SIE SIND

Folgend möchten wir ihnen noch zwei Überlegungen vorstellen, mit deren Hilfe Sie vielleicht eingefahrene Spuren verlassen können.

1. Die amerikanische Familien- und Ehe-Therapeutin Esther Boykin will das Geheimrezept gefunden haben, um Beziehungsgesprächen einen konstruktiven Dreh zu geben. Stellen Sie Ihrem Partner die Frage: „Was brauchst du von mir?" Die Frage ist bewusst offen gehalten und soll zum Nachdenken anregen. Boyskin: „Wenn Sie Ihren Partner fragen, was er wirklich von Ihnen braucht, muss er sich selbst über seine Erwartungen an Sie und die Beziehung klar werden." Das ist sinnvoll, denn Menschen „denken leider viel zu selten darüber nach, was sie wirklich brauchen, sie fühlen sich einfach nur unglücklich."

Kennen Sie, oder? Es ist so viel leichter, einfach unglücklich zu sein, als verständlich Auskunft darüber zu geben, was man braucht …

2. Die hoffentlich folgende Antwort können Sie übrigens vermutlich besser verarbeiten, wenn Sie sich an den Vorschlag des verstorbenen Psychoanalytikers Michael Lukas Moeller halten. Der „Papst der Paare", der so erfolgreiche Beziehungsratgeber wie „Die Wahrheit beginnt zu zweit" (1988) schrieb, stellte Regeln für ein „Zwiegespräch" auf, die einfach klingen, aber gar nicht so einfach zu befolgen sind. Der Lohn für die Mühe: deutlich mehr Verständnis für das Gegenüber!

- Vereinbaren Sie einen festen Termin von 60 bis 90 Minuten, sowie einen Ersatztermin, falls etwas dazwischenkommt

- Setzen Sie sich einander gegenüber. Schalten Sie Musik, Handy und andere Ablenkungen aus.

- Timer stellen auf 15 Minuten: Erst spricht die bzw. der eine, dann die bzw. der andere.

- Keine Unterbrechungen, keine Fragen, auch keine Verständnisfragen.

- Jede*r erzählt, was sie oder ihn gerade am meisten bewegt. Moeller nannte das „ein Selbstporträt malen".

- Jede*r spricht über sich. Ist der oder die andere das Thema, dann geht es um die eigenen Empfindungen.

- Nach 15 Minuten wird gewechselt. Der Partner bzw. die Partnerin kann das Thema aufnehmen oder von etwas ganz anderem erzählen.

Nach zwei bzw. drei Wechseln ist Schluss. Keine Nachbesprechung, keine Verlängerung.

Das klingt erst mal sehr künstlich, aber wenn alles glatt liefe bei der Alltagskommunikation, wären Sie nicht hier. Der Vorteil: Es ist kein Streitgespräch, deswegen wird auch unsere Abwehr nicht getriggert. Wir erfahren ganz einfach, was den Menschen, der uns (mit) am meisten bedeutet, gerade bewegt und beschäftigt. Wollen Sie das etwa nicht wissen?

Na, also. Probieren Sie es aus. Regelmäßige „Zwiegespräche“ führen oft erstaunlich schnell zu mehr Verständnis und weniger Streit. (Manchen Paaren erscheint die Methode riskant, weil sie gelesen haben, dass zu gutem Sex eine gewisse Fremdheit gehört. Andererseits haben Paare, die über zu viel Streit und anhaltende Kommunikationsprobleme klagen, sowieso selten guten Sex – so fremd sie sich einander auch fühlen mögen. Die Gegenthese, wie auch z. B. Holger Kuntze sie vertritt, lautet: In langfristigen Beziehungen weicht animalischer Sex einer Intimität der Vertrautheit, sodass mehr Wissen über Partner bzw. Partnerin die Chancen auf guten Sex nur erhöhen kann.)

VIER VORSCHLÄGE, DIE IHNEN AUCH EIN BEZIEHUNGSCOACH MACHEN KÖNNTE, WENN ES SCHON LÄNGER KRISELT

1. Versuchen Sie erst gar nicht, den Partner nach Ihren Wünschen zu verformen.

   „Wenn du mich wirklich liebtest, würdest du gern Knoblauch essen“ heißt ein Buch des bekannten Kommunikationswissenschaftlers und Psychologen Paul Watzlawick („Anleitung zum Unglücklichsein“). Damit ist eigentlich alles gesagt, denn natürlich kann man auch jemanden lieben, der Knoblauch mag, ohne dies selbst zu tun. Wenn Ihnen das nicht reicht, sondern Sie finden, dass Ihr Partner oder Ihre Partnerin auch gern Knoblauch essen sollte … dann lesen Sie Watzlawicks Ausführungen.

   Tipp: Sie können Ihren Partner nicht ändern. Aber Ihre eigene Haltung!

2. Relativieren Sie Ihren Eindruck.

   Ist er wirklich immer unpünktlich – oder nur manchmal? Muss sie tatsächlich immer das letzte Wort haben – oder nur in bestimmten Momenten? Generalisierungen knallen die Tür zu für Veränderung.

   Tipp: Formulieren Sie die bisherige Forderung als Bitte. Denn Ihre Partnerin oder Ihr Partner ändert sich bestimmt nicht unter Druck, sondern tut Ihnen – wenn überhaupt – einen Gefallen. Geschieht das nicht, sollten Sie überlegen, wie wichtig Ihnen das Thema ist (s.o.: „Recht haben oder glücklich sein").

3. Steigern Sie sich nicht in negative Emotionen hinein, sondern versuchen Sie, sich selbst zu beruhigen.

   Der andere meldet sich nicht, ist nicht zu erreichen oder hat eine schwer zu deutende Nachricht hinterlassen. Sie wissen nicht, was los ist – daran können Sie jetzt gerade nichts ändern. Versuchen Sie daher, sich etwas Gutes zu tun. Die meisten unserer Sorgen bewahrheiten sich nicht.

   Tipp: Stellen Sie sich Ihre Gedanken wie Wolken vor, die ein stürmischer Wind zwar heran-, aber dann auch wieder davonweht. Oder Sie setzen sich im Geiste an das Ufer eines Flusses und lassen die Gedanken vorbeitreiben wie Äste im Wasser.

4. Stellen Sie einander Fragen!

Vereinbaren Sie einen Termin oder warten Sie einen ruhigen Moment ab, und stellen Sie Ihrem Partner oder Ihrer Partnerin die folgenden Fragen (Sie können auch Fragen weglassen oder zu einem späteren Zeitpunkt stellen):

- Wann fühlst du dich von mir geliebt?
- Wann fühlst du dich von mir nicht geliebt?
- Was genießt du an unserer Beziehung am meisten?
- Mache ich dir genug Komplimente?
- Berühre ich dich genug?
- Was an mir hat dich am Anfang am meisten angezogen? Hat sich daran etwas geändert?
- Wie lange, dachtest du am Anfang, würden wir zusammenbleiben?
- Was glaubst du, hat mich an dir angezogen?
- Was macht dir beim Sex am meisten Spaß?
- Wie fühlst du dich, wenn wir nicht zusammen sind?
- Vverbringen wir zu viel oder zu wenig Zeit miteinander?
- Welches Verhalten von mir irritiert dich am meisten?
- Wobei und wie kann ich dich noch besser unterstützen?
- Bist du dir meiner Liebe sicher? Kann ich etwas tun, damit du dir noch sicherer wirst?
- Was sollte ich nie zu dir sagen? Auch wenn ich total frustriert oder wütend bin?

- Wie gehen wir damit um, wenn wir uns in einer wichtigen Sache nicht einigen können?
- Bei welcher Berührung kommt bei dir am besten an, dass ich dich liebe?
- Wie viel Raum brauchst du für dich?
- Was wünschst du dir, wenn du von der Arbeit nach Hause kommst, dass ich in den ersten Minuten tue oder sage?
- Was könnte ich von dir lernen?
- Wie könnten wir gut miteinander umgehen, wenn wir beide einen schlechten Tag haben?
- Was kann ich sagen, um deine Aufmerksamkeit zu bekommen, wenn ich sie brauche?
- Welches Bedürfnis von dir konnte ich bisher nicht erfüllen?
- Auf welchem Gebiet willst du keine Kompromisse machen?
- Was sind deine tiefsten Wünsche und größten Träume für dich selbst? Und für uns?

14 FRAGEN AN SIE SELBST, DIE EIN BEZIEHUNGSCOACH STELLEN KÖNNTE, DAMIT SICH IHRE BEZIEHUNG VERBESSERT

1. Was bringt mir am meisten Spaß in unserer Beziehung? Wie kann ich mehr davon initiieren?

2. Was nervt mich gerade, lässt sich aber aus faktischen Gründen nicht ändern? Denn wenn ich es akzeptiere, spare ich viel Energie, die sonst für Nörgelei draufgeht.

3. Worauf bin ich stolz in unserer Beziehung?

4. Wofür liebe ich mein Gegenüber?

5. Wie stelle ich mir unsere Beziehung in zehn Jahren vor?

6. Ähnelt unsere Beziehung der meiner Eltern?

7. Wenn unsere Liebe ein Hollywood-Film wäre, welchen Titel hätte sie dann?

8. Welche fünf Werte sind für mich in einer Liebesbeziehung am wichtigsten, also z. B. Ehrlichkeit, Unterstützung, Freiheit … Und wie sieht das vermutlich bei meinem Gegenüber aus?

9. Was kann meine Partnerin oder mein Partner besser als ich?

10. Was habe ich von ihr oder ihm gelernt?

11. Wann fühle ich mich besonders geliebt?

12. Welche Berührungen finde ich besonders erregend?

13. Was fehlt mir in unserem Beziehungsalltag? Wie kann ich das ändern?

14. Wann habe ich den anderen zuletzt gelobt oder ein Kompliment gemacht?

WIE EIN EURO SIE DER RICHTIGEN ENTSCHEIDUNG NÄHER BRINGT

Im Coaching geht man davon aus, dass die Klientin bzw. der Klient die Lösung für jedes Problem in sich trägt. Und zwar schon allein deshalb, weil sie oder er eben jemand anders ist als der Coach und daher anders entscheidet. Da kann eine Verhaltensweise noch so „sinnvoll" erscheinen, wenn Sie nicht zu Ihnen passt, wäre es eben nur die richtige Lösung für die Beraterin oder den Berater.

Das ist natürlich oft frustrierend, denn warum gehen wir zum Coach? Weil wir die Lösung alleine nicht rauskriegen! Deshalb hätten wir dann natürlich gern, dass er oder sie uns sagt: Da geht's lang zur Glückseligkeit.

Die Aufgabe eines Coaches besteht aber vor allem darin, Hilfestellung anzubieten, das eigene Problem selbst zu lösen. Oft geschieht dies durch Fragen und intensive Gespräche, auch bestimmte Übungen (oft „Tools" genannt) kommen zum Einsatz.

Eine der schönsten, einfachsten und schnellsten Übungen, um Sie darin zu unterstützen, herauszubekommen, wie Sie „eigentlich" handeln möchten, geht so:

Nehmen Sie ein 1-Euro-Stück. Kopf ist Trennung, Zahl ist Bleiben. Schnipsen Sie die Münze in die Luft. Worauf hoffen Sie?

Fangen Sie die Münze auf, aber sehen Sie nicht nach. Die Münze weiß nicht besser, was Sie tun sollten, als Sie selbst.

Welches Ergebnis haben Sie sich gewünscht, während die Münze in der Luft wirbelte?

Falls für Sie nicht eindeutig ist, warum Ihr Bauchgefühl in diese Richtung tendiert, stellen Sie sich die Bonusfrage: Warum fühle ich so, obwohl doch offenbar auch gute Argumente für das Gegenteil sprechen? Welche emotionale Wahrnehmung habe ich übersehen oder nicht ausreichend gewichtet?

EINE ENTSCHEIDENDE FRAGE, DIE MANCHMAL ZU ÜBERRASCHENDEN ERKENNTNISSEN FÜHRT

Viele Paare vermissen die Frühzeit der Beziehung, in der sie sich nach einander sehnten. Manchmal verändert sich die Wahrnehmung, und man findet nervig, was am Anfang anziehend erschien. Jemand, der beruhigend wirkte, erscheint jetzt langweilig. Oder die Impulsivität, die zu Beginn so lebendig wirkte, nervt jetzt schrill.

Daher raten viele Therapeuten und Coaches, sich auf die guten Zeiten zu besinnen. Das leuchtet ein, denn manchmal erinnert man sich dann wieder an die positiven Gefühle.

Doch es gibt auch Fälle, in denen wir zurückschauen und uns, wenn wir ehrlich sind, eingestehen müssen: Es war nie gut. Dann haben damals irgendwelche anderen Gründe für die Beziehung gesprochen, Einsamkeit, Aussehen, die Hoffnung auf Veränderung. Alles o.k. Kann passieren. Die Erfahrung lehrt allerdings: Was nie gut war, wird vermutlich auch nicht mehr gut werden. Das ist schmerzhaft oder traurig, dennoch bringt in diesen Fällen weiteres Engagement nichts.

Gab es jemals unbeschwerte, glückliche Zeiten des Miteinanders? Wenn nicht, dann nichts wie weg.

EIN TIPP, WIE SIE NIE MEHR ZU UNRECHT DAS GEFÜHL HABEN, RECHT ZU HABEN

In der Psychologie kennt man den Begriff des „Bestätigungsfehlers“. Das bezeichnet unsere Tendenz, unbewusst nur noch auf die Informationen zu achten, die unsere Meinung bestätigen. In den sozialen Medien und in der Politik kann man gut beobachten, wie andere Menschen nur noch wahrnehmen, was sie für wahr halten. Wenn man nur noch Medien konsumiert, in denen die eigene Meinung bestätigt wird, nennt man das eine „Filterblase“, weil man mit Gegenargumenten gar nicht mehr in Kontakt kommt.

Nehmen wir mal an, Anton ärgert sich über Lilja. Er hat die Nase voll und überlegt ernsthaft, die Beziehung zu beenden. Lilja ist uneinsichtig, unordentlich, lieblos und stur. Weil Anton sauer ist, fällt ihm ab jetzt noch öfter auf, wenn Lilja in der Wohnung etwas herumliegen lässt oder wieder mal unbedingt recht haben will. Auf der Straße fallen ihm Männer seines Alters auf, die allein unterwegs sind und glücklich aussehen. Und wenn er mit seinen Freunden über Lilja spricht, stehen all ihre Nachteile und vermeintlichen Fehler im Mittelpunkt. Natürlich raten die Jungs ihm prompt: Nichts wie weg!

Anton trennt sich tatsächlich von Lilja. Und sechs Monate später …

… wir alle wissen, dass die Geschichte nun auf unterschiedliche Weise weitergehen kann. Sechs Monate später ist Anton entweder happy als Single oder hat eine neue Partnerin gefunden, mit der er viel glücklicher ist. Oder aber Lilja ist sechs Monate später zufrieden und froh, Anton aber keineswegs. Wann immer er einen Post von Lilja in den sozialen Medien sieht, und auch wenn er an Orte geht, die sie gemeinsam gern besucht hatten, fragt er sich, wie er so dumm sein konnte, sie gehen zu lassen? Warum hat er nur diesen Fehler begangen?

Wie aber können wir wichtige Entscheidungen vorher ernsthaft möglichst objektiv betrachten? Was hätte Anton mehr tun können, als gründlich nachzudenken, auf sein Gefühl zu hören, mit seinen Freunden zu sprechen?

Der „Bestätigungsfehler“ lässt sich vermeiden, indem wir ganz bewusst einmal die gegenteilige Position vertreten. Dazu führen Sie zwei Gespräche, entweder mit sich oder auch mit einem Freund oder einer Freundin, dem bzw. der Sie vertrauen.

Erstes Gespräch: Finden Sie Argumente, warum es unbedingt notwendig ist, sich zu trennen! Wenn Sie die Übung allein durchführen, können Sie diese Argumente stichpunktartig notieren.

Zweites Gespräch: Finden Sie Argumente, warum es unbedingt notwendig und wichtig ist, sich NICHT zu trennen!

Achten Sie beim Sprechen auch auf Ihre Gefühle. Wie fühlt sich Ihr Körper während der jeweiligen Argumentation an? Angespannt oder locker? Sprechen Sie flüssig oder stockend? Wie verändert sich Ihre Körperhaltung? Spüren Sie aufmerksam, wie es sich anfühlt, ganz klar und eindeutig die eine und die andere Haltung zu vertreten.

Können wir auf diese Weise neue Erkenntnisse gewinnen? Wenn Sie bewusst die Gegenposition vertreten, macht uns das offener im Denken. Sie entdecken vielleicht Möglichkeiten, die Ihnen vorher noch nicht in den Sinn gekommen waren.

Was unterscheidet diese Vorgehensweise von einer einfachen Pro- und Kontra-Liste? Der Zugriff auf die emotionale Wahrnehmung! Ein Sachargument kann wahr sein, für Sie aber unbedeutend („kocht gut", „verbeamtet"). Oder es kann sachlich eher schwach sein, für Sie aber sehr wichtig („sieht gut aus", „mag meine Mutter"). Ein Einzelargument kann ein K.o.-Kriterium sein, zu dem Sie immer wieder zurückkehren. Oder eine ganze Latte negativer Argumente sind weniger wichtig als „Ich bekomme immer noch Herzklopfen, wenn ich ihr Bild sehe".

WARUM SIE ANDERS ENTSCHEIDEN, WENN SIE ZURÜCK AUS DER ZUKUNFT KOMMEN

Ist die Beziehung schon länger in der Krise, haben Sie sich bestimmt schon oft ausgemalt, wie wunderbar alles ohne den Partner oder die Partnerin wäre. Kein Schnarchen, keine

Unordnung, mehr Geld, niemand nervt! Diese Gedanken sind ganz normal – und nicht mal falsch. Allerdings neigen wir natürlich dazu, uns vorzustellen, was alles besser wird. Nicht, was sich vielleicht verschlechtert.

In solchen Situationen kann eine kleine Zeitreise sehr hilfreich sein. Warten Sie dafür auf einen Moment, in dem Sie allein sind und einige Zeit ungestört sein werden. Planen Sie für die Übung, einschließlich einer kurzen Pause, etwa 30 Minuten ein.

Schließen Sie die Augen und atmen Sie einige Male tief ein und aus. Dann stellen Sie sich vor: Sie haben sich gerade getrennt.

- Wie fühlen Sie sich? Erleichtert, aufgewühlt, verunsichert?
- Was bedeutet die Entscheidung für Ihren Alltag? Müssen Sie eine gemeinsame Wohnung auflösen, schlafen Sie erst mal bei einem Freund oder einer Freundin? Oder nehmen Sie bloß Ihre Zahnbürste mit und sind weg?
- Wie und wo schlafen Sie in der ersten Nacht nach der Trennung?
- Was unternehmen Sie in der ersten Woche nach der Trennung? Am ersten Wochenende danach?
- Wie verläuft das nächste Fest (Geburtstag, Weihnachten o. Ä.)?
- Was unternehmen Sie in Ihrer Freizeit und mit wem?
- Welche Freunde und Bekannten bleiben Teil Ihres Lebens? Welche werden Sie vielleicht nur noch selten oder nie mehr sehen?
- Was tun Sie in einem Jahr am Abend, am Wochenende?

- Was mögen Sie an diesem Leben? Was nicht?
- Worüber würden Sie sich freuen, dass es anders wäre?
- Was würden Sie vermissen?

Notieren Sie nun kurz, in drei bis fünf Sätzen, Ihre Gedanken und Gefühle. Bitte nehmen Sie sich nicht vor, sie sich zu merken, sondern fertigen Sie tatsächlich die Notiz an.

Legen Sie dann eine kurze Pause ein und tun Sie etwas ganz anderes … Wäsche waschen, Bett machen, egal.

Dann setzen Sie sich erneut bequem hin und schließen noch einmal die Augen. Atmen Sie wieder einige Male tief ein und aus.

Stellen Sie sich nun vor: Sie bleiben mit Ihrem Partner oder Ihrer Partnerin zusammen.

- Wie verläuft der Abend und wie und wo schlafen Sie heute Nacht?
- Wie sieht die nächste Woche aus?
- Wie läuft das nächste Fest (Geburtstag, Weihnachten o. Ä.)?
- Was unternehmen Sie in Ihrer Freizeit, sei es allein oder gemeinsam?
- Welche Menschen sind Teil Ihres Lebens?
- Was tun Sie an einem ganz normalen Abend und am Wochenende?
- Was mögen Sie an diesem Leben – und was nicht?
- Was vermissen Sie?

Notieren Sie auch diesmal wieder in drei bis fünf Sätzen Ihre Gedanken und Gefühle.

Warum ist es Bestandteil der Übung, die Gegenperspektive einzunehmen und sich vorzustellen, wie es wäre, wenn alles unverändert bliebe? Weil wir dazu neigen, zu idealisieren, was wir nicht haben. „The gras is always greener on the other side“, sagt man im Englischen – etwa: „beim Nachbarn ist das Gras irgendwie grüner“ (bzw.: im übertragenen Sinne: „Dort, wo du nicht wohnst, ist das Glück“). Vergleichen wir also eine Trennungsfantasie mit der Beziehungsrealität, muss die Wirklichkeit fast zwangsläufig schlecht abschneiden. Besser ist es, zwei imaginierte Zukunftsvarianten gegeneinander abzuwägen.

Wie ist Ihnen nach dem Durchführen der Übung zumute? Möchten Sie lieber heute als morgen Ihre Sachen packen? Oder der Liebe noch eine Chance geben? Notieren Sie auch das, dann legen Sie den Zettel weg.

Nun macht sich Ihr Unterbewusstsein an die Arbeit und versucht, die Richtigkeit der Einschätzung zu überprüfen. Holen Sie zwei, drei Wochen später die Aufzeichnungen erneut hervor und lesen Sie Ihre Notizen. Das kann eine sehr wirkungsvolle Unterstützung beim Treffen schwieriger Entscheidungen sein.

AUF DIESE FRAGE SOLLTEN SIE DIE ANTWORT KENNEN, BEVOR SIE SICH TRENNEN!

Emma ist unglücklich. Ihr Verlobter Jonas wirkt seit einigen Wochen desinteressiert, sitzt abends regelmäßig vor dem Computer und hat ihr schon lange nicht mehr gesagt, dass er sie liebt. Emma leidet sehr unter dieser Situation. Dazu kommt, dass ihre Mutter schwer krank geworden ist. Außerdem hat sie vor gut einem halben Jahr den Job gewechselt. Die Probezeit hat Emma zwar erfolgreich überstanden, und das Gehalt ist auch gut – aber mit der neuen Vorgesetzten kommt sie immer noch nicht richtig klar.

Abends liegt Emma wach im Bett und grübelt. Der Platz neben ihr ist leer, weil Jonas noch ein Level zu Ende spielen wollte. Vielleicht wäre es besser, die Verlobung zu lösen und sich von Jonas zu trennen. Schließlich scheint das Feuer zwischen ihnen erloschen zu sein. Emma fühlt sich überfordert und alleingelassen.

Wenn in einer Beziehung häufig gestritten wird oder es über längere Zeit schlecht läuft, erscheint uns eine Trennung oft als einzige Lösungsmöglichkeit. Schließlich haben Sie Ihrem Partner oder Ihrer Partnerin schon hundert Mal gesagt, was Sie stört! Sie wollen mehr Romantik, mehr Aufmerksamkeit, weniger Unordnung, was auch immer! Und sie oder er ignoriert das einfach!

Es ist naheliegend, zu hoffen, dass nach einer Trennung alles besser wäre. Und manchmal ist das auch der Fall.

Aber oft ist die Beziehung gar nicht der (Haupt)Grund für die negative Stimmung.

Fragen Sie sich deshalb, ob Sie vielleicht eines oder sogar mehrere Probleme haben, die dazu führen, dass es Ihnen nicht gut geht. Probleme, die ganz unabhängig sind von der Beziehung. In Emmas Fall könnte z. B. die Krankheit ihrer Mutter sie viel mehr sorgen, als sie sich eingestehen möchte. Oder der neue Job ist deutlich anstrengender als erwartet. Sie wünscht sich dann vielleicht, dass Jonas dieses Leid „wegzaubert". Und das wäre natürlich auch schön.

Doch vielfach verstecken wir das Leid nicht nur vor uns selbst, sondern auch vor dem Partner bzw. der Partnerin. Wir tun einfach so, als wäre alles top. Und ordnen dann unsere negativen Gefühle dem Partner und der Beziehung zu, obwohl sie ihre Ursache ganz woanders haben.

Natürlich können Sie die Übung auch mit einer Freundin oder einem Freund durchführen, dem oder der Sie vertrauen.

Fragen Sie sie oder ihn, ob es aus seiner oder ihrer Sicht Gründe dafür gibt, dass Sie sich schlecht, überlastet oder einfach mies fühlen, die nichts mit der Beziehung zu tun haben. Diese Gründe sind manchmal für uns selbst kaum erkennbar, weil wir glauben, „funktionieren“ zu müssen, und nicht bemerken, dass wir dabei über unsere Belastungsgrenzen gehen.

Das heißt nicht, dass Emma bei Jonas bleiben sollte. Sie hätte jedoch die Möglichkeit, ihm zu sagen: „Ich bin im Moment total gestresst, ich brauche deine Unterstützung.“ Oder sie könnte auch mit dem Trennen – und auch mit dem Heiraten – erst mal abwarten, bis die Situation sich beruhigt hat.

WIE SIE AB SOFORT 69 PROZENT ZUFRIEDENER LEBEN!

Florian ärgert sich darüber, dass Sina nie rechtzeitig fertig ist.

Sina findet, Florian sei ein verdammter Korinthenkacker und Besserwisser.

Beziehungsforscher John Gottman (s. Anfang dieses Kapitels) ermittelte, dass satte 69 Prozent aller Beziehungskonflikte sich nicht lösen ließen[388]. Sie seien ganz einfach Ausdruck der Verschiedenheit zweier Persönlichkeiten. Entweder wir leben damit – oder wir streiten darüber! Diese Tatsache müsse aber dem Glück nicht im Weg stehen. Problematisch seien nicht unlösbare, wiederkehrende Konflikte. Sondern entscheidend sei, wie die Betroffenen damit umgehen. Lernt Florian irgendwann, mit den Achseln zu zucken, wenn Sina zu spät kommt? Gelingt es Sina, Florians Rechthaberei nicht mehr persönlich zu nehmen, sondern als einen ihr nicht besonders angenehmen Ausdruck seiner Persönlichkeit – nicht weniger, aber eben auch nicht mehr?

Wir möchten heutzutage gern alles optimieren, auch unsere Beziehung. Die soll wenigstens „mehr gut als schlecht“ sein.

Laut Gottman ist selbst dieser Wunsch schon zu hoch gegriffen. Im Grunde ist sein Rat eine Variante von „do you want to be right, or do you want to be happy?“: Möchten Sie recht haben – oder glücklich sein? Es gibt Themen und Bereiche, die können oder wollen wir nicht akzeptieren. Dann ist es sinnvoll und fair, das anzuerkennen und notfalls getrennte Wege zu gehen. Doch aus Gottmans Messung lässt sich eben noch etwas herausdestillieren: In jeder Beziehung muss man Kompromisse machen oder Kröten schlucken. Und zwar im Durchschnitt zu 69 Prozent der Zeit.

Die Annahme, wir könnten einen Partner oder eine Partnerin finden, mit dem bzw. der das nicht so ist, erscheint größenwahnsinnig. Kein Partner und keine Partnerin ist ein Traumpartner bzw. eine Traumpartnerin. Perfekt ist nur Gott.

Sehr lebenspraktisch dagegen ist die Frage: Kann ich mit zwei Dritteln der Macken meiner Partnerin oder meines Partners einigermaßen gut leben – und gehört das verbliebene Drittel zu den Dingen, die sie oder er vielleicht zu modifizieren bereit ist? Und umgekehrt.

Wenn das bei Ihnen so ist, dann herzlichen Glückwunsch. Schön, dass Sie dieses Buch gelesen haben, und nun schenken Sie es bitte jemandem, der es wirklich braucht.

Kompassregeln: Therapie, Paarberatung und (Selbst)Coaching

1. Machen Sie sich auf die Suche nach den positiven Aspekten der Beziehung und genießen Sie diese. Idealisieren Sie Ihren Partner oder Ihre Partnerin, wo immer möglich.

2. Im Alltag sollten fünf positive Bemerkungen/Interaktionen eine negative ausgleichen. Das ist nicht einfach. Es müssen keine „großen" Ereignisse sein, wichtig ist, dass das Miteinander überwiegend positiv ausfällt. (Warum sollte man sonst zusammenbleiben?)

3. Sagen und denken Sie „wir", so oft wie möglich.

4. Hören Sie im Alltag so gut zu wie möglich. Versuchen Sie, im Gespräch nicht schon beim Zuhören Ihre Antwort zu formulieren. Vereinbaren Sie regelmäßige Gesprächstermine, bei denen Sie einander ungestört zuhören.

5. Besinnen Sie sich auf die Emotionen. Manchmal ist es gut, Probleme zu analysieren, doch gelöst werden Sie nur mit Gefühl!

6. Versuchen Sie nicht, die Probleme der Partnerin oder des Partners zu lösen. Die beste Unterstützung: aufmerksam zuhören und mitfühlend trösten.

7. Steigern Sie sich in negative oder beängstigende Emotionen nicht hinein, sondern versuchen Sie stattdessen, sich selbst zu beruhigen. Das zugrundeliegende Problem lässt sich später immer noch besprechen.

8. Lernen Sie Ihr „inneres Kind“ kennen, auch dessen dunkle Seiten. Und versuchen Sie, das unglückliche „Schattenkind“ in Ihnen kennenzulernen und anzunehmen.

9. Untersuchen Sie wiederkehrende Konfliktsituationen auf „verborgene Botschaften“ beider Beteiligten.

10. Überlegen Sie in Ruhe, ob Sie Ihren Partner bzw. Ihre Partnerin weitgehend so akzeptieren können und wollen, wie er oder sie ist? Denn so wird er oder sie höchstwahrscheinlich bleiben!

DIE ULTIMATIVEN KOMPASSREGELN
FÜR LIEBESBEZIEHUNGEN

Kompassregeln: Best of

Viele Hundert Beziehungsstudien zitieren wir in diesem Buch, noch viel mehr haben wir bei der Recherche gesichtet. Die meisten von ihnen untersuchen nur einen sehr kleinen Ausschnitt der Beziehungswirklichkeit. Dennoch fügen sich die Erkenntnisse zu einem stimmigen Gesamtbild, aus dem sich die folgenden, wissenschaftlich fundierten „Kompassregeln" ableiten lassen. Wir hoffen, Sie nützen Ihnen so viel wie uns!

1. **Interesse** Nicht nur beim Flirten, sondern auch im weiteren Verlauf von Beziehungen kommt eine Verhaltensweise ganz besonders gut an: Nachfragen! Der wichtigste Satz für den Rest Ihres Beziehungslebens lautet daher: „Erzähl mir mehr!"

2. **Selbsterkenntnis** Ermitteln Sie Ihren Bindungstyp und finden Sie heraus, wie viel Nähe und wie viel Abstand Sie in einer Beziehung gern mögen. Besprechen Sie Ihre Erkenntnisse mit der Partnerin oder dem Partner. Vielleicht passen ihr jeweiliges Bedürfnis nach Freiraum und Innigkeit von sich aus gut zusammen, sonst versuchen Sie tragfähige Kompromisse auszuhandeln und dem Bindungstyp des anderen mit mehr Verständnis zu begegnen.

3. **Selbstschutz** Investieren Sie nicht weiter in eine Beziehung zu jemandem, der narzisstisch, machtgierig oder psychopathisch agiert. Das klingt naheliegend, doch solche Menschen sind oft sehr charmant und einnehmend. Und hängt man erst mal am Haken, möchte man sie mit der Kraft der eigenen Liebe heilen. Leider geht das nicht.

4. **Humor** Menschen, die auf Jugendfotos lächeln, sind später im Leben glücklicher. Paare, die viel gemeinsam lachen, bleiben zufriedener. Also: Ab in die nächste Comedy-Kneipe!

5. **Mitfreude** Freuen Sie sich möglichst aufrichtig über gute Nachrichten Ihres Partners oder Ihrer Partnerin. Versuchen Sie nicht, das Gespräch auf sich zu lenken oder ihn/sie zu übertrumpfen. Und tun Sie einander Gefallen. Freuen Sie sich über die Kompromisse und Gefälligkeiten des/der anderen!

6. **Sexlife** Wenn Sie einander noch einigermaßen mögen, erhöhen Sie Ihre Sexfrequenz auf optimale einmal pro Woche! Das ist besser für die Stimmung als eine Gehaltserhöhung von 50.000 Dollar!

7. **Verstärkung** Erwarten Sie nicht zu viel von Partner*in und Partnerschaft. Pflegen Sie Freundschaften und holen Sie sich soziale Unterstützung für Ihre Sorgen, Wünsche, Pläne auch außerhalb der Beziehung. Und hoffen Sie nicht auf überbordende Glückseligkeit, sondern auf gehobene Zufriedenheit.

8. **Gefühlssache** Liebesprobleme sind emotionale Probleme. Sie lassen sich nicht bloß mit Verstand und Logik lösen. Sondern nur mit viel Gefühl.

9. **Bewunderung** Idealisieren Sie Ihren Partner bzw. Ihre Partnerin. Sogar wenn es Ihnen bewusst ist, funktioniert das.

10. **Rollenverständnis** Versuchen Sie nicht, die Probleme der Partnerin oder des Partners zu lösen. Besser: aufmerksam zuhören und mitfühlend trösten.

Nachwort: Wissenschaftler*innen sind auch nur Menschen

Gute wissenschaftliche Studien, das haben wir mehrfach aufzuzeigen versucht, müssen bestimmten Mindeststandards genügen: Sie müssen

- wiederholbar,
- peer-reviewed,
- sinnvoll und nachvollziehbar sein.

Die sogenannte „peer review", ohne die eine Veröffentlichung in den anerkannten wissenschaftlichen Publikationen nicht möglich ist, soll dabei sicherstellen, dass sich keine Interpretationsfehler eingeschlichen haben. Und man möchte doch denken: Tolles System!

Doch leider gibt es auch immer wieder sehr lustige Ausnahmen. So beispielsweise eine beim Fachverlag Elsevier veröffentlichte und sogar in deren Newsletter beworbene analytische Studie[389] aus dem Jahr 2015 zur Frage, ob Zusammenleben eine Alternative zur Ehe darstellt. Für uns relevant, weil es schön gewesen wäre zu wissen, ob und in welchem Umfang die Ergebnisse der Eheforschung auch für nicht eheliche Gemeinschaften gelten.

Okay, im Mittelpunkt steht die Situation in Malaysia, aber irgendwo muss man ja mit dem Untersuchen anfangen.

Doch der Aufsatz ist leider von Anfang bis Ende ein Beispiel dafür, wie Wissenschaft nicht geht. Bereits in der Einführung steht das Ergebnis fest: „Obwohl auch in Malaysia immer mehr Menschen ohne Trauschein zusammenleben, hoffen wir, dass diese Untersuchung der Öffentlichkeit die Nachteile dieses

Verhaltens deutlich machen wird." Das klingt nicht besonders ergebnisoffen, aber sei's drum. Vielleicht folgen ja nachvollziehbare Gründe. Ausführlich verwiesen wird auf Studien, die Nachteile des unehelichen Zusammenlebens ermittelt haben sollen. Man könnte nun allen diesen Verweisen nachgehen. Aber das sollten eigentlich die „peers", die Wissenschaftlerkollegen, bei der Durchsicht („review") getan haben. Also okay, es gibt offenbar mindestens zwanzig Studien, die negative Effekte einer „Ehe ohne Trauschein" für die Partner*innen, die Kinder und auch die Gesellschaft festgestellt haben wollen. Was fehlt, und was einen schon misstrauisch machen könnte, ist ein Absatz, in dem die Auswahlkriterien für die zitierten Studien dargelegt werden. Warum sollte es denn nur kritische Studien zu diesem Thema geben? Und falls das wirklich der Fall ist, wäre das nicht eine triumphierende Erwähnung wert? Viel wahrscheinlicher ist, dass es auch oder sogar in noch größerem Umfang Studien über unverheiratet zusammenlebende Paare gibt, die zu einem positiven Ergebnis kommen. Natürlich kann man die einfach verschweigen, aber wie wissenschaftlich ist das dann noch?

Der Knaller folgt dann aber im Fazit: „Zusammenleben ohne Trauschein wird von Gott, dem Erschaffer der Menschheit und des gesamten Universums, verurteilt. Wenn Menschen dieser Praxis weiterhin Folge leisten, wird das viele schlimme Folgen haben für sie, ihre Kinder und vor allem auch die Gesellschaft. (...) Wir hoffen, dass die Schwierigkeiten für diejenigen, die in anderen Ländern unehelich unter einem Dach leben (...) eine Lehre sind für die Malaysier." Die Regierung möge bitte Gesetze erlassen, die ein Zusammenleben unverheirateter Personen untersage.

Etwas unklar bleibt, warum Gott das nicht gleich selbst machen könnte, wenn es ihm wirklich wichtig wäre.

Das ist sicher ein extremes Beispiel für den Unsinn, der als „wissenschaftliche Studie" veröffentlicht werden kann. Aber es ist kein Einzelfall. Genau deshalb haben wir für dieses Buch den Schwerpunkt auf den Aspekt „sinnvoll und nachvollziehbar" gelegt. Was nützt uns eine Studie über das Flirtverhalten von Bäuerinnen in Indien, über den Zusammenhang zwischen der Größe und dem Beziehungsstatus von Männern in Kenia, oder eben eine Analyse der Wohnsituation in Malaysia? Nicht viel. Und was nützt eine Zusammenstellung der verrücktesten Einzelfallergebnisse, wie wir sie oft in Zeitungen und Zeitschriften und noch häufiger im Internet finden? Auch wenig.

Wir haben versucht, möglichst belastbare und handfest nützliche Ergebnisse zu einem umfassenden Gesamtbild zusammenzufassen. Um zu zeigen, wie Liebe funktionieren kann. Und welche Regeln uns dabei helfen können, unsere Beziehungen zu beginnen, zu verbessern und zu retten.

Wir hoffen, Sie hatten ein wenig Freude bei der Lektüre und fanden die Erkenntnisse ebenso hilfreich wie wir. Ja, manches hätte man sich auch denken können oder wusste es schon. Dann ist es schön und ermutigend, zu wissen, dass man richtigliegt. Andere Details waren uns jedenfalls ganz neu. Im Idealfall waren ein paar Elemente dabei, die Sie direkt in Ihrem Beziehungsalltag anwenden können. Ohne Rücksprache, ohne Therapie, einfach so.

Wir wünschen Ihnen dabei viel Erfolg!

Anmerkungen

VORWORT

1 „Ex-post-facto-Studie – Lexikon der Psychologie", zugegriffen 27. Mai 2019, https://www.spektrum.de/lexikon/psychologie/ex-post-facto-studie/4583.

2 Open Science Collaboration, „Estimating the Reproducibility of Psychological Science", *Science* 349, Nr. 6251 (28. August 2015), https://doi.org/10.1126/science.aac4716.

PHASE 1: KENNENLERNEN

3 „Singles in Deutschland nach Geschlecht 2018 | Statista", zugegriffen 12. September 2019, https://de.statista.com/statistik/daten/studie/286810/umfrage/umfrage-in-deutschland-zur-anzahl-der-singles-nach-geschlecht/.

4 „Bevölkerungsstand", Statistisches Bundesamt, zugegriffen 12. September 2019, https://www.destatis.de/DE/Themen/Gesellschaft-Umwelt/Bevoelkerung/Bevoelkerungsstand/_inhalt.html.

5 „Parship Studie: Hund, Hochzeit, Haus – deutsche Paare mögen's verbindlich", Parship, zugegriffen 12. September 2019, https://www.parship.de/presse/pressemeldungen/2018/parship-studie-hund-hochzeit-haus-deutsche-paare-moegens-verbindlich/.

6 „Parship Studie: Jeder fünfte Deutsche würde schon nach wenigen Wochen heiraten", Parship, zugegriffen 12. September 2019, https://www.parship.de/presse/pressemeldungen/2016/parship-studie-jeder-fuenfte-deutsche-wuerde-schon-nach-wenigen-wochen-heiraten/.

7 „Parship Studie: Beziehungen machen Deutsche glücklich", Parship, zugegriffen 13. September 2019, https://www.parship.de/presse/pressemeldungen/2017/parship-studie-beziehungen-machen-deutsche-gluecklich/.

8 „Parship Studie Museum statt Disco, Bäuchlein statt Sixpack – so verändern Beziehungen das Leben von Singles", Parship, zugegriffen 13. September 2019, https://www.parship.de/presse/pressemeldungen/2019/parship-studie-museum-statt-disco-baeuchlein-statt-sixpack-so-veraendern-beziehungen-das-leben-von-singles/.

9 „Parship Wissen: Film-Liebe – fast die Hälfte der Singles wünscht sich einen Partner mit ähnlichem Geschmack", Parship, zugegriffen 13. September 2019, https://www.parship.de/presse/pressemeldungen/2018/parship-wissen-film-liebe-fast-die-haelfte-der-singles-wuenscht-sich-einen-partner-mit-aehnlichem-geschmack/.

10 „Parship Wissen: Sex oder Geld? Das ist der Schlüssel zum Beziehungsglück", Parship, zugegriffen 13. September 2019, https://www.parship.de/presse/pressemeldungen/2018/parship-wissen-sex-oder-geld-das-ist-der-schluessel-zum-beziehungsglueck/.

11 Monica M. Moore, „Nonverbal Courtship Patterns in Women", *Ethology and Sociobiology* 6, Nr. 4 (Januar 1985): 237–47, https://doi.org/10.1016/0162-3095(85)90016-0; Monica M. Moore und Diana L. Butler, „Predictive Aspects of Nonverbal Courtship Behavior in Women", Semiotica 76, Nr. 3–4 (1989), https://doi.org/10.1515/semi.1989.76.3-4.205.

12 https://www.psychologytoday.com/us/articles/199901/the-new-flirting-game

13 https://www.psychologytoday.com/us/articles/199901/the-new-flirting-game

14 https://www.psychologytoday.com/us/articles/199901/the-new-flirting-game

15 Debra G. Walsh und Jay Hewitt, „Giving Men the Come-On: Effect of Eye Contact and Smiling in a Bar Environment", *Perceptual and Motor Skills* 61, Nr. 3 (Dezember 1985): 873–74, https://doi.org/10.2466/pms.1985.61.3.873.

16 Christiane Tramitz, *Irren ist männlich: weibliche Körpersprache und ihre Wirkung auf Männer*, (München: Bertelsmann, 1993); zitiert nach Bas Kast, *Die Liebe und wie sich Leidenschaft erklärt*, (Frankfurt: Fischer, 2016).

17 s.a. „Flirten: Ganz klares Wackeln", Spiegel Online, 6. Dezember 1993, https://www.spiegel.

de/spiegel/print/d-13682740.html.

18 Karl Grammer u. a. „Non-Verbal Behavior as Courtship Signals: The Role of Control and Choice in Selecting Partners", *Evolution and Human Behavior* 21, Nr. 6 (November 2000): 371–90, https://doi.org/10.1016/S1090-5138(00)00053-2.

19 https://www.psychologytoday.com/us/articles/199901/the-new-flirting-game

20 https://www.psychologytoday.com/us/articles/199901/the-new-flirting-game

21 Lee Ann Renninger, T. Joel Wade und Karl Grammer, „Getting That Female Glance", *Evolution and Human Behavior* 25, Nr. 6 (November 2004): 416–31, https://doi.org/10.1016/j.evolhumbehav.2004.08.006.

22 Richard B. Slatcher, Pranjal H. Mehta und Robert A. Josephs, „Testosterone and Self-Reported Dominance Interact to Influence Human Mating Behavior", *Social Psychological and Personality Science* 2, Nr. 5 (September 2011): 531–39, https://doi.org/10.1177/1948550611400099.

23 Victor S. Johnston u. a., „Male Facial Attractiveness: Evidence for Hormone-Mediated Adaptive Design", *Evolution and Human Behavior* 22, Nr. 4 (Juli 2001): 251–67, https://doi.org/10.1016/S1090-5138(01)00066-6.

24 Christoph Drösser, Holger Geißler, und Joni Majer, Hrsg., *Wir Deutschen & die Liebe*: wie wir lieben, was wir lieben, was uns erregt, (Hamburg: Edel, 2017), 68f.

25 Drösser, Geißler und Majer, 54f.

26 Drösser, Geißler und Majer, 56f.

27 Drösser, Geißler und Majer, 58f.

28 Dustin Wood und Claudia Chloe Brumbaugh, „Using Revealed Mate Preferences to Evaluate Market Force and Differential Preference Explanations for Mate Selection", *Journal of Personality and Social Psychology* 96, Nr. 6 (2009): 1226–44, https://doi.org/10.1037/a0015300.

29 Shanhong Luo und Guangjian Zhang, „What Leads to Romantic Attraction: Similarity, Reciprocity, Security, or Beauty? Evidence From a Speed-Dating Study", *Journal of Personality* 77, Nr. 4 (August 2009): 933–64, https://doi.org/10.1111/j.1467-6494.2009.00570.x.

30 Jens B. Asendorpf, Lars Penke und Mitja D. Back, „From Dating to Mating and Relating: Predictors of Initial and Long-Term Outcomes of Speed-Dating in a Community Sample", *European Journal of Personality* 25, Nr. 1 (Januar 2011): 16–30, https://doi.org/10.1002/per.768.

31 Paul W. Eastwick, Seema D. Saigal und Eli J. Finkel, „Smooth Operating: A Structural Analysis of Social Behavior (SASB) Perspective on Initial Romantic Encounters", *Social Psychological and Personality Science* 1, Nr. 4 (Oktober 2010): 344–52, https://doi.org/10.1177/1948550610373402.

32 Karen Huang u. a. „It Doesn't Hurt to Ask: Question-Asking Increases Liking", *Journal of Personality and Social Psychology* 113, Nr. 3 (September 2017): 430–52, https://doi.org/10.1037/pspi0000097.

33 https://www.galileo.tv/life/das-sind-die-36-fragen-zum-verlieben/

34 Arthur Aron u. a. „The Experimental Generation of Interpersonal Closeness: A Procedure and Some Preliminary Findings", *Personality and Social Psychology Bulletin* 23, Nr. 4 (April 1997): 363 bis 377, https://doi.org/10.1177/0146167297234003.

35 Drösser, Geißler und Majer, *Wir Deutschen & die Liebe*, 20.

36 https://www.psychologytoday.com/intl/blog/open-gently/201310/36-questions-bring-you-closer-together

37 https://www.galileo.tv/life/das-sind-die-36-fragen-zum-verlieben/

38 Hannah Fry, *The Mathematics of Love: Patterns, Proofs and the Search for the Ultimate Equation*, (London, New York, Toronto: TED Books, 2015), Kap. 4.

39 Fry, Kap. 4.

40 Donald G. Dutton und Arthur P. Aron, „Some Evidence for Heightened Sexual Attraction

under Conditions of High Anxiety", *Journal of Personality and Social Psychology* 30, Nr. 4 (1974): 510–17, https://doi.org/10.1037/h0037031.

41 Gregory L White und Thomas D Kight, „Misattribution of Arousal and Attraction: Effects of Salience of Explanations for Arousal", *Journal of Experimental Social Psychology* 20, Nr. 1 (Januar 1984): 55–64, https://doi.org/10.1016/0022-1031(84)90012-X.

42 Nicolas Guéguen, „"Say It … Near the Flower Shop": Further Evidence of the Effect of Flowers on Mating", *The Journal of Social Psychology* 152, Nr. 5 (September 2012): 529–32, https://doi.org/10.1080/00224545.2012.683463.

43 Jeannette Haviland-Jones u. a. „An Environmental Approach to Positive Emotion: Flowers", *Evolutionary Psychology* 3 (2005): 104–32.

44 Ulf Dimberg und Steve Thell, „Facial electromyography, fear relevance and the experience of stimuli", *Journal of Psychophysiology* 2 (1. Januar 1988): 213–19.

45 Michael R. Cunningham, „Reactions to Heterosexual Opening Gambits: Female Selectivity and Male Responsiveness", *Personality and Social Psychology Bulletin* 15, Nr. 1 (März 1989): 27–41, https://doi.org/10.1177/0146167289151003.

46 Cunningham.

47 Grammer u. a. „Non-Verbal Behavior as Courtship Signals".

48 Russell A. Hill und Robert A. Barton, „Red Enhances Human Performance in Contests", *Nature* 435, Nr. 7040 (Mai 2005): 293, https://doi.org/10.1038/435293a.

49 Nicolas Guéguen und Céline Jacob, „Clothing Color and Tipping: Gentlemen Patrons Give More Tips to Waitresses with Red Clothes", *Journal of Hospitality & Tourism Research* 38, Nr. 2 (Mai 2014): 275–80, https://doi.org/10.1177/1096348012442546.

50 Nicolas Guéguen, „Color and Women Hitchhikers' Attractiveness: Gentlemen Drivers Prefer Red", *Color Research & Application* 37, Nr. 1 (Februar 2012): 76–78, https://doi.org/10.1002/col.20651.

51 Andrew J. Elliot und Daniela Niesta, „Romantic Red: Red Enhances Men's Attraction to Women", *Journal of Personality and Social Psychology* 95, Nr. 5 (2008): 1150–64, https://doi.org/10.1037/0022-3514.95.5.1150.

52 Drösser, Geißler und Majer, *Wir Deutschen & die Liebe*, 35.

53 David M. Buss, „Sex Differences in Human Mate Preferences: Evolutionary Hypotheses Tested in 37 Cultures", *Behavioral and Brain Sciences* 12, Nr. 1 (März 1989): 1–14, https://doi.org/10.1017/S0140525X00023992.

54 Fry, *The Mathematics of Love*, Kap. 2.

55 Bernhard Fink, Karl Grammer, und Randy Thornhill, „Human (Homo Sapiens) Facial Attractiveness in Relation to Skin Texture and Color.", *Journal of Comparative Psychology* 115, Nr. 1 (2001): 92–99, https://doi.org/10.1037/0735-7036.115.1.92.

56 https://www.presseportal.de/pm/32102/2581109.

57 https://www.sueddeutsche.de/leben/altersunterschied-bei-paaren-partnerwahl-ist-keine-privatangelegenheit-1.1800467.

58 Samantha Vincenty, „What to Know About Dating Younger Men", *Oprah Magazine*, 28. Juni 2019, https://www.oprahmag.com/life/relationships-love/a28213457/dating-younger-men/.

59 „Parship Studie: Altersunterschied in der Liebe – Beziehungen mit gleichaltrigen Partnern sind die Ausnahme", Parship, zugegriffen 11. September 2019, https://www.parship.de/presse/pressemeldungen/2019/parship-studie-altersunterschied-in-der-liebe-beziehungen-mit-gleichaltrigen-partnern-sind-die-ausnahme/.

60 „Parship Studie".

61 „Parship Studie".

62 Vincenty, „What to Know About Dating Younger Men".

63 Nichole Proulx, Sandra L. Caron und Mary Ellin Logue, „Older Women/Younger Men: A Look at the Implications of Age Difference in Marriage", *Journal of Couple & Relationship Therapy* 5, Nr. 4 (16. Oktober 2006): 43–64, https://doi.org/10.1300/J398v05n04_03.

64 Proulx, Caron und Logue.

65 „Wenn Frauen mehr verdienen als Männer", bildungsXperten.net, 19. April 2011, https://www.bildungsxperten.net/ratgeber/wenn-frauen-mehr-verdienen-als-maenner/.

66 Andrew Francis-Tan und Hugo M. Mialon, „‚A diamond is forever' and other fairy tales: the relationship between wedding expenses and marriage duration: ‚A diamond is foreve'", *Economic Inquiry* 53, Nr. 4 (Oktober 2015): 1919–30, https://doi.org/10.1111/ecin.12206.

67 Stephanie Brümmer, „Das ist der perfekte Altersunterschied in der Liebe", 29. Januar 2019, https://www.bildderfrau.de/lust-liebe/article211049719/Das-ist-der-perfekte-Altersunterschied-in-der-Liebe.html.

68 Quentin Fottrell, „The Bigger the Age Gap, the Shorter the Marriage", MarketWatch, zugegriffen 11. September 2019, https://www.marketwatch.com/story/the-bigger-the-age-gap-the-shorter-the-marriage-2014-11-11.

69 https://www.marketwatch.com/story/the-bigger-the-age-gap-the-shorter-the-marriage-2014-11-11.

70 Jan Kabátek und David C Ribar, „Not Your Lucky Day: Romantically and Numerically Special Wedding Date Divorce Risks", o. J., 41.

71 Norval D. Glenn, Jeremy E. Uecker, und Robert W.B. Love, „Later First Marriage and Marital Success", *Social Science Research* 39, Nr. 5 (September 2010): 787–800, https://doi.org/10.1016/j.ssresearch.2010.06.002.

72 „Daten zu den Eheschließungen und dem durchschnittlichen Heiratsalter Lediger", Statistisches Bundesamt, zugegriffen 13. Juni 2019, https://www.destatis.de/DE/Themen/Gesellschaft-Umwelt/Bevoelkerung/Eheschliessungen-Ehescheidungen-Lebenspartnerschaften/Tabellen/eheschliessungen-heiratsalter.html.

73 Fry, *The Mathematics of Love*, Kap. 7.

74 Die Mathematik ist recht kompliziert und wird im Laufe der folgenden Überlegungen nicht besser, eine einigermaßen nachvollziehbare Darstellung liefert Hannah Fry in ihrem Video „Die Mathematik der Liebe".

75 Vorausgesetzt, die Zahl n der möglichen Partner*innen bzw. der zur Verfügung stehenden Jahre bleibt unter 1000. Für n -> ∞ sinkt die Wahrscheinlichkeit gegen 58 %, aber nicht darunter.

76 Fry, Teil Epilog.

77 Jacqui Gabb, *Enduring Love?: Couple Relationships in the 21st Century : Survey Findings : Report* (Milton Keynes, England: The Open University, 2013), http://www.open.ac.uk/researchprojects/enduringlove/files/enduringlove/file/ecms/web-content/Final-Enduring-Love-Survey-Report.pdf.

78 Buss, „Sex Differences in Human Mate Preferences".

79 Shell Jugendstudie 2010, zitiert nach „Wenn Frauen mehr verdienen als Männer".

80 „Perfekte Beziehung = Gemeinsames Zuhause", Zweisam Pressroom, 31. Juli 2019, https://www.meetic-group.com/press/de/zweisam/perfekte-beziehung-gemeinsames-zuhause/.

81 Marta Murray-Close, „Manning up and Womaning down: How Husbands and Wives Report Their Earnings When She Earns More", o. J., 18.

82 Mark Snyder, Ellen Berscheid und Elizabeth Decker Tanke, „Social perception and interpersonal behavior: On the self-fulfilling nature of social stereotypes", *Journal of Personality and Social Psychology*, 1977, 656–666.

83 Sandra L Murray und John G Holmes, „The (Mental) Ties That Bind: Cognitive Structures That Predict Relationship Resilience", o. J., 17.

84 Sandra L Murray, John G Holmes und Dale W. Griffin, „The Benefits of Positive Illusions: Idealization and the Construction of Satisfaction in Close Relationships", o. J., 20; Sandra L Murray, Dale W Griffin und John G Holmes, „The Self-Fulfilling Nature of Positive Illusions in Romantic Relationships: Love Is Not Blind, but Prescient", o. J., 26.

85 James K. Mcnulty, Lisa A. Neff und Benjamin R. Karney, Beyond initial attraction: physical

attractiveness in newlywed marriage," *Journal of Family Psychology*, 2008.

86 Drösser, Geißler, und Majer, Wir Deutschen & die Liebe, 95.

87 https://www.psypost.org/2010/04/happy-marriage-attractive-husband-562.

88 Christine Ma-Kellams, Margaret C. Wang und Hannah Cardiel, „Attractiveness and Relationship Longevity: Beauty Is Not What It Is Cracked up to Be: Attractiveness and Relationship Outcomes", *Personal Relationships* 24, Nr. 1 (März 2017): 146–61, https://doi.org/10.1111/pere.12173.

89 Joshua M. Ackerman, Vladas Griskevicius und Norman P. Li, „Let's Get Serious: Communicating Commitment in Romantic Relationships.", *Journal of Personality and Social Psychology* 100, Nr. 6 (2011): 1079–94, https://doi.org/10.1037/a0022412.

90 LeeAnne Harker und Dacher Keltner, „Expressions of Positive Emotion in Women's College Yearbook Pictures and Their Relationship to Personality and Life Outcomes across Adulthood.", *Journal of Personality and Social Psychology* 80, Nr. 1 (2001): 112–24, https://doi.org/10.1037/0022-3514.80.1.112.LeeAnne Harker und Dacher Keltner, „Expressions of Positive Emotion in Women's College Yearbook Pictures and Their Relationship to Personality and Life Outcomes across Adulthood.", *Journal of Personality and Social Psychology* 80, Nr. 1 (2001): 112–24, https://doi.org/10.1037/0022-3514.80.1.112.

91 Linda Blair und Imke Brodersen, *Großer Bruder, kleine Schwester: wie unsere Position in der Familie unseren Charakter prägt*, Goldmann 17312 (München: Goldmann, 2012).

92 https://www.businessinsider.de/siblings-birth-order-2018-4?r=US&IR=T.

93 https://www.psychologytoday.com/us/blog/how-raise-happy-cooperative-child/201605/the-effect-birth-order-children.

94 https://www.womansday.com/relationships/dating-marriage/advice/a1611/how-does-birth-order-affect-relationships-107592/.

95 Dr Kevin Leman in „Born for Each Other? The Secret of a Happy Marriage May Hinge on Where You Fall in Your Family's Birth Order, a New Book Claims", MSN, zugegriffen 27. Mai 2019, https://www.msn.com/en-sg/lifestyle/relationships/born-for-each-other-the-secret-of-a-happy-marriage-may-hinge-on-where-you-fall-in-your-familys-birth-order-a-new-book-claims/ar-BBTvFlH.

96 „Felix top, Kevin flop", eDarling, zugegriffen 29. August 2019, https://www.edarling.de/presse/forschung/vornamen-bedeutung; „edarling_vornamen_erfolg_dating.jpg (800×1150)", zugegriffen 29. August 2019, https://www.edarling.de/sites/www.edarling.de/files/edarling_vornamen_erfolg_dating.jpg.

97 vgl. Volker Burggräf, „Pressedienst", 6. März 2019, https://www.presse.uni-oldenburg.de/mit/2009/390.html.

98 Dan Ariely nach Fry, *The Mathematics of Love*, Kap. 2.

99 Fry, Kap. 3.

100 Rosemary Bernstein, Dacher Keltner und Heidemarie Laurent, „Parental Divorce and Romantic Attachment in Young Adulthood: Important Role of Problematic Beliefs", *Marriage & Family Review* 48, Nr. 8 (Dezember 2012): 711–31, https://doi.org/10.1080/01494929.2012.700910.

101 vgl. u. a. Ian Waters, William Watson und William Wetzel, „Practical Tools Forfamiy Physicians", o. J., 6; Linda Paradopoulos, Robert Bor und Peeny Stanion, „Genograms in Counselling Practice: A Review (Part 1)", *Counselling Psychology Quarterly* 10, Nr. 1 (März 1997): 17–28, https://doi.org/10.1080/09515079708251408.

102 Jens Förster, Amina Özelsel, und Kai Epstude, „How Love and Lust Change People's Perception of Relationship Partners", *Journal of Experimental Social Psychology* 46, Nr. 2 (März 2010): 237–46, https://doi.org/10.1016/j.jesp.2009.08.009.

103 Eli J. Finkel u. a. „The Suffocation of Marriage: Climbing Mount Maslow Without Enough Oxygen", *Psychological Inquiry* 25, Nr. 1 (Januar 2014): 1–41, https://doi.org/10.1080/1047840X.2014.863723.

104 https://www.psychologytoday.com/us/articles/199901/the-new-flirting-game.

105 „The Decline of Marriage And Rise of New Families | Pew Research Center", 18. November 2010, https://www.pewsocialtrends.org/2010/11/18/the-decline-of-marriage-and-rise-of-new-families/.

106 Drösser, Geißler und Majer, *Wir Deutschen & die Liebe*, 124f.

107 „The Decline of Marriage And Rise of New Families | Pew Research Center".

108 „ElitePartner-Studie 2019", o. J.

109 J. Kale Monk und Brian G. Ogolsky, „Contextual Relational Uncertainty Model: Understanding Ambiguity in a Changing Sociopolitical Context of Marriage", *Journal of Family Theory & Review* 11, Nr. 2 (Juni 2019): 243–61, https://doi.org/10.1111/jftr.12325.

110 s. auch Brian G. Ogolsky u. a., „Personal Well-Being across the Transition to Marriage Equality: A Longitudinal Analysis.", *Journal of Family Psychology* 33, Nr. 4 (Juni 2019): 422–32, https://doi.org/10.1037/fam0000504.

111 „Die Wa(h)re Liebe", zugegriffen 15. August 2019, https://www.tagesspiegel.de/kultur/eva-illouz-ueber-beziehungen-und-konsum-die-wahre-liebe/23253732.html.

112 „Die Wa(h)re Liebe".

113 „Der Liebe wegen. Ein Interview von Isabelle Graw mit Eva Illouz", zugegriffen 15. August 2019, https://www.textezurkunst.de/52/der-liebe-wegen/.

114 Kristen R Ghodsee u. a., *Warum Frauen im Sozialismus besseren Sex haben Und andere Argumente für ökonomische Unabhängigkeit*, (Berlin: Suhrkamp, 2019).

115 Cindy Kazan und Phillip Shaver, „Romantic Love Conceptualized as an Attachment Process", o. J., 14.

116 Kazan und Shaver.

117 Kazan und Shaver.

118 Kazan und Shaver.

119 Kazan und Shaver.

120 Kazan und Shaver.

121 Vgl. https://www.familienhandbuch.de/familie-leben/partnerschaft/herausforderung-konflikte/dereinflussderherkunftsfamilienaufdiepartnersch.php

122 Jeffrey K. Snyder u. a., „Trade-Offs in a Dangerous World: Women's Fear of Crime Predicts Preferences for Aggressive and Formidable Mates", *Evolution and Human Behavior* 32, Nr. 2 (März 2011): 127–37, https://doi.org/10.1016/j.evolhumbehav.2010.08.007.

123 Jeffry A Simpson, „Influence of Attachment Styles on Romantic Relationships", o. J., 10; Jeffry A. Simpson, W. Steven Rholes, und Dede Phillips, „Interpersonal relations and group processes", o. J., 16; Mario Mikulincer, Victor Florian und Aron Weller, „Attachment Styles, Coping Strategies, and Posttraumatic Psychological Distress: The Impact of the Gulf War in Israel", o. J., 10.

124 Mark W. Baldwin und Beverley Fehr, „On the Instability of Attachment Style Ratings", *Personal Relationships* 2, Nr. 3 (September 1995): 247–61, https://doi.org/10.1111/j.1475-6811.1995.tb00090.x.

125 u. a. Franz J. Neyer und Judith Lehnart, „Relationships Matter in Personality Development: Evidence From an 8-Year Longitudinal Study Across Young Adulthood", *Journal of Personality* 75, Nr. 3 (Juni 2007): 535–68, https://doi.org/10.1111/j.1467-6494.2007.00448.x; Lee A Kirkpatrick und Keith E Davis, „Attachment Style, Gender, and Relationship Stability: A Longitudinal Analysis", o. J., 11.

126 Karl Heinz Brisch, Hrsg., *Bindungen – Paare, Sexualität und Kinder*, (Stuttgart: Klett-Cotta, 2012), 36–60.

127 Jule Specht und Boris Egloff, „Stability and Change of Personality Across the Life Course: The Impact of Age and Major Life Events on Mean-Level and Rank-Order Stability of the Big Five", o. J., 22.

128 „Driver improvement schemes", zugegriffen 11. September 2019, https://people.exeter.ac.uk/cnwburge/pages/ndis03.html.

129 „Machtspiele in der Beziehung: Wie wir sie erkennen und eine Trennung verhindern", ze.tt (blog), zugegriffen 11. September 2019, https://ze.tt/machtspiele-in-der-beziehung-wie-wir-sie-erkennen-und-eine-trennung-verhindern/.

130 Peter K. Jonason und Phillip Kavanagh, „The Dark Side of Love: Love Styles and the Dark Triad", *Personality and Individual Differences* 49, Nr. 6 (Oktober 2010): 606–10, https://doi.org/10.1016/j.paid.2010.05.030.

131 https://wiki.yoga-vidya.de/Sechs_Liebesstile.

132 vgl. Holzberg, Oskar, „Kann man jemanden dazu bringen, einen zu lieben?", *Brigitte*, Nr. 12 (2019): 8.

133 Erin R. Whitchurch, Timothy D. Wilson und Daniel T. Gilbert, „"He Loves Me, He Loves Me Not …": Uncertainty Can Increase Romantic Attraction", *Psychological Science* 22, Nr. 2 (Februar 2011): 172–75, https://doi.org/10.1177/0956797610393745.

134 „So habe ich noch nie geliebt", 11. April 2012, https://www.petra.de/sex/liebe-psyche/artikel/liebeskummer-tipps/page/2.

135 Brian G. Ogolsky, Catherine A. Surra und J. Kale Monk, „Pathways of Commitment to Wed: The Development and Dissolution of Romantic Relationships: Pathways of Commitment", *Journal of Marriage and Family* 78, Nr. 2 (April 2016): 293–310, https://doi.org/10.1111/jomf.12260.

136 Joan K. Monin u. a., „Associations between Spouses' Oxytocin Receptor Gene Polymorphism, Attachment Security, and Marital Satisfaction", hg. von Alexandra Kavushansky, *PLOS ONE* 14, Nr.2 (28. Februar 2019), https://doi.org/10.1371/journal.pone.0213083.

137 s. u. a. Linda J. Waite und Maggie Gallagher, *The Case for Marriage: Why Married People Are Happier, Healthier, and Better off Financially*, (New York: Broadway books, 2000).

138 Richard E. Lucas u. a., „Reexamining Adaptation and the Set Point Model of Happiness: Reactions to Changes in Marital Status.", *Journal of Personality and Social Psychology* 84, Nr. 3 (2003): 527–39, https://doi.org/10.1037/0022-3514.84.3.527.

139 vgl. u. a. Marina Krakovsky, „The Science of Lasting Happiness", *Scientific American*, zugegriffen 31. Mai 2019, https://doi.org/10.1038/scientificamerican0407-36.

140 Kim Parker, Wendy Wang und Molly Rohal, „Numbers, Facts and Trends Shaping the World", o. J., 46.

141 https://www.bentley.edu/impact/articles/nowuknow-why-millennials-refuse-get-married.

142 Salmai Qari, „Marriage, Adaptation and Happiness: Are There Long-Lasting Gains to Marriage?", *Journal of Behavioral and Experimental Economics* 50 (Juni 2014): 29–39, https://doi.org/10.1016/j.socec.2014.01.003.

143 (Mikko Myrskylä und Rachel Margolis, „Happiness: Before and After the Kids", Demography 51, Nr. 5 (Oktober 2014): 1843–66, https://doi.org/10.1007/s13524-014-0321-x.

144 Jack H Medalie, „Angina Pectoris Among 10,000 Men", *Angina Pectoris* 55 (1973): 12.

145 P. Reynolds, P.T. Boyd und R.S. Blacklow, „The Relationship between Social Ties and Survival among Black and White Breast Cancer Patients. National Cancer Institute Black/White Cancer Survival Study Group.", *Cancer Epidemiology*, 1994, 9.

146 K. Allen, „Cardiovascular Reactivity and the Presence of Pets, Friends, and Spouses: The Truth About Cats and Dogs", *Psychosomatic Medicine* 64, Nr. 5 (1. September 2002): 727–39, https://doi.org/10.1097/01.PSY.0000024236.11538.41.

147 Amy C. Moors, Dylan F. Selterman, und Terri D. Conley, „Personality Correlates of Desire to Engage in Consensual Non-Monogamy among Lesbian, Gay, and Bisexual Individuals", *Journal of Bisexuality* 17, Nr. 4 (2. Oktober 2017): 418–34, https://doi.org/10.1080/15299716.2017.1367982.

148 Agnieszka Sabiniewicz u. a., „Is Love Related to Selfies? Romantic Selfie Posting Behavior and Love Levels among Women and Men", *Personality and Individual Differences* 111 (Juni 2017): 297–300, https://doi.org/10.1016/j.paid.2017.02.038.

149 Fischbach, Lisa, Hrsg., „ElitePartner-Studie 2019: So liebt Deutschland" (ElitePartner, Hamburg, 2019).

150 Elite-Partner Studie 2019.

151 Christoph Drösser, Holger Geißler und Joni Majer, Hrsg., *Wir Deutschen & die Liebe: wie wir lieben, was wir lieben, was uns erregt*, (Hamburg: Edel, 2017), 82.

152 Drösser, Geißler und Majer, 84f.

153 zitiert nach News Agencies, „Average Woman Will Kiss 15 Men and Be Heartbroken Twice before Meeting ‚The One', Study Reveals", 1. Januar 2014, https://www.telegraph.co.uk/news/picturegalleries/howaboutthat/10545810/Average-woman-will-kiss-15-men-and-be-heartbroken-twice-before-meeting-The-One-study-reveals.html.

154 nach Hannah Fry, *The Mathematics of Love: Patterns, Proofs and the Search for the Ultimate Equation*, (London, New York, Toronto: TED Books, 2015), Kap. 6.

155 „ElitePartner-Studie 2019.pdf", o. J.

156 Benjamin Libet, „Journal of Consciousness Studies", o. J., 11.

157 Lauren Eskreis-Winkler u. a., „The Grit Effect: Predicting Retention in the Military, the Workplace, School and Marriage", *Frontiers in Psychology* 5 (2014), https://doi.org/10.3389/fpsyg.2014.00036.

158 Angela Duckworth, Grit: *die neue Formel zum Erfolg: mit Begeisterung und Ausdauer zum Ziel*, 1. Auflage (München: C. Bertelsmann, 2017).

159 „Grit-8-item.pdf", zugegriffen 5. Juni 2019, http://www.sjdm.org/dmidi/files/Grit-8-item.pdf.

160 u. a. „Ungeschriebene Dating-Regeln, die fast alle Singles hassen – aber trotzdem befolgen", *Brigitte*, 6. Februar 2019, https://www.brigitte.de/liebe/singles/reddit--singles-teilen-dumme-dating-regeln-11528824.html; Steffen Lüdke: „Das sind die 26 absolut unverzichtbaren Dating-Regeln für Millennials", zugegriffen 13. September 2019, https://www.bento.de/haha/das-sind-die-26-absolut-unverzichtbaren-dating-regeln-fuer-millennials-a-6c3804f2-498d-4c3a-9b32-7d3f68f83bb1; „Nicht-Dates sind die besseren Dates", jetzt.de, 2. März 2019, https://www.jetzt.de/liebe-und-beziehung/warum-man-alle-dating-regeln-missachten-sollte; „Die bekanntesten Date-Regeln im Überblick: Klischee oder Wahrheit?", Parship, zugegriffen 13. September 2019, https://www.parship.de/ratgeber/verabreden/date-regeln/.

161 „Parship Wissen: Schatz, es ist aus – jeder fünfte Single wurde bereits per Kurznachricht vom Partner verlassen", Parship, zugegriffen 13. September 2019, https://www.parship.de/presse/pressemeldungen/2019/parship-wissen-schatz-es-ist-aus-jeder-fuenfte-single-wurde-bereits-per-kurznachricht-vom-partner-verlassen/.

162 Clara Ott, „Cushioning, Gatsbying, Ghosting: Die neuen Dating-Trends sind alte Ausreden", *Die Welt*, 28. Februar 2018, https://www.welt.de/vermischtes/article174000526/Cushioning-Gatsbying-Ghosting-Die-neuen-Dating-Trends-sind-alte-Ausreden.html.

163 welt.de/vermischtes/article174000526/Cushioning-Gatsbying-Ghosting-Die-neuen-Dating-Trends-sind-alte-Ausreden.htmlx.

164 u. a. „Ghosting-Opfer? Psychologie: 7 Gründe, und wie Du reagieren sollst!", wie-flirte-ich.com (blog), 6. April 2018, https://www.wie-flirte-ich.com/beziehungstipps/ghosting-psychologie-gruende-wie-reagieren; Ulrike Fuchs, „Ghosting: die stille und heimliche Trennung", 4. Juni 2018, https://www.muenchen-heilpraktiker-psychotherapie.de/blog-2/kommunikation-verstaendnis-austausch/ghosting-heimliche-trennung.html; „Ghosting: Pros, Kontras und die beste Reaktion", *Brigitte*, 22. Januar 2019, https://www.brigitte.de/liebe/singles/ghosting--pros--kontras-und-die-beste-reaktion-11518634.html; Anna Ullrich, „Darum meldet er sich plötzlich nicht mehr", 10. September 2018, https://www.womenshealth.de/artikel/warum-er-sich-einfach-nicht-mehr-meldet-144711.html.

PHASE 2: ALLTAGSERNÜCHTERUNG

165 Drösser, Geißler und Majer, *Wir Deutschen & die Liebe*, 99.

166 https://www.welt.de/icon/article137196832/Liebe-in-Zahlen-und-Fakten-der-Leidenschaft.html.

167 „Parship Studie: Fünf Jahre Partnerschaft bedeutet im Schnitt 1,7 Beziehungskrisen", Parship, zugegriffen 16. September 2019, https://www.parship.de/presse/pressemeldungen/2016/parship-studie-fuenf-jahre-partnerschaft-bedeutet-im-schnitt-17-beziehungskrisen/.

168 „Parship Studie: Zwei Drittel der Deutschen wünschen sich mehr Aufmerksamkeit von ihrem Partner", Parship, zugegriffen 16. September 2019, https://www.parship.de/presse/pressemeldungen/2016/parship-studie-zwei-drittel-der-deutschen-wuenschen-sich-mehr-aufmerksamkeit-von-ihrem-partner/.

169 „Parship Studie: Fast die Hälfte der Männer wünscht sich mehr Freiraum in der Beziehung", Parship, zugegriffen 16. September 2019, https://www.parship.de/presse/pressemeldungen/2016/parship-studie-fast-die-haelfte-der-maenner-wuenscht-sich-mehr-freiraum-in-der-beziehung/.

170 Shelly L. Gable u. a., „What Do You Do When Things Go Right? The Intrapersonal and Interpersonal Benefits of Sharing Positive Events.", *Journal of Personality and Social Psychology* 87, Nr. 2 (2004): 228–45, https://doi.org/10.1037/0022-3514.87.2.228.

171 Shelly L. Gable, Gian C. Gonzaga und Amy Strachman, „Will You Be There for Me When Things Go Right? Supportive Responses to Positive Event Disclosures.", *Journal of Personality and Social Psychology* 91, Nr. 5 (2006): 904–17, https://doi.org/10.1037/0022-3514.91.5.904.

172 Jacqui Gabb, „Enduring Love?: Couple Relationships in the 21st Century : Survey Findings : Report" (Milton Keynes, England: The Open University, 2013), http://www.open.ac.uk/researchprojects/enduringlove/files/enduringlove/file/ecms/web-content/Final-Enduring-Love-Survey-Report.pdf.

173 Paul Taylor, Cary Funk, und April Clark, „As Marriage and Parenthood Drift Apart, Public Is Concerned about Social Impact", o. J., 91.

174 vgl. Sabino Kornrich, Julie Brines, und Katrina Leupp, „Egalitarianism, Housework, and Sexual Frequency in Marriage", *American Sociological Review* 78, Nr. 1 (Februar 2013): 26–50, https://doi.org/10.1177/0003122412472340.

175 Paula Szuchman, Jenny Anderson, und Regina Schneider, *Mehr Sex, weniger Abwasch* (München: Goldmann, 2012).

176 eine sehr verständliche Betrachtung der umfangreichen Studie findet sich u. a. in Wendy Klein Bradbury Carolina Izquierdo, Thomas N., „The Difference Between a Happy Marriage and Miserable One: Chores", *The Atlantic*, 1. März 2013, https://www.theatlantic.com/sexes/archive/2013/03/the-difference-between-a-happy-marriage-and-miserable-one-chores/273615/.

177 vgl. Daniel L. Carlson, Amanda Jayne Miller und Sharon Sassler, „Stalled for Whom? Change in the Division of Particular Housework Tasks and Their Consequences for Middle- to Low-Income Couples", Socius: *Sociological Research for a Dynamic World* 4 (Januar 2018): 237802311876586, https://doi.org/10.1177/2378023118765867.

178 Gabb, Enduring Love?

179 „Pampers-Studie-Elternsein-2019.pdf", zugegriffen 11. September 2019, https://www.wellcome-online.de/ueber-uns/presse/downloads/Pampers-Studie-Elternsein-2019.pdf.

180 Myrskylä und Margolis, „Happiness".

181 Maike Luhmann u. a., „Subjective Well-Being and Adaptation to Life Events: A Meta-Analysis.", *Journal of Personality and Social Psychology* 102, Nr. 3 (2012): 592–615, https://doi.org/10.1037/a0025948.

182 J. Bakker, „Sexual Differentiation of the Neuroendocrine Mechanisms Regulating Mate Recognition in Mammals: Sexual Differentiation of Mechanisms Regulating Mate Recognition", *Journal of Neuroendocrinology* 15, Nr. 6 (28. April 2003): 615–21, https://doi.org/10.1046/j.1365-2826.2003.01036.x.

183 Scott I. Rick, Deborah A. Small und Eli J. Finkel, „Fatal (Fiscal) Attraction: Spendthrifts and Tightwads in Marriage", *Journal of Marketing Research* 48, Nr. 2 (April 2011): 228–37, https://doi.org/10.1509/jmkr.48.2.228.

184 https://news.umich.edu/fatal-fiscal-attraction-tightwads-and-spendthrifts-tend-to-marry/

185 „ElitePartner-Studie 2019.pdf".

186 Michael Mary, *Die Liebe und das liebe Geld: vom letzten Tabu in Paarbeziehungen*, (München: Piper, 2018).

187 „Geld und Liebe: ‚Wer die Wahrheit über eine Beziehung wissen will sollte, über Geld reden'" brigitte.de, zugegriffen 15. August 2019, https://www.brigitte.de/academy/finanzen/geld-und-liebe-wer-die-wahrheit-ueber-eine-beziehung-wissen-will-sollte--ueber-geld-reden--11567542.html.

188 „A Study of Laughter and Dissociation: Distinct Correlates of Laughter and Smiling during Bereavement", ResearchGate, zugegriffen 29. Mai 2019, https://www.researchgate.net/publication/13900130_A_study_of_laughter_and_dissociation_Distinct_correlates_of_laughter_and_smiling_during_bereavement.

189 Kay Brauer und René T. Proyer, „To Love and Laugh: Testing Actor-, Partner-, and Similarity Effects of Dispositions towards Ridicule and Being Laughed at on Relationship Satisfaction", *Journal of Research in Personality* 76 (Oktober 2018): 165–76, https://doi.org/10.1016/j.jrp.2018.08.008.

190 Brauer und Proyer; Laura E. Kurtz und Sara B. Algoe, „Putting Laughter in Context: Shared Laughter as Behavioral Indicator of Relationship Well-Being: Putting Laughter in Context", *Personal Relationships* 22, Nr. 4 (Dezember 2015): 573–90, https://doi.org/10.1111/pere.12095.

191 https://www.sciencedaily.com/releases/2018/10/181016094417.htm.

192 Laura E. Kurtz und Sara B. Algoe, „When Sharing a Laugh Means Sharing More: Testing the Role of Shared Laughter on Short-Term Interpersonal Consequences", *Journal of Nonverbal Behavior* 41, Nr. 1 (März 2017): 45–65, https://doi.org/10.1007/s10919-016-0245-9.

193 https://www.inc.com/melanie-curtin/will-your-relationship-last-science-says-couples-who-do-this-1-thing-regularly-are-more-likely-to-stay-together.html.

194 Alice Verstaen u. a., „Age-Related Changes in Emotional Behavior: Evidence from a 13-Year Longitudinal Study of Long-Term Married Couples.", *Emotion* (29. November 2018): https://doi.org/10.1037/emo0000551; Lila MacLellan, „Researchers Found One Way That Long-Term Marriages Get Happier", Quartzy, zugegriffen 31. Mai 2019, https://qz.com/quartzy/1488362/researchers-found-one-way-that-marriages-get-happier-over-time/.

195 Kurtz und Algoe, „Putting Laughter in Context".

196 Lori Cluff Schade u. a., „Using Technology to Connect in Romantic Relationships: Effects on Attachment, Relationship Satisfaction, and Stability in Emerging Adults", *Journal of Couple & Relationship Therapy* 12, Nr. 4 (Oktober 2013): 314–38, https://doi.org/10.1080/15332691.2013.836051.

197 Drösser, Geißler und Majer, *Wir Deutschen & die Liebe*, 25.

198 „Sometimes Expressing Anger Can Help a Relationship in the Long-Term", ScienceDaily, zugegriffen 27. Mai 2019, https://www.sciencedaily.com/releases/2012/08/120802133649.htm.

199 Mariko L. Visserman u. a., „To ‚See' Is to Feel Grateful? A Quasi-Signal Detection Analysis of Romantic Partners' Sacrifices", *Social Psychological and Personality Science* 10, Nr. 3 (April 2019): 317–25, https://doi.org/10.1177/1948550618757599.

200 Emily A. Impett u. a., „Suppression Sours Sacrifice: Emotional and Relational Costs of Suppressing Emotions in Romantic Relationships", *Personality and Social Psychology Bulletin* 38, Nr. 6 (Juni 2012): 707–20, https://doi.org/10.1177/0146167212437249; Emily A. Impett u. a., „When You Think Your Partner Is Holding Back: The Costs of Perceived Partner Suppression During Relationship Sacrifice", *Social Psychological and Personality* Science 5, Nr. 5 (Juli 2014): 542–49, https://doi.org/10.1177/1948550613514455.

201 Samantha Joel u. a., „The Things You Do for Me: Perceptions of a Romantic Partner's Investments Promote Gratitude and Commitment", *Personality and Social Psychology Bulletin* 39, Nr. 10 (Oktober 2013): 1333–45, https://doi.org/10.1177/0146167213497801.

202 Mariko L. Visserman u. a., „It's the Motive That Counts: Perceived Sacrifice Motives and Gratitude in Romantic Relationships.", *Emotion* 18, Nr. 5 (August 2018): 625–37, https://doi.org/10.1037/emo0000344.

203 https://greatergood.berkeley.edu/article/item/why_physical_touch_matters_for_your_well_being.

204 Andrew K. Gulledge, Michelle H. Gulledge, und Robert F. Stahmannn, „Romantic Physical Affection Types and Relationship Satisfaction“, *The American Journal of Family Therapy* 31, Nr. 4 (Juli 2003): 233–42, https://doi.org/10.1080/01926180390201936.

205 James A. Coan, Hillary S. Schaefer und Richard J. Davidson, „Lending a Hand: Social Regulation of the Neural Response to Threat“, *Psychological Science* 17, Nr. 12 (Dezember 2006): 1032–39, https://doi.org/10.1111/j.1467-9280.2006.01832.x.

206 Kory Floyd u. a., „Kissing in Marital and Cohabiting Relationships: Effects on Blood Lipids, Stress, and Relationship Satisfaction“, *Western Journal of Communication* 73, Nr. 2 (5. Mai 2009): 113–33, https://doi.org/10.1080/10570310902856071.

207 Justin A. Lavner, Benjamin R. Karney und Thomas N. Bradbury, „Does Couples' Communication Predict Marital Satisfaction, or Does Marital Satisfaction Predict Communication?: Couple Communication and Marital Satisfaction“, *Journal of Marriage and Family* 78, Nr. 3 (Juni 2016): 680–94, https://doi.org/10.1111/jomf.12301.

208 Lisa A. Neff und Benjamin R. Karney, „To Know You Is to Love You: The Implications of Global Adoration and Specific Accuracy for Marital Relationships.“, *Journal of Personality and Social Psychology* 88, Nr. 3 (2005): 480–97, https://doi.org/10.1037/0022-3514.88.3.480.

209 Beate Ditzen u. a., „Effects of Different Kinds of Couple Interaction on Cortisol and Heart Rate Responses to Stress in Women“, *Psychoneuroendocrinology* 32, Nr. 5 (Juni 2007): 565–74, https://doi.org/10.1016/j.psyneuen.2007.03.011.

210 Elaine Walster u. a., „‚Playing Hard to Get‘: Understanding an Elusive Phenomenon.“, *Journal of Personality and Social Psychology* 26, Nr. 1 (1973): 113–21, https://doi.org/10.1037/h0034234.

211 Erin R. Whitchurch, Timothy D. Wilson, und Daniel T. Gilbert, „‚He Loves Me, He Loves Me Not …‘: Uncertainty Can Increase Romantic Attraction“, *Psychological Science* 22, Nr. 2 (Februar 2011): 172–75, https://doi.org/10.1177/0956797610393745.

212 Dorothy Tennov, *Love and limerence: the experience of being in love* (Lanham, MD: Scarborough House, 1999), nach Bas Kast, *Die Liebe und wie sich Leidenschaft erklärt*, 2016.

213 Gabb, Enduring Love?

214 Drösser, Geißler und Majer, *Wir Deutschen & die Liebe*, 122.

215 „Quantifying the Sexual Afterglow: The Lingering Benefits of Sex and Their Implications for Pair-Bonded Relationships | Request PDF“, ResearchGate, zugegriffen 28. Mai 2019, https://www.researchgate.net/publication/315321926_Quantifying_the_Sexual_Afterglow_The_Lingering_Benefits_of_Sex_and_Their_Implications_for_Pair-Bonded_Relationships.

216 Amy Muise, Ulrich Schimmack und Emily A. Impett, „Sexual Frequency Predicts Greater Well-Being, But More Is Not Always Better“, *Social Psychological and Personality Science* 7, Nr. 4 (Mai 2016): 295–302, https://doi.org/10.1177/1948550615616462.

217 David G Blanchflower und Andrew J Oswald, „Money, Sex, and Happiness: An Empirical Study“, Working Paper (National Bureau of Economic Research, Mai 2004), https://doi.org/10.3386/w10499.

218 Muise et. Al. 2016

219 Andrew T. Jebb u. a., „Happiness, Income Satiation and Turning Points around the World“, *Nature Human Behaviour* 2, Nr. 1 (Januar 2018): 33–38, https://doi.org/10.1038/s41562-017-0277-0.

220 Muise, Schimmack, und Impett, „Sexual Frequency Predicts Greater Well-Being, But More Is Not Always Better“.

221 Anthony Smith u. a., „Sexual and Relationship Satisfaction Among Heterosexual Men and Women: The Importance of Desired Frequency of Sex“, *Journal of Sex & Marital Therapy* 37, Nr. 2 (28. Februar 2011): 104–15, https://doi.org/10.1080/0092623X.2011.560531.

222 https://www.sciencedaily.com/releases/2008/03/080331145115.htm.

223 Jes L. Matsick, Terri D. Conley, und Amy C. Moors, „The Science of Female Orgasms: Pleasing Female Partners in Casual and Long-Term Relationships“, in *The Psychology of Love and Hate in Intimate Relationships*, hg. von Katherine Aumer (Cham: Springer International Publishing, 2016), 47–63, https://doi.org/10.1007/978-3-319-39277-6_4.

224 „Parship Studie: Heiße Stunden mit dem Partner – 82 Prozent der Deutschen finden ein aktives Liebesleben in Beziehungen wichtig", Parship, zugegriffen 16. September 2019, https://www.parship.de/presse/pressemeldungen/2018/parship-studie-heisse-stunden-mit-dem-partner-82-prozent-der-deutschen-finden-ein-aktives-liebesleben-in-beziehungen-wichtig/.

225 Charmaine Borg und Peter J. de Jong, „Feelings of Disgust and Disgust-Induced Avoidance Weaken Following Induced Sexual Arousal in Women", hg. von Marianna Mazza, *PLOS ONE* 7, Nr. 9 (12. September 2012): e44111, https://doi.org/10.1371/journal.pone.0044111; Richard J. Stevenson, Trevor I. Case und Megan J. Oaten, „Effect of Self-Reported Sexual Arousal on Responses to Sex-Related and Non-Sex-Related Disgust Cues", *Archives of Sexual Behavior* 40, Nr. 1 (Februar 2011): 79–85, https://doi.org/10.1007/s10508-009-9529-z.

226 Peter J. de Jong, Mark van Overveld und Charmaine Borg, „Giving In to Arousal or Staying Stuck in Disgust? Disgust-Based Mechanisms in Sex and Sexual Dysfunction", *Journal of Sex Research* 50, Nr. 3–4 (April 2013): 247–62, https://doi.org/10.1080/00224499.2012.746280.

227 Harris Rubin und Lorne Campbell, „Day-to-Day Changes in Intimacy Predict Heightened Relationship Passion, Sexual Occurrence, and Sexual Satisfaction: A Dyadic Diary Analysis", *Social Psychological and Personality Science* 3, Nr. 2 (März 2012): 224–31, https://doi.org/10.1177/1948550611416520.

228 Hsiu-Chen Yeh u. a., „Relationships among Sexual Satisfaction, Marital Quality, and Marital Instability at Midlife.", *Journal of Family Psychology* 20, Nr. 2 (2006): 339–43, https://doi.org/10.1037/0893-3200.20.2.339.

229 „Parship Studie: Zu faul für Sex – mehr als jeder vierte Deutsche in einer Beziehung leidet unter dem ‚Panda-Syndrom'", Parship, zugegriffen 16. September 2019, https://www.parship.de/presse/pressemeldungen/2017/parship-studie-zu-faul-fuer-sex-mehr-als-jeder-vierte-deutsche-in-einer-beziehung-leidet-unter-dem-panda-syndrom/.

230 S. T. Lindau und N. Gavrilova, „Sex, Health, and Years of Sexually Active Life Gained Due to Good Health: Evidence from Two US Population Based Cross Sectional Surveys of Ageing", *BMJ* 340, Nr. 2 (9. März 2010): c810–c810, https://doi.org/10.1136/bmj.c810.

231 Vgl. https://www.psychologytoday.com/intl/blog/stress-and-sex/201109/sexual-satisfaction-teachable-skill.

232 G. D. Smith, S. Frankel und J. Yarnell, „Sex and Death: Are They Related? Findings from the Caerphilly Cohort Study", *BMJ* 315, Nr. 7123 (20. Dezember 1997): 1641–44, https://doi.org/10.1136/bmj.315.7123.1641.

233 Lindau und Gavrilova, „Sex, Health, and Years of Sexually Active Life Gained Due to Good Health".

234 Von Lydia Klöckner u. a., „Partnerschaft: Anders lieben wollen", ZEIT Online, zugegriffen 12. September 2019, https://www.zeit.de/wissen/2016-03/liebe-monogamie-beziehung-ehe-partnerschaft-studie-vermaechtnis; „Vermaechtnis-Studie_Broschuere_2019.pdf", o. J., https://www.infas.de/fileadmin/user_upload/2019_ZEIT_VermaechtnisStudie_Broschuere.pdf.

235 Eli J. Finkel u. a., „The Suffocation of Marriage: Climbing Mount Maslow Without Enough Oxygen", *Psychological Inquiry* 25, Nr. 1 (Januar 2014): 1–41, https://doi.org/10.1080/1047840X.2014.863723.

236 Terri D. Conley und Amy C. Moors, „More Oxygen Please!: How Polyamorous Relationship Strategies Might Oxygenate Marriage", *Psychological Inquiry* 25, Nr. 1 (Januar 2014): 56–63, https://doi.org/10.1080/1047840X.2014.876908.

237 https://www.vice.com/de/article/d7qday/was-wir-uber-monogamie-wissen-ist-wissenschaftlich-nicht-haltbar.

238 Martin, 2006.

239 Fry, *The Mathematics of Love*, Kap. 4.

240 James W. Carson u. a., „Mindfulness-Based Relationship Enhancement", *Behavior Therapy* 35, Nr. 3 (2004): 471–94, https://doi.org/10.1016/S0005-7894(04)80028-5.

241 Steven D. Pratscher u. a., „Interpersonal Mindfulness: Scale Development and Initial Cons-

truct Validation", *Mindfulness* 10, Nr. 6 (Juni 2019): 1044–61, https://doi.org/10.1007/s12671-018-1057-2.

242 Karen Wachs und James V. Cordova, „Mindful Relating: Exploring Mindfulness and Emotion Repertoires in Intimate Relationships", *Journal of Marital and Family Therapy* 33, Nr. 4 (Oktober 2007): 464–81, https://doi.org/10.1111/j.1752-0606.2007.00032.x.

243 Andrea L. Meltzer u. a., „Marital Satisfaction Predicts Weight Gain in Early Marriage.", *Health Psychology* 32, Nr. 7 (2013): 824–27, https://doi.org/10.1037/a0031593.

244 Ingmar Rapp und Björn Schneider, „The Impacts of Marriage, Cohabitation and Dating Relationships on Weekly Self-Reported Physical Activity in Germany: A 19-Year Longitudinal Study", *Social Science & Medicine* 98 (Dezember 2013): 197–203, https://doi.org/10.1016/j.socscimed.2013.09.024.

245 Jutta Mata u. a., „How Cohabitation, Marriage, Separation, and Divorce Influence BMI: A Prospective Panel Study", *Health Psychology* 37, Nr. 10 (Oktober 2018): 948–58, https://doi.org/10.1037/hea0000654.

246 Drösser, Geißler und Majer, *Wir Deutschen & die Liebe*, 30f.

247 Ying Chen u. a., „A Prospective Study of Marital Quality and Body Weight in Mid-life", *Health psychology* 37, Nr. 3 (März 2018): 247–56, https://doi.org/10.1037/hea0000589.

248 Drösser, Geißler und Majer, *Wir Deutschen & die Liebe*, 32.

249 Drösser, Geißler und Majer, 96.

250 „The Interpersonal Power of Feminism: Is Feminism Good for Romantic Relationships?", ResearchGate, zugegriffen 27. Mai 2019, https://www.researchgate.net/publication/225145092_The_Interpersonal_Power_of_Feminism_Is_Feminism_Good_for_Romantic_Relationships.

PHASE 3: KRISE

251 Robert Epstein u. a., „Which Relationship Skills Count Most? A Large-Scale Replication", *Journal of Couple & Relationship Therapy* 15, Nr. 4 (Oktober 2016): 341–56, https://doi.org/10.1080/15332691.2016.1141136.

252 Sarah M. Coyne u. a., „Relational Aggression and Marital Quality: A Five-Year Longitudinal Study", *Journal of Family Psychology* 31, Nr. 3 (2017): 282–93, https://doi.org/10.1037/fam0000274.

253 Vgl. https://ifstudies.org/blog/who-cheats-more-the-demographics-of-cheating-in-america, https://www.fatherly.com/health-science/do-men-cheat-more-than-women-infidelity-data/.

254 Drösser, Geißler und Majer, *Wir Deutschen & die Liebe*, 111.

255 Drösser, Geißler und Majer, 113.

256 Russell Clark, „Gender Differences in Receptivity to Sexual Offers", *Journal of Psychology & Human Sexuality* 2, Nr. 1 (7. August 1989): 39–55, https://doi.org/10.1300/J056v02n01_04.

257 Terri D. Conley, „Perceived Proposer Personality Characteristics and Gender Differences in Acceptance of Casual Sex Offers.", *Journal of Personality and Social Psychology* 100, Nr. 2 (2011): 309–29, https://doi.org/10.1037/a0022152.

258 Christin L. Munsch, „Her Support, His Support: Money, Masculinity, and Marital Infidelity", *American Sociological Review* 80, Nr. 3 (1. Juni 2015): 469–95, https://doi.org/10.1177/0003122415579989.

259 Schmid, Birgit, „US-Paartherapeutin Esther Perel: ‚Durch Affären können Beziehungen besser werden', 15. Februar 2019, https://www.nzz.ch/gesellschaft/wenn-leute-mir-von-ihren-affaeren-erzaehlen-reden-sie-nicht-ueber-sex-sie-sagen-sie-fuehlten-sich-wieder-so-lebendig-ld.1459447.

260 „Paartherapeutin Esther Perel: Machen wir's doch komplizierter! – Kultur – Tagesspiegel", zugegriffen 28. August 2019, https://www.tagesspiegel.de/kultur/paartherapeutin-esther-perel-machen-wirs-doch-komplizierter/21199878.html.

261 „„Betrug kann befreiend sein‘“, annabelle.ch, zugegriffen 28. August 2019, https://www.annabelle.ch/liebe/partnerschaft/betrug-kann-befreiend-sein-48942.

262 „«Betrug kann befreiend sein»“.

263 „Paartherapeutin Esther Perel über erfolgreiche Beziehungen und wie man Beziehungsprobleme lösen kann“, Femtastics, 4. April 2019, https://femtastics.com/stories/short-stories/paartherapeutin-esther-perel-ueber-erfolgreiche-beziehungen-und-wie-man-beziehungsprobleme-loesen-kann/.

264 Ebd.

265 Birgit Schmid, „Vertrauen nach Liebesverrat zurückgewinnen – eine Anleitung“, *Neue Zürcher Zeitung*, 18. Oktober 2018, https://www.nzz.ch/vertrauen/vertrauen-nach-liebesverrat-zurueckgewinnen-eine-anleitung-ld.1427423.

266 „Paartherapeutin Esther Perel über erfolgreiche Beziehungen und wie man Beziehungsprobleme lösen kann“.

267 Ebd.

268 Terri D. Conley u. a., „Unfaithful Individuals Are Less Likely to Practice Safer Sex Than Openly Nonmonogamous Individuals“, *The Journal of Sexual Medicine* 9, Nr. 6 (Juni 2012): 1559–65, https://doi.org/10.1111/j.1743-6109.2012.02712.x.

269 Sagt z. B. Oskar Holzberg in *Brigitte* 18/2019

270 Christine R. Harris, „Sexual and Romantic Jealousy in Heterosexual and Homosexual Adults“, *Psychological Science* 13, Nr. 1 (Januar 2002): 7–12, https://doi.org/10.1111/1467-9280.00402.

271 Laura Betzig, „Causes of Conjugal Dissolution: A Cross-cultural Study“, Current Anthropology 30, Nr. 5 (1989): 654–76.

272 „Infografik: Die Beziehungskiller der Deutschen | Statista“, zugegriffen 11. September 2019, https://de.statista.com/infografik/12533/umfrage-beziehungskiller-der-deutschen/.

273 „Parship Wissen: Vom Flirt bis zum Fremdtexten – das sind die häufigsten Gründe für Eifersucht in der Liebe“, Parship, zugegriffen 17. September 2019, https://www.parship.de/presse/pressemeldungen/2018/parship-wissen-vom-flirt-bis-zum-fremdtexten-das-sind-die-haeufigsten-gruende-fuer-eifersucht-in-der-liebe/.

274 „Parship Studie: Jeder vierte Mann in Deutschland betrügt seine Partnerin“, Parship, zugegriffen 17. September 2019, https://www.parship.de/presse/pressemeldungen/2016/parship-studie-jeder-vierte-mann-in-deutschland-betruegt-seine-partnerin/.

275 Stephen M Drigotas, C Annette Safstrom und Tiffany Gentilia, „An Investment Model Prediction of Dating Infidelity“, o. J., 16.

276 Fry, *The Mathematics of Love*, Kap. 5.

277 Finkel u. a. „The Suffocation of Marriage“.

278 Erica B. Slotter, Wendi L. Gardner, und Eli J. Finkel, „Who Am I Without You? The Influence of Romantic Breakup on the Self-Concept“, *Personality and Social Psychology Bulletin* 36, Nr. 2 (Februar 2010): 147–60, https://doi.org/10.1177/0146167209352250.

279 Finkel u. a. „The Suffocation of Marriage“

280 Christine R. Harris und Caroline Prouvost, „Jealousy in Dogs“, hg. von Elissa Z. Cameron, *PLOS ONE* 9, Nr. 7 (23. Juli 2014): e94597, https://doi.org/10.1371/journal.pone.0094597.

281 u. a. Mark Attridge, „Jealousy and Relationship Closeness: Exploring the Good (Reactive) and Bad (Suspicious) Sides of Romantic Jealousy“, *SAGE Open* 3, Nr. 1 (6. März 2013): 215824401347605, https://doi.org/10.1177/2158244013476054; Jennifer L. Bevan und Jerold L. Hale, „Negative Jealousy-Related Emotion Rumination as Consequences of Romantic Partner, Cross-Sex Friend, and Sibling Jealousy Expression“, *Communication Studies* 57, Nr. 4 (Dezember 2006): 363–79, https://doi.org/10.1080/10510970600945907; Melissa Ann Newberry, „The Positive and Negative Effects of Jealousy on Relationship Quality: A Meta-Analysis“, o. J., 49.

282 David C. Geary u. a., „Estrogens and Relationship Jealousy“, *Human Nature* 12, Nr. 4 (De-

zember 2001): 299–320, https://doi.org/10.1007/s12110-001-1001-2; Lisa L.M. Welling u. a., „Hormonal Contraceptive Use and Mate Retention Behavior in Women and Their Male Partners", *Hormones and Behavior* 61, Nr. 1 (Januar 2012): 114–20, https://doi.org/10.1016/j.yhbeh.2011.10.011.

283 C. Nathan DeWall u. a., „Forbidden Fruit: Inattention to Attractive Alternatives Provokes Implicit Relationship Reactance.", *Journal of Personality and Social Psychology* 100, Nr. 4 (2011): 621–29, https://doi.org/10.1037/a0021749.

284 https://doi.org/10.1353/sof.2001.0055.

285 https://doi.org/10.1353/sof.2001.0055.

286 Shawn Grover und John F Helliwell, „How's Life at Home? New Evidence on Marriage and the Set Point for Happiness", Working Paper (National Bureau of Economic Research, Dezember 2014), https://doi.org/10.3386/w20794.

287 David J. Roelfs u. a., „The Rising Relative Risk of Mortality for Singles: Meta-Analysis and Meta-Regression", *American Journal of Epidemiology* 174, Nr. 4 (15. August 2011): 379–89, https://doi.org/10.1093/aje/kwr111.

288 Rapp und Schneider, „The Impacts of Marriage, Cohabitation and Dating Relationships on Weekly Self-Reported Physical Activity in Germany".

289 https://www.psychologytoday.com/us/blog/living-single/201303/marriage-and-happiness-18-long-term-studies.

290 eine Meta-Analyse solcher Studien bietet z. B. Luhmann u. a., „Subjective Well-Being and Adaptation to Life Events".

291 Luhmann u. a.

292 https://www.sciencedaily.com/releases/2019/04/190408123230.htm.

293 Tyler C. Graff, Steven G. Luke und Wendy C. Birmingham, „Supportive Hand-Holding Attenuates Pupillary Responses to Stress in Adult Couples", hg. von Sebastiaan Mathôt, *PLOS ONE* 14, Nr. 2 (22. Februar 2019): e0212703, https://doi.org/10.1371/journal.pone.0212703.

294 Brian C. Gulack u. a., „Marriage and Mortality after Noncardiac Surgery", *Journal of Surgical Research* 210 (April 2017): 152–58, https://doi.org/10.1016/j.jss.2016.10.025.

295 Robert Waldinger, „What Makes a Good Life? Lessons from the Longest Study on Happiness", zugegriffen 6. Juni 2019, https://www.ted.com/talks/robert_waldinger_what_makes_a_good_life_lessons_from_the_longest_study_on_happiness.

296 Robert J. Waldinger u. a., „Security of Attachment to Spouses in Late Life: Concurrent and Prospective Links with Cognitive and Emotional Wellbeing", o. J., 45.

297 Julianne Holt-Lunstad, Timothy B. Smith, und J. Bradley Layton, „Social Relationships and Mortality Risk: A Meta-Analytic Review", *PLOS Medicine* 7, Nr. 7 (2010): 20.

298 „This 75-Year Harvard Study Found the 1 Secret to Leading a Fulfilling Life | Inc.com", zugegriffen 6. Juni 2019, https://www.inc.com/melanie-curtin/want-a-life-of-fulfillment-a-75-year-harvard-study-says-to-prioritize-this-one-t.html.

299 Drösser, Geißler und Majer, Wir Deutschen & die Liebe, 226.

300 Roberto De Vogli, Tarani Chandola, und Michael Gideon Marmot, „Negative Aspects of Close Relationships and Heart Disease", *Archives of Internal Medicine* 167, Nr. 18 (8. Oktober 2007): 1951, https://doi.org/10.1001/archinte.167.18.1951.

301 L. Crystal Jiang und Jeffrey T. Hancock, „Absence Makes the Communication Grow Fonder: Geographic Separation, Interpersonal Media, and Intimacy in Dating Relationships: Long-Distance Intimacy Process", *Journal of Communication* 63, Nr. 3 (Juni 2013): 556–77, https://doi.org/10.1111/jcom.12029.

302 A. de Boer, E.M. van Buel und G.J. Ter Horst, „Love Is More than Just a Kiss: A Neurobiological Perspective on Love and Affection", *Neuroscience* 201 (Januar 2012): 114–24, https://doi.org/10.1016/j.neuroscience.2011.11.017.

303 „Parship Wissen: Eine Fernbeziehung ist für einen Großteil der deutschen Singles kein Tabu", Parship, zugegriffen 17. September 2019, https://www.parship.de/presse/pressemeldungen/2017/parship-wissen-eine-fernbeziehung-ist-fuer-einen-grossteil-der-deutschen-

singles-kein-tabu/.

304 Drösser, Geißler und Majer, *Wir Deutschen & die Liebe*, 118f.

305 David G Blanchflower und Andrew J Oswald, „Imitative Obesity and Relative Utility", *Journal of the European Economic Association*, o. J., 12.

306 J. H Fowler und N. A Christakis, „Dynamic Spread of Happiness in a Large Social Network: Longitudinal Analysis over 20 Years in the Framingham Heart Study", *BMJ* 337, Nr. deco4 2 (4. Dezember 2008): a2338–a2338, https://doi.org/10.1136/bmj.a2338.

307 Kira S. Birditt u. a., „Drinking Patterns Among Older Couples: Longitudinal Associations With Negative Marital Quality", *The Journals of Gerontology Series B: Psychological Sciences and Social Sciences*, 27. Juni 2016, gbw073, https://doi.org/10.1093/geronb/gbw073.

308 „Couples Who Drink Together Tend to Be Happier Together, Study Finds", indy100, 28. August 2018, https://www.indy100.com/article/couples-drinking-alcohol-together-happier-study-8511236; „Couples Who Drink Together Are Happier Together, Study Finds", Lifehack, 31. Juli 2016, https://www.lifehack.org/443273/couples-who-drink-together-are-happier-together-study-finds.

309 Eskreis-Winkler u. a., „The Grit Effect".

310 „worldfamilymap-2019-051819final.pdf", o. J.; vgl. „Studie: Besserer Sex in traditioneller Ehe", Cathwalk, 24. Mai 2019, https://www.thecathwalk.de/2019/05/24/studie-zeigt-frauen-in-christlich-traditioneller-ehe-sind-am-gluecklichsten/.

311 „The Science Behind Happy and Healthy Relationships | Time", zugegriffen 6. Juni 2019, https://time.com/5321262/science-behind-happy-healthy-relationships/.

312 Helen Fisher, Arthur Aron und Lucy L. Brown, „Romantic Love: An FMRI Study of a Neural Mechanism for Mate Choice", *The Journal of Comparative Neurology* 493, Nr. 1 (5. Dezember 2005): 58–62, https://doi.org/10.1002/cne.20772.

313 „ElitePartner-Studie 2019".

314 Charlotte Reissman, Arthur Aron, und Merlynn R. Bergen, „Shared Activities and Marital Satisfaction: Causal Direction and Self-Expansion versus Boredom", *Journal of Social and Personal Relationships* 10, Nr. 2 (Mai 1993): 243–54, https://doi.org/10.1177/026540759301000205.

315 Gabb, Enduring Love?

316 Janice K. Kiecolt-Glaser u. a., „Hostile Marital Interactions, Proinflammatory Cytokine Production, and Wound Healing", *Archives of General Psychiatry* 62, Nr. 12 (1. Dezember 2005): 1377, https://doi.org/10.1001/archpsyc.62.12.1377.

317 Jean-Philippe Gouin u. a., „The Influence of Anger Expression on Wound Healing", *Brain, Behavior, and Immunity* 22, Nr. 5 (Juli 2008): 699–708, https://doi.org/10.1016/j.bbi.2007.10.013.

318 L. E. Williams und J. A. Bargh, „Experiencing Physical Warmth Promotes Interpersonal Warmth", *Science* 322, Nr. 5901 (24. Oktober 2008): 606–7, https://doi.org/10.1126/science.1162548.

319 J. M. Ackerman, C. C. Nocera und J. A. Bargh, „Incidental Haptic Sensations Influence Social Judgments and Decisions", *Science* 328, Nr. 5986 (25. Juni 2010): 1712–15, https://doi.org/10.1126/science.1189993.

320 Dermot Lynott u. a., „Replication of "Experiencing Physical Warmth Promotes Interpersonal Warmth" By", *Social Psychology* 45, Nr. 3 (Mai 2014): 216–22, https://doi.org/10.1027/1864-9335/a000187.

321 Molly E. Ireland u. a., „Language Style Matching Predicts Relationship Initiation and Stability", *Psychological Science* 22, Nr. 1 (Januar 2011): 39–44, https://doi.org/10.1177/0956797610392928.

322 R. A. Simmons, P. C. Gordon und D. L. Chambless, „Pronouns in Marital Interaction: What Do ‚You' and ‚I' Say About Marital Health?", *Psychological Science* 16, Nr. 12 (1. Dezember 2005): 932–36, https://doi.org/10.1111/j.1467-9280.2005.01639.x.

323 Richard B. Slatcher und James W. Pennebaker, „How Do I Love Thee? Let Me Count the

Words: The Social Effects of Expressive Writing", *Psychological Science* 17, Nr. 8 (August 2006): 660–64, https://doi.org/10.1111/j.1467-9280.2006.01762.x.

324 Eli J. Finkel u. a., „A Brief Intervention to Promote Conflict Reappraisal Preserves Marital Quality Over Time", *Psychological Science* 24, Nr. 8 (August 2013): 1595–1601, https://doi.org/10.1177/0956797612474938.

325 Frank D. Fincham, „Marital Conflict: Correlates, Structure, and Context", *Current Directions in Psychological Science* 12, Nr. 1 (Februar 2003): 23–27, https://doi.org/10.1111/1467-8721.01215.

326 Thomas N Bradbury und Frank D Fincham, „Attributions in Marriage: Review and Critique", o. J., 31; Thomas N. Bradbury und Frank D. Fincham, „Attributions and Behavior in Marital Interaction.", *Journal of Personality and Social Psychology* 63, Nr. 4 (1992): 613–28, https://doi.org/10.1037/0022-3514.63.4.613.

327 Sandra L. Murray u. a., „What the Motivated Mind Sees: Comparing Friends' Perspectives to Married Partners' Views of Each Other", *Journal of Experimental Social Psychology* 36, Nr. 6 (November 2000): 600–620, https://doi.org/10.1006/jesp.1999.1417.

328 Sandra L Murray und John G Holmes, „The (Mental) Ties That Bind: Cognitive Structures That Predict Relationship Resilience", o. J., 17.

329 Bradbury und Fincham, „Attributions in Marriage: Review and Critique".

330 Murray und Holmes, „The (Mental) Ties That Bind: Cognitive Structures That Predict Relationship Resilience".

331 Murray und Holmes.

332 Sandra L Murray, John G Holmes und Dale W Griffin, „The Benefits of Positive Illusions: Idealization and the Construction of Satisfaction in Close Relationships", o. J., 20.

333 Murray Holmes, und Griffin; Sandra L Murray, Dale W Griffin, und John G Holmes, „The Self-Fulfilling Nature of Positive Illusions in Romantic Relationships: Love Is Not Blind, but Prescient", o. J., 26.

334 R. Chris Fraley und Michael J. Marks, „Westermarck, Freud, and the Incest Taboo: Does Familial Resemblance Activate Sexual Attraction?", *Personality and Social Psychology Bulletin* 36, Nr. 9 (September 2010): 1202–12, https://doi.org/10.1177/0146167210377180.

335 R. B. Zajonc u. a., „Convergence in the Physical Appearance of Spouses", *Motivation and Emotion* 11, Nr. 4 (Dezember 1987): 335–46, https://doi.org/10.1007/BF00992848.

336 David M. Buss und Michael Barnes, „Preferences in Human Mate Selection.", *Journal of Personality and Social Psychology* 50, Nr. 3 (1986): 559–70, https://doi.org/10.1037/0022-3514.50.3.559.

337 Elisabeth Gareis und Richard Wilkins, „Love Expression in the United States and Germany", *International Journal of Intercultural Relations* 35, Nr. 3 (Mai 2011): 307–19, https://doi.org/10.1016/j.ijintrel.2010.06.006.

338 Drösser, Geißler und Majer, *Wir Deutschen & die Liebe*, 10f.

339 Fischbach, Lisa, „ElitePartner-Studie 2019: So liebt Deutschland".

340 Gareis und Wilkins, „Love Expression in the United States and Germany".

341 Paul W. Eastwick und Eli J. Finkel, „Sex Differences in Mate Preferences Revisited: Do People Know What They Initially Desire in a Romantic Partner?", *Journal of Personality and Social Psychology* 94, Nr. 2 (2008): 245–64, https://doi.org/10.1037/0022-3514.94.2.245.

342 Norman P. Li u. a., „The Necessities and Luxuries of Mate Preferences: Testing the Tradeoffs.", *Journal of Personality and Social Psychology* 82, Nr. 6 (2002): 947–55, https://doi.org/10.1037/0022-3514.82.6.947.

343 Garth J.O. Fletcher, Geoff Thomas und Jeffry A Simpson, „Ideals, Perceptions, and Evaluations in Early Relationship Development", o. J., 8.

THERAPIE, PAARBERATUNG & (SELBST)COACHING

344 https://www.beziehungsweise-magazin.de/ratgeber/partnerschaft-beziehung/john-gottman-der-mann-der-die-liebe-vermessen-kann/.

345 https://www.beziehungsweise-magazin.de/ratgeber/partnerschaft-beziehung/john-gottman-der-mann-der-die-liebe-vermessen-kann/.

346 https://lexikon.stangl.eu/16521/gottman-konstante/.

347 https://www.johngottman.net/research/.

348 https://www.businessinsider.de/love-lab-seattle-helps-couples-relationships-2018-2?r=US&IR=T.

349 https://www.gottman.com/love-lab/.

350 vgl. Kritik in „A dissection of John Gottman's love lab.", zugegriffen 27. Mai 2019, https://slate.com/human-interest/2010/03/a-dissection-of-john-gottman-s-love-lab.html.

351 https://slate.com/human-interest/2010/03/a-dissection-of-john-gottman-s-love-lab.html.

352 wie z. B. Ronald D. Rogge und Thomas N. Bradbury, „Till Violence Does Us Part: The Differing Roles of Communication and Aggression in Predicting Adverse Marital Outcomes", *Journal of Consulting and Clinical Psychology* 67, Nr. 3 (1999): 340–51, https://doi.org/10.1037/0022-006X.67.3.340.

353 Gottman, J. M. „Meta-emotion, children's emotional intelligence, and buffering children from marital conflict" In: Carol D. Ryff und Burton Singer, Hrsg., *Emotion, Social Relationships, and Health, Series in Affective Science* (Oxford, New York: Oxford University Press, 2001), 23–40.

354 „The Four Horsemen: Criticism, Contempt, Defensiveness, and Stonewalling", zugegriffen 27. Mai 2019, https://www.gottman.com/blog/the-four-horsemen-recognizing-criticism-contempt-defensiveness-and-stonewalling/.

355 „The Four Horsemen: The Antidotes", zugegriffen 27. Mai 2019, https://www.gottman.com/blog/the-four-horsemen-the-antidotes/.

356 z. B. aktuell Robin A. Barry, Eileen P. Barden und Casey Dubac, „Pulling away: Links among disengaged couple communication, relationship distress, and depressive symptoms", *Journal of Family Psychology* 33, Nr. 3 (2019): 280–93, https://doi.org/10.1037/fam0000507.

357 https://www.beziehungsweise-magazin.de/ratgeber/partnerschaft-beziehung/was-eine-beziehung-wirklich-ausmacht-emotionale-sicherheit/.

358 „The Secret to Love Is Just Kindness – The Atlantic", zugegriffen 27. Mai 2019, https://www.theatlantic.com/health/archive/2014/06/happily-ever-after/372573/; Christina Noel Mitchell, „A Bid For Connection", Pregame Magazine, 1. März 2016, http://www.pregamemagazine.com/a-bid-for-connection/; „Gottman-Konstante", zugegriffen 27. Mai 2019, https://lexikon.stangl.eu/16521/gottman-konstante/.

359 Fry, *The Mathematics of Love*, Kap. 9.

360 Fry, Kap. 9.

361 Schmid, „Vertrauen nach Liebesverrat zurückgewinnen – eine Anleitung".

362 https://www.gottman.com/about/research/same-sex-couples/

363 https://twitter.com/bogolsky

364 https://twitter.com/bogolsky

365 Brian G. Ogolsky u. a., „Relationship Maintenance: A Review of Research on Romantic Relationships: Relationship Maintenance", *Journal of Family Theory & Review* 9, Nr. 3 (September 2017): 275–306, https://doi.org/10.1111/jftr.12205.

366 Jeffrey P. Dew, Jeremy E. Uecker und Brian J. Willoughby, „Joint Religiosity and Married Couples' Sexual Satisfaction", *Psychology of Religion and Spirituality* 27. Dezember 2018, https://doi.org/10.1037/rel0000243.

367 Arthur Aron u. a., „Couples' Shared Participation in Novel and Arousing Activities and Experienced Relationship Quality", *Journal of Personality and Social Psychology* 78, Nr. 2 (2000): 273–84, https://doi.org/10.1037/0022-3514.78.2.273; Arthur Aron u. a., „Shared Participation in Self-Expanding Activities: Positive Effects on Experienced Marital Quality", in

Understanding Marriage, hg. von Patricia Noller und Judith A. Feeney (Cambridge: Cambridge University Press, 2002), 177–94, https://doi.org/10.1017/CBO9780511500077.010.

368 u. a. Susan M. Johnson u. a., „Emotionally Focused Couples Therapy: Status and Challenges", Clinical Psychology: Science and Practice 6, Nr. 1 (1999): 67–79, https://doi.org/10.1093/clipsy.6.1.67; Nikki Kennedy, „Conversations for Connection: An Outcome Assessment of the Hold Me Tight Relationship Education Program for Couples", o. J., 137; Nicholas A. Lee, James L. Furrow und Brent A. Bradley, „Emotionally Focused Couple Therapy for Parents Raising a Child with an Autism Spectrum Disorder: A Pilot Study", *Journal of Marital and Family Therapy* 43, Nr. 4 (Oktober 2017): 662–73, https://doi.org/10.1111/jmft.12225; Stephanie A. Wiebe u. a., „Predicting Follow-up Outcomes in Emotionally Focused Couple Therapy: The Role of Change in Trust, Relationship-Specific Attachment, and Emotional Engagement", *Journal of Marital and Family Therapy* 43, Nr. 2 (April 2017): 213–26, https://doi.org/10.1111/jmft.12199; Stephanie A. Wiebe u. a., „Two-Year Follow-up Outcomes in Emotionally Focused Couple Therapy: An Investigation of Relationship Satisfaction and Attachment Trajectories", *Journal of Marital and Family Therapy* 43, Nr. 2 (April 2017): 227–44, https://doi.org/10.1111/jmft.12206; für eine ausführliche Liste mit Studien s. https://iceeft.com/eft-research/.

369 u. a. Johnson u. a., „Emotionally Focused Couples Therapy", 1999; Susan M. Johnson u. a., „Emotionally Focused Couples Therapy: Status and Challenges", *Clinical Psychology: Science and Practice* 6, Nr. 1 (11. Mai 2006): 67–79, https://doi.org/10.1093/clipsy.6.1.67; vgl. auch u. a. „NYCEFT About EFT", zugegriffen 6. November 2019, https://www.nyceft.org/about-eft.

370 Susan M. Johnson u. a., „Soothing the Threatened Brain: Leveraging Contact Comfort with Emotionally Focused Therapy", *PLOS ONE* 8, Nr. 11 (20. November 2013), https://doi.org/10.1371/journal.pone.0079314.

371 Kristin Neff und Gisela Kretzschmar, *Selbstmitgefühl: wie wir uns mit unseren Schwächen versöhnen und uns selbst der beste Freund werden*, (München: Kailash, 2012); gute Anleitung in: Kristin Neff, *Selbstmitgefühl – Schritt für Schritt*, (Freiburg im Breisgau: Arbor Verlag, 2017); sowie auch: Maren Schneider, *Ein Kurs in Selbstmitgefühl: achtsam und liebevoll mit sich selbst umgehen: das 8-Wochen-Programm*, (München: O.W. Barth, 2016).

372 vor allem: Andreas Knuf, *Sei nicht so hart zu dir selbst: Selbstmitgefühl in guten und in miesen Zeiten*, (München: Kösel, 2016); aber auch: Andreas Knuf, *Widerstand zwecklos: wie unser Leben leichter wird, wenn wir es annehmen, wie es ist*, (München: Kösel, 2018).

373 Holger Kuntze, *Lieben heißt wollen: wie Beziehung gelingen kann, wenn wir Freiheit ganz neu denken*, (München: Kösel, 2018).

374 Kuntze, Holger, „Zwei knackige Daumenregeln für eine andere Kommunikation", *Emotion*, August 2019, 64f.

375 Kuntze, *Lieben heißt wollen*, 49.

376 Kuntze, 49.

377 Stefanie Stahl, *Das Kind in dir muss Heimat finden: der Schlüssel zur Lösung (fast) aller Probleme*, (München: Kailash, 2015).

378 Stefanie Stahl, Jeder ist beziehungsfähig: der goldene Weg zwischen Nähe und Freiheit, Originalausgabe (München: Kailash, 2017).

379 „Das Kind in dir muss Heimat finden – Stefanie Stahl", zugegriffen 15. August 2019, https://www.stefaniestahl.de/deu/index.php/buecher_daskind_page1/.

380 Stefanie Stahl, *Das Kind in dir muss Heimat finden: das Arbeitsbuch: in drei Schritten zum starken Ich*, (München: Kailash, 2017).

381 z. B. in Andreas Knuf, Ruhe da oben! der Weg zu einem gelassenen Geist, 5. Aufl. (Freiburg, Br: Arbor-Verl, 2012); Jochen Peichl, *Rote Karte für den inneren Kritiker: wie aus dem ewigen Miesmacher ein Verbündeter wird*, (München: Kösel, 2014).

382 „Richtig streiten will gelernt sein | eric-hegmann.de", zugegriffen 15. August 2019, https://www.eric-hegmann.de/richtig-streiten-so-unterschiedlich-streiten-frauen-und-maenner/.

383 „Richtig streiten will gelernt sein | eric-hegmann.de".

384 „Richtig streiten will gelernt sein | eric-hegmann.de".

385 https://www.eric-hegmann.de/wp-content/uploads/2018/03/EH-Grafik-Kommunikations-fehler.png, s.a. https://www.eric-hegmann.de/richtig-streiten-so-unterschiedlich-streiten-frauen-und-maenner/2/.

386 https://www.brigitte.de/liebe/beziehung/woran-erkennt-man--on-man-zusammen-passt--11629736.html.

387 Ashley Fetters, „The 5 Years That Changed Dating", The Atlantic, 21. Dezember 2018, https://www.theatlantic.com/family/archive/2018/12/tinder-changed-dating/578698/.

388 „Managing Conflict: Solvable vs. Perpetual Problems", The Gottman Institute, 3. Juli 2012, https://www.gottman.com/blog/managing-conflict-solvable-vs-perpetual-problems/.

DIE ULTIMATIVEN KOMPASSREGELN

389 Normi Binti Abdul Malek, „Is Cohabitation an Alternative to Marriage?", *Procedia – Social and Behavioral Sciences* 219 (Mai 2016): 12–18, https://doi.org/10.1016/j.sbspro.2016.04.026.

Bibliografie

Ackerman, J. M., C. C. Nocera und J. A. Bargh. „Incidental Haptic Sensations Influence Social Judgments and Decisions“. *Science* 328, Nr. 5986 (2010): 1712–15.

Ackerman, Joshua M., Vladas Griskevicius und Norman P. Li. „Let's Get Serious: Communicating Commitment in Romantic Relationships“ *Journal of Personality and Social Psychology* 100, Nr. 6 (2011): 1079–94.

Allen, K. „Cardiovascular Reactivity and the Presence of Pets, Friends, and Spouses: The Truth About Cats and Dogs“. *Psychosomatic Medicine* 64, Nr. 5 (2002): 727–39.

Aron, Arthur, Christina C. Norman, Elaine N. Aron, Colin McKenna und Richard E. Heyman. „Couples' Shared Participation in Novel and Arousing Activities and Experienced Relationship Quality.“ *Journal of Personality and Social Psychology* 78, Nr. 2 (2000): 273–84.

Aron, Arthur, Christine C. Norman, Elaine N. Aron und Gary Lewandowski. „Shared Participation in Self-Expanding Activities: Positive Effects on Experienced Marital Quality“. *In Understanding Marriage*, herausgegeben von Patricia Noller und Judith A. Feeney, 177–94. Cambridge: Cambridge University Press, 2002.

Asendorpf, Jens B., Lars Penke und Mitja D. Back. „From Dating to Mating and Relating: Predictors of Initial and Long-Term Outcomes of Speed-Dating in a Community Sample“. *European Journal of Personality* 25, Nr. 1 (2011): 16–30.

Attridge, Mark. „Jealousy and Relationship Closeness: Exploring the Good (Reactive) and Bad (Suspicious) Sides of Romantic Jealousy“. *SAGE Open* 3, Nr. 1 (2013).

Bakker, J. „Sexual Differentiation of the Neuroendocrine Mechanisms Regulating Mate Recognition in Mammals: Sexual Differentiation of Mechanisms Regulating Mate Recognition“. *Journal of Neuroendocrinology* 15, Nr. 6 (2003): 615–21.

Baldwin, Mark W. und Beverley Fehr. „On the Instability of Attachment Style Ratings“. *Personal Relationships* 2, Nr. 3 (1995): 247–61.

Barry, Robin A., Eileen P. Barden und Casey Dubac. „Pulling away: Links among disengaged couple communication, relationship distress, and depressive symptoms“. *Journal of Family Psychology* 33, Nr. 3 (2019): 280–93.

Bernstein, Rosemary, Dacher Keltner und Heidemarie Laurent. „Parental Divorce and Romantic Attachment in Young Adulthood: Important Role of Problematic Beliefs“. *Marriage & Family Review* 48, Nr. 8 (2012): 711–31.

Betzig, Laura. „Causes of Conjugal Dissolution: A Cross-cultural Study“. *Current Anthropology* 30, Nr. 5 (1989): 654–76.

Bevan, Jennifer L. und Jerold L. Hale. „Negative Jealousy-Related Emotion Rumination as Consequences of Romantic Partner, Cross-Sex Friend, and Sibling Jealousy Expression“. *Communication Studies* 57, Nr. 4 (2006): 363–79.

Birditt, Kira S., James A. Cranford, Jasmine A. Manalel und Toni C. Antonucci. „Drinking Patterns Among Older Couples: Longitudinal Associations With Negative Marital Quality“. *The Journals of Gerontology Series B: Psychological Sciences and Social Sciences*, 27. Juni 2016.

Blair, Linda und Imke Brodersen. *Großer Bruder, kleine Schwester: wie unsere Position in der Familie unseren Charakter prägt*. München: Goldmann, 2012.

Blanchflower, David G. und Andrew J Oswald. „Imitative obesity and relative utility". *Journal of the European Economic Association* 7, Nr. 2-3 (2009): 528-38.

Blanchflower, David G. und Andrew J Oswald. „Money, Sex, and Happiness: An Empirical Study". *Working Paper. National Bureau of Economic Research*, Mai 2004.

Boer, A. de, E.M. van Buel und G.J. Ter Horst. „Love Is More than Just a Kiss: A Neurobiological Perspective on Love and Affection". *Neuroscience* 201 (2012): 114–24.

Borg, Charmaine und Peter J. de Jong. „Feelings of Disgust and Disgust-Induced Avoidance Weaken Following Induced Sexual Arousal in Women". *PLOS ONE* 7, Nr. 9 (2012).

Bradbury, Thomas N. und Frank D. Fincham. „Attributions and Behavior in Marital Interaction." *Journal of Personality and Social Psychology* 63, Nr. 4 (1992): 613–28.

Brauer, Kay und René T. Proyer. „To Love and Laugh: Testing Actor-, Partner-, and Similarity Effects of Dispositions towards Ridicule and Being Laughed at on Relationship Satisfaction". *Journal of Research in Personality* 76 (2018): 165–76.

Brisch, Karl Heinz. Hrsg. *Bindungen – Paare, Sexualität und Kinder*. Stuttgart: Klett-Cotta, 2012.

Buss, David M. „Sex Differences in Human Mate Preferences: Evolutionary Hypotheses Tested in 37 Cultures". *Behavioral and Brain Sciences* 12, Nr. 1 (1989): 1–14.

Buss, David M. und Michael Barnes. „Preferences in Human Mate Selection." *Journal of Personality and Social Psychology* 50, Nr. 3 (1986): 559–70.

Carlson, Daniel L., Amanda Jayne Miller und Sharon Sassler. „Stalled for Whom? Change in the Division of Particular Housework Tasks and Their Consequences for Middle- to Low-Income Couples". Socius: *Sociological Research for a Dynamic World* 4 (2018).

Carson, James W., Kimberly M. Carson, Karen M. Gil und Donald H. Baucom. „Mindfulness-Based Relationship Enhancement". *Behavior Therapy* 35, Nr. 3 (2004): 471–94.

Chen, Ying, Ichiro Kawachi, Lisa Berkman, Claudia Trudel-Fitzgerald und Laura D. Kubzansky. „A Prospective Study of Marital Quality and Body Weight in Mid-life". *Health psychology* 37, Nr. 3 (2018): 247–56.

Clark, Russell. „Gender Differences in Receptivity to Sexual Offers": *Journal of Psychology & Human Sexuality* 2, Nr. 1 (1989): 39–55.

Coan, James A., Hillary S. Schaefer und Richard J. Davidson. „Lending a Hand: Social Regulation of the Neural Response to Threat". *Psychological Science* 17, Nr. 12 (2006): 1032–39.

Conley, Terri D. „Perceived Proposer Personality Characteristics and Gender Differences in Acceptance of Casual Sex Offers." *Journal of Personality and Social Psychology* 100, Nr. 2 (2011): 309–29.

Conley, Terri D. und Amy C. Moors. „More Oxygen Please!: How Polyamorous Relationship Strategies Might Oxygenate Marriage". *Psychological Inquiry* 25, Nr. 1 (2014): 56–63.

Conley, Terri D., Amy C. Moors, Ali Ziegler und Constantina Karathanasis. „Unfaithful Individuals Are Less Likely to Practice Safer Sex Than Openly Nonmonogamous Individuals". *The Journal of Sexual Medicine* 9, Nr. 6 (2012): 1559–65.

Coyne, Sarah M., David A. Nelson, Jason S. Carroll, Nathan J. Smith, Chongming

Yang, Hailey G. Holmgren und Chad Johnson. „Relational Aggression and Marital Quality: A Five-Year Longitudinal Study." *Journal of Family Psychology* 31, Nr. 3 (2017): 282–93.

Crystal Jiang, L. und Jeffrey T. Hancock. „Absence Makes the Communication Grow Fonder: Geographic Separation, Interpersonal Media, and Intimacy in Dating Relationships: Long-Distance Intimacy Process". *Journal of Communication* 63, Nr. 3 (2013): 556–77.

Cunningham, Michael R. „Reactions to Heterosexual Opening Gambits: Female Selectivity and Male Responsiveness". *Personality and Social Psychology Bulletin* 15, Nr. 1 (1989): 27–41.

De Vogli, Roberto, Tarani Chandola und Michael Gideon Marmot. „Negative Aspects of Close Relationships and Heart Disease". *Archives of Internal Medicine* 167, Nr. 18 (2007): 1951.

Dew, Jeffrey P., Jeremy E. Uecker und Brian J. Willoughby. „Joint Religiosity and Married Couples' Sexual Satisfaction." *Psychology of Religion and Spirituality* 27 (2018).

DeWall, C. Nathan, Jon K. Maner, Timothy Deckman und D. Aaron Rouby. „Forbidden Fruit: Inattention to Attractive Alternatives Provokes Implicit Relationship Reactance." *Journal of Personality and Social Psychology* 100, Nr. 4 (2011): 621–29.

Dimberg, Ulf und Steve Thell. „Facial electromyography, fear relevance and the experience of stimuli". *Journal of Psychophysiology* 2 (1988): 213–19.

Ditzen, Beate, Inga D. Neumann, Guy Bodenmann, Bernadette von Dawans, Rebecca A. Turner, Ulrike Ehlert und Markus Heinrichs. „Effects of Different Kinds of Couple Interaction on Cortisol and Heart Rate Responses to Stress in Women". *Psychoneuroendocrinology* 32, Nr. 5 (2007): 565–74.

Drigotas, Stephen M, C Annette Safstrom und Tiffany Gentilia. „An Investment Model Prediction of Dating Infidelity" *Journal of Personality and Social Psychology* 77, Nr. 3 (1999): 509-24

Drösser, Christoph, Holger Geißler und Joni Majer, Hrsg. *Wir Deutschen & die Liebe: Wie wir lieben, was wir lieben, was uns erregt.* Hamburg: Edel, 2017.

Duckworth, Angela. *Grit: Die neue Formel zum Erfolg: mit Begeisterung und Ausdauer zum Ziel.* München: C. Bertelsmann, 2017.

Dutton, Donald G. und Arthur P. Aron. „Some Evidence for Heightened Sexual Attraction under Conditions of High Anxiety." *Journal of Personality and Social Psychology* 30, Nr. 4 (1974): 510–17.

Eastwick, Paul W. und Eli J. Finkel. „Sex Differences in Mate Preferences Revisited: Do People Know What They Initially Desire in a Romantic Partner?" *Journal of Personality and Social Psychology* 94, Nr. 2 (2008): 245–64.

Eastwick, Paul W., Seema D. Saigal und Eli J. Finkel. „Smooth Operating: A Structural Analysis of Social Behavior (SASB) Perspective on Initial Romantic Encounters". *Social Psychological and Personality Science* 1, Nr. 4 (2010): 344–52.

Elliot, Andrew J. und Daniela Niesta. „Romantic Red: Red Enhances Men's Attraction to Women." *Journal of Personality and Social Psychology* 95, Nr. 5 (2008): 1150–64.

Epstein, Robert, Ronald E. Robertson, Rachel Smith, Tyler Vasconcellos und Megan Lao. „Which Relationship Skills Count Most? A Large-Scale Replication". *Journal of Couple & Relationship Therapy* 15, Nr. 4 (2016): 341–56.

Eskreis-Winkler, Lauren, Elizabeth P. Shulman, Scott A. Beal und Angela L. Duckworth. „The Grit Effect: Predicting Retention in the Military, the Workplace, School and Marriage“. *Frontiers in Psychology* 5 (2014).

Fincham, Frank D. „Marital Conflict: Correlates, Structure, and Context“. *Current Directions in* Psychological *Science* 12, Nr. 1 (2003)

Fink, Bernhard, Karl Grammer und Randy Thornhill. „Human (Homo Sapiens) Facial Attractiveness in Relation to Skin Texture and Color.“ *Journal of Comparative Psychology* 115, Nr. 1 (2001): 92–99.

Finkel, Eli J., Chin Ming Hui, Kathleen L. Carswell und Grace M. Larson. „The Suffocation of Marriage: Climbing Mount Maslow Without Enough Oxygen“. *Psychological Inquiry* 25, Nr. 1 (2014): 1–41.

Finkel, Eli J., Erica B. Slotter, Laura B. Luchies, Gregory M. Walton und James J. Gross. „A Brief Intervention to Promote Conflict Reappraisal Preserves Marital Quality Over Time“. *Psychological Science* 24, Nr. 8 (2013): 1595–1601.

Fischbach, Lisa, Hrsg. *ElitePartner-Studie 2019: So liebt Deutschland.* Hamburg, 2019.

Fisher, Helen, Arthur Aron und Lucy L. Brown. „Romantic Love: An FMRI Study of a Neural Mechanism for Mate Choice“. *The Journal of Comparative Neurology* 493, Nr. 1 (2005): 58–62.

Fletcher, Garth J. O., Geoff Thomas und Jeffry A Simpson. „Ideals, Perceptions, and Evaluations in Early Relationship Development“ *Journal of Personality and Social Psychology* 79, Nr. 6 (2000): 933-40

Floyd, Kory, Justin P. Boren, Annegret F. Hannawa, Colin Hesse, Breanna McEwan und Alice E. Veksler. „Kissing in Marital and Cohabiting Relationships: Effects on Blood Lipids, Stress, and Relationship Satisfaction“. *Western Journal of Communication* 73, Nr. 2 (2009): 113–33.

Förster, Jens, Amina Özelsel und Kai Epstude. „How Love and Lust Change People's Perception of Relationship Partners“. *Journal of Experimental Social Psychology* 46, Nr. 2 (2010): 237–46.

Fowler, J. .H. und N. A Christakis. „Dynamic Spread of Happiness in a Large Social Network: Longitudinal Analysis over 20 Years in the Framingham Heart Study“. *BMJ* 337, Nr. 2 (2008).

Fraley, R. Chris und Michael J. Marks. „Westermarck, Freud, and the Incest Taboo: Does Familial Resemblance Activate Sexual Attraction?“ *Personality and Social Psychology Bulletin* 36, Nr. 9 (2010): 1202–12.

Francis-Tan, Andrew und Hugo M. Mialon. „„A diamond is forever'" and other fairy tales: the relationshop between wedding expenses and marriage duration: *Economic Inquiry* 53, Nr. 4 (2015): 1919–30.

Fry, Hannah. *The Mathematics of Love: Patterns, Proofs and the Search for the Ultimate Equation.* London, New York, Toronto: TED Books, 2015.

Gable, Shelly L., Gian C. Gonzaga und Amy Strachman. „Will You Be There for Me When Things Go Right? Supportive Responses to Positive Event Disclosures.“ *Journal of Personality and Social Psychology* 91, Nr. 5 (2006): 904–17.

Gable, Shelly L., Harry T. Reis, Emily A. Impett und Evan R. Asher. „What Do You Do When Things Go Right? The Intrapersonal and Interpersonal Benefits of Sharing Positive Events.“ *Journal of Personality and Social Psychology* 87, Nr. 2 (2004): 228–45.

Gareis, Elisabeth und Richard Wilkins. „Love Expression in the United States and Germany". *International Journal of Intercultural Relations* 35, Nr. 3 (2011): 307–19.

Geary, David C., M. Catherine DeSoto, Mary K. Hoard, Melanie Skaggs Sheldon und M. Lynne Cooper. „Estrogens and Relationship Jealousy". *Human Nature* 12, Nr. 4 (Dezember 2001): 299–320.

Ghodsee, Kristen R., Ursel Schäfer, Richard Barth, *Warum Frauen im Sozialismus besseren Sex haben und andere Argumente für ökonomische Unabhängigkeit*, Berlin: Suhrkamp 2019.

Glenn, Norval D., Jeremy E. Uecker und Robert W.B. Love. „Later First Marriage and Marital Success". *Social Science Research* 39, Nr. 5 (2010): 787–800.

Gouin, Jean-Philippe, Janice K. Kiecolt-Glaser, William B. Malarkey und Ronald Glaser. „The Influence of Anger Expression on Wound Healing". *Brain, Behavior, and Immunity* 22, Nr. 5 (2008): 699–708.

Graff, Tyler C., Steven G. Luke und Wendy C. Birmingham. „Supportive Hand-Holding Attenuates Pupillary Responses to Stress in Adult Couples". *PLOS ONE* 14, Nr. 2 (2019) .

Grammer, Karl, Kirsten Kruck, Astrid Juette und Bernhard Fink. „Non-Verbal Behavior as Courtship Signals: The Role of Control and Choice in Selecting Partners". *Evolution and Human Behavior* 21, Nr. 6 (2000): 371–90.

Grover, Shawn und John F Helliwell. „How's Life at Home? New Evidence on Marriage and the Set Point for Happiness". *Working Paper. National Bureau of Economic Research*, Dezember 2014.

Guéguen, Nicolas. „Color and Women Hitchhikers' Attractiveness: Gentlemen Drivers Prefer Red". *Color Research & Application* 37, Nr. 1 (2012): 76–78.

Guéguen, Nicolas. „"Say It … Near the Flower Shop": Further Evidence of the Effect of Flowers on Mating". *The Journal of Social Psychology* 152, Nr. 5 (2012): 529–32.

Guéguen, Nicolas und Céline Jacob. „Clothing Color and Tipping: Gentlemen Patrons Give More Tips to Waitresses with Red Clothes". *Journal of Hospitality & Tourism Research* 38, Nr. 2 (Mai 2014): 275–80..

Gulack, Brian C., Betsy Hale, William D. White, Richard E. Moon und Elliott Bennett-Guerrero. „Marriage and Mortality after Noncardiac Surgery". *Journal of Surgical Research* 210 (2017): 152–58.

Gulledge, Andrew K., Michelle H. Gulledge und Robert F. Stahmannn. „Romantic Physical Affection Types and Relationship Satisfaction". *The American Journal of Family Therapy* 31, Nr. 4 (2003): 233–42.

Harker, LeeAnne und Dacher Keltner. „Expressions of Positive Emotion in Women's College Yearbook Pictures and Their Relationship to Personality and Life Outcomes across Adulthood." *Journal of Personality and Social Psychology* 80, Nr. 1 (2001): 112–24.

Harris, Christine R. „Sexual and Romantic Jealousy in Heterosexual and Homosexual Adults". *Psychological Science* 13, Nr. 1 (2002): 7–12.

Harris, Christine R. und Caroline Prouvost. „Jealousy in Dogs". *PLOS ONE* 9, Nr. 7 (2014).

Haviland-Jones, Jeannette, Holly Hale Rosario, Patricia Wilson und Terry R. McGuire. „An Environmental Approach to Positive Emotion: Flowers". *Evolutionary Psychology* 3 (2005): 104–32.

Hill, Russell A. und Robert A. Barton. „Red Enhances Human Performance in Contests". *Nature* 435, Nr. 7040 (2005): 293–293.

Holt-Lunstad, Julianne, Timothy B Smith und J Bradley Layton. „Social Relationships and Mortality Risk: A Meta-Analytic Review". *PLOS Medicine* 7, Nr. 7 (2010): 20.

Huang, Karen, Michael Yeomans, Alison Wood Brooks, Julia Minson und Francesca Gino. „It Doesn't Hurt to Ask: Question-Asking Increases Liking." *Journal of Personality and Social Psychology* 113, Nr. 3 (2017): 430–52.

Impett, Emily A., Aleksandr Kogan, Tammy English, Oliver John, Christopher Oveis, Amie M. Gordon und Dacher Keltner. „Suppression Sours Sacrifice: Emotional and Relational Costs of Suppressing Emotions in Romantic Relationships". *Personality and Social Psychology Bulletin* 38, Nr. 6 (2012): 707–20.

Impett, Emily A., Bonnie M. Le, Aleksandr Kogan, Christopher Oveis und Dacher Keltner. „When You Think Your Partner Is Holding Back: The Costs of Perceived Partner Suppression During Relationship Sacrifice". *Social Psychological and Personality Science* 5, Nr. 5 (2014): 542–49.

Ireland, Molly E., Richard B. Slatcher, Paul W. Eastwick, Lauren E. Scissors, Eli J. Finkel und James W. Pennebaker. „Language Style Matching Predicts Relationship Initiation and Stability". *Psychological Science* 22, Nr. 1 (2011): 39–44.

Jebb, Andrew T., Louis Tay, Ed Diener und Shigehiro Oishi. „Happiness, Income Satiation and Turning Points around the World". *Nature Human Behaviour* 2, Nr. 1 (2018): 33–38.

Joel, Samantha, Amie M. Gordon, Emily A. Impett, Geoff MacDonald und Dacher Keltner. „The Things You Do for Me: Perceptions of a Romantic Partner's Investments Promote Gratitude and Commitment". *Personality and Social Psychology Bulletin* 39, Nr. 10 (2013): 1333–45.

Johnson, Susan M., John Hunsley, Leslie Greenberg und Dwavne Schindler. „Emotionally Focused Couples Therapy: Status and Challenges". *Clinical Psychology: Science and Practice* 6, Nr. 1 (1999): 67–79.

Johnson, Susan M., John Hunsley, Leslie Greenberg und Dwavne Schindler. „Emotionally Focused Couples Therapy: Status and Challenges". *Clinical Psychology: Science and Practice* 6, Nr. 1 (2006): 67–79.

Johnson, Susan M., Melissa Burgess Moser, Lane Beckes, Andra Smith, Tracy Dalgleish, Rebecca Halchuk, Karen Hasselmo, Paul S. Greenman, Zul Merali und James A. Coan. „Soothing the Threatened Brain: Leveraging Contact Comfort with Emotionally Focused Therapy". *PLOS ONE* 8, Nr. 11 (2013).

Johnston, Victor S., Rebecca Hagel, Melissa Franklin, Bernhard Fink und Karl Grammer. „Male Facial Attractiveness: Evidence for Hormone-Mediated Adaptive Design". *Evolution and Human Behavior* 22, Nr. 4 (2001): 251–67.

Jonason, Peter K. und Phillip Kavanagh. „The Dark Side of Love: Love Styles and the Dark Triad". *Personality and Individual Differences* 49, Nr. 6 (2010): 606–10.

Jong, Peter J. de, Mark van Overveld und Charmaine Borg. „Giving In to Arousal or Staying Stuck in Disgust? Disgust-Based Mechanisms in Sex and Sexual Dysfunction". *Journal of Sex Research* 50, Nr. 3–4 (2013): 247–62.

Kast, Bas. *Die Liebe und wie sich Leidenschaft erklärt*, Frankfurt: Fischer, 2016.

Kazan, Cindy und Phillip Shaver. „Romantic Love Conceptualized as an Attachment Process", *Journal of Personality and Social Psychology* 52, Nr. 3 (1987): 511-24.

Kennedy, Nikki. „Conversations for Connection: An Outcome Assessment of the Hold Me Tight Relationship Education Program for Couples", *Journal of Martial and Family Therapy* 45, Nr. 3 (2019): 431-46

Kiecolt-Glaser, Janice K., Timothy J. Loving, Jeffrey R. Stowell, William B. Malarkey, Stanley Lemeshow, Stephanie L. Dickinson und Ronald Glaser. „Hostile Marital Interactions, Proinflammatory Cytokine Production, and Wound Healing". *Archives of General Psychiatry* 62, Nr. 12 (2005): 1377.

Kirkpatrick, Lee A und Keith E Davis. „Attachment Style, Gender, and Relationship Stability: A Longitudinal Analysis", *Journal of Personality and Social Psychology* 66, Nr. 3 (1994): 502-12.

Knuf, Andreas. *Ruhe da oben! der Weg zu einem gelassenen Geist*. Freiburg: Arbor, 2012.

Knuf, Andreas. *Sei nicht so hart zu dir selbst: Selbstmitgefühl in guten und in miesen Zeiten*. München: Kösel, 2016.

Knuf, Andreas. *Widerstand zwecklos: Wie unser Leben leichter wird, wenn wir es annehmen, wie es ist*. München: Kösel, 2018.

Kornrich, Sabino, Julie Brines und Katrina Leupp. „Egalitarianism, Housework, and Sexual Frequency in Marriage". *American Sociological Review* 78, Nr. 1 (2013): 26–50.

Kuntze, Holger. *Lieben heißt wollen: Wie Beziehung gelingen kann, wenn wir Freiheit ganz neu denken*. München: Kösel, 2018.

Kurtz, Laura E. und Sara B. Algoe. „Putting Laughter in Context: Shared Laughter as Behavioral Indicator of Relationship Well-Being: Putting Laughter in Context". *Personal Relationships* 22, Nr. 4 (2015): 573–90.

Kurtz, Laura E. und Sara B. Algoe. „When Sharing a Laugh Means Sharing More: Testing the Role of Shared Laughter on Short-Term Interpersonal Consequences". *Journal of Nonverbal Behavior* 41, Nr. 1 (2017): 45–65.

Lavner, Justin A., Benjamin R. Karney und Thomas N. Bradbury. „Does Couples' Communication Predict Marital Satisfaction, or Does Marital Satisfaction Predict Communication?". *Journal of Marriage and Family* 78, Nr. 3 (2016): 680–94.

Lee, Nicholas A., James L. Furrow und Brent A. Bradley. „Emotionally Focused Couple Therapy for Parents Raising a Child with an Autism Spectrum Disorder: A Pilot Study". *Journal of Marital and Family Therapy* 43, Nr. 4 (2017): 662–73.

Li, Norman P., J. Michael Bailey, Douglas T. Kenrick und Joan A. W. Linsenmeier. „The Necessities and Luxuries of Mate Preferences: Testing the Tradeoffs." *Journal of Personality and Social Psychology* 82, Nr. 6 (2002): 947–55.

Libet, Benjamin. „*Do we have a free will?*", *Journal of Consciousness Studies* 6, Nr. 8-9 (1999): 47-57.

Lindau, S. T. und N. Gavrilova. „Sex, Health, and Years of Sexually Active Life Gained Due to Good Health: Evidence from Two US Population Based Cross Sectional Surveys of Ageing". *BMJ* 340, Nr. maro9 2 (9. 2010).

Lucas, Richard E., Andrew E. Clark, Yannis Georgellis und Ed Diener. „Reexamining Adaptation and the Set Point Model of Happiness: Reactions to Changes in Marital Status." *Journal of Personality and Social Psychology* 84, Nr. 3 (2003): 527–39.

Luhmann, Maike, Wilhelm Hofmann, Michael Eid und Richard E. Lucas. „Subjective Well-Being and Adaptation to Life Events: A Meta-Analysis." *Journal of Personality and Social Psychology* 102, Nr. 3 (2012): 592–615.

Luo, Shanhong und Guangjian Zhang. „What Leads to Romantic Attraction: Similarity, Reciprocity, Security, or Beauty? Evidence From a Speed-Dating Study". *Journal of Personality* 77, Nr. 4 (August 2009): 933–64.

Lynott, Dermot, Katherine S. Corker, Jessica Wortman, Louise Connell, M. Brent Donnellan, Richard E. Lucas und Kerry O'Brien. „Replication of "Experiencing Physical Warmth Promotes Interpersonal Warmth" *Social Psychology* 45, Nr. 3 (2014): 216–22.

Ma-Kellams, Christine, Margaret C. Wang und Hannah Cardiel. „Attractiveness and Relationship Longevity: Beauty Is Not What It Is Cracked up to Be: Attractiveness and Relationship Outcomes". Personal *Relationships* 24, Nr. 1 (2017): 146–61.

Malek, Normi Binti Abdul. „Is Cohabitation an Alternative to Marriage?" *Procedia – Social and Behavioral Sciences* 219 (2016): 12–18.

Mary, Michael. *Die Liebe und das liebe Geld: vom letzten Tabu in Paarbeziehungen*, München: Piper, 2018.

Mata, Jutta, David Richter, Thorsten Schneider und Ralph Hertwig. „How Cohabitation, Marriage, Separation, and Divorce Influence BMI: A Prospective Panel Study." *Health Psychology* 37, Nr. 10 (2018): 948–58.

Matsick, Jes L., Terri D. Conley und Amy C. Moors. „The Science of Female Orgasms: Pleasing Female Partners in Casual and Long-Term Relationships". In *The Psychology of Love and Hate in Intimate Relationships*, herausgegeben von Katherine Aumer, Cham: Springer International Publishing, 2016, 47–63.

Mcnulty, James K., Lisa A. Neff und Benjamin R. Karney. „Beyond initial attraction: physical attractiveness in newlywed marriage," *Journal of Family Psychology* 22, Nr. 1 (2008): 135-43.

Medalie, Jack H. „Angina Pectoris Among 10,000 Men". *Angina pectoris* 55 (1973): 12.

Meltzer, Andrea L., Sarah A. Novak, James K. McNulty, Emily A. Butler und Benjamin R. Karney. „Marital Satisfaction Predicts Weight Gain in Early Marriage." *Health Psychology* 32, Nr. 7 (2013): 824 bis 27.

Mikulincer, Mario, Victor Florian und Aron Weller. „Attachment Styles, Coping Strategies, and Posttraumatic Psychological Distress: The Impact of the Gulf War in Israel", *Journal of Personality and Social Psychology* 64, Nr. 5 (1993): 817-26.

Monin, Joan K., Selin O. Goktas, Trace Kershaw und Andrew DeWan. „Associations between Spouses' Oxytocin Receptor Gene Polymorphism, Attachment Security, and Marital Satisfaction". *PLOS ONE* 14, Nr. 2 (2019).

Monk, J. Kale und Brian G. Ogolsky. „Contextual Relational Uncertainty Model: Understanding Ambiguity in a Changing Sociopolitical Context of Marriage". *Journal of Family Theory & Review* 11, Nr. 2 (2019): 243–61.

Moore, Monica M. „Nonverbal Courtship Patterns in Women". *Ethology and Sociobiology* 6, Nr. 4 (1985): 237–47.

Moore, Monica M. und Diana L. Butler. „Predictive Aspects of Nonverbal Courtship Behavior in Women". *Semiotica* 76, Nr. 3–4 (1989).

Moors, Amy C., Dylan F. Selterman und Terri D. Conley. „Personality Correlates of Desire to Engage in Consensual Non-Monogamy among Lesbian, Gay, and Bisexual Individuals". *Journal of Bisexuality* 17, Nr. 4 (2017): 418–34.

Muise, Amy, Ulrich Schimmack und Emily A. Impett. „Sexual Frequency Predicts Greater Well-Being, But More Is Not Always Better". *Social Psychological and*

Personality Science 7, Nr. 4 (2016): 295–302.

Munsch, Christin L. „Her Support, His Support: Money, Masculinity, and Marital Infidelity". *American Sociological Review* 80, Nr. 3 (2015): 469–95.

Murray, Sandra L, Dale W Griffin und John G Holmes. „The Self-Fulfilling Nature of Positive Illusions in Romantic Relationships: Love Is Not Blind, but Prescient", *Journal of Personality and Social Psychology* 71, Nr. 6 (1996): 1155-80.

Murray, Sandra L und John G Holmes. „The (Mental) Ties That Bind: Cognitive Structures That Predict Relationship Resilience", *Journal of Personality and Social Psychology* 77, Nr. 6 (1999): 1228-44.

Murray, Sandra L., John G. Holmes, Dan Dolderman und Dale W. Griffin. „What the Motivated Mind Sees: Comparing Friends' Perspectives to Married Partners' Views of Each Other". *Journal of Experimental Social Psychology* 36, Nr. 6 (2000): 600–620.

Murray, Sandra L, John G Holmes und Dale W Griffin. „The Benefits of Positive Illusions: Idealization and the Construction of Satisfaction in Close Relationships", *Journal of Personality and Social Psychology* 70, Nr. (1996): 79-98.

Murray-Close, Marta. „Manning up and Womaning down: How Husbands and Wives Report Their Earnings When She Earns More", *Federal Reserve Bank of Minneapolis Working Paper* 28

Myrskylä, Mikko und Rachel Margolis. „Happiness: Before and After the Kids". *Demography* 51, Nr. 5 (Oktober 2014): 1843–66.

Neff, Kristin. *Selbstmitgefühl – Schritt für Schritt*. 3. Aufl. Freiburg: Arbor, 2017.

Neff, Kristin und Gisela Kretzschmar. *Selbstmitgefühl: wie wir uns mit unseren Schwächen versöhnen und uns selbst der beste Freund werden*. München: Kailash, 2012.

Neff, Lisa A. und Benjamin R. Karney. „To Know You Is to Love You: The Implications of Global Adoration and Specific Accuracy for Marital Relationships." *Journal of Personality and Social Psychology* 88, Nr. 3 (2005): 480–97.

Newberry, Melissa Ann. „The Positive and Negative Effects of Jealousy on Relationship Quality: A Meta-Analysis", *UNF Graduate Theses and Dissertations* 380.

Neyer, Franz J. und Judith Lehnart. „Relationships Matter in Personality Development: Evidence From an 8-Year Longitudinal Study Across Young Adulthood". *Journal of Personality* 75, Nr. 3 (Juni 2007): 535–68.

Ogolsky, Brian G., J. Kale Monk, TeKisha M. Rice und Ramona Faith Oswald. „Personal Well-Being across the Transition to Marriage Equality: A Longitudinal Analysis." *Journal of Family Psychology* 33, Nr. 4 (2019): 422–32.

Ogolsky, Brian G., J. Kale Monk, TeKisha M. Rice, Jaclyn C. Theisen und Christopher R. Maniotes. „Relationship Maintenance: A Review of Research on Romantic Relationships: Relationship Maintenance". *Journal of Family Theory & Review* 9, Nr. 3 (2017): 275–306.

Ogolsky, Brian G., Catherine A. Surra und J. Kale Monk. „Pathways of Commitment to Wed: The Development and Dissolution of Romantic Relationships: Pathways of Commitment". *Journal of Marriage and Family* 78, Nr. 2 (2016): 293–310.

Open Science Collaboration. „Estimating the Reproducibility of Psychological Science". *Science* 349, Nr. 6251 (2015): aac4716–aac4716.

Paradopoulos, Linda, Robert Bor und Peeny Stanion. „Genograms in Counselling

Practice: A Review (Part 1)". *Counselling Psychology Quarterly* 10, Nr. 1 (1997): 17–28.

Peichl, Jochen. *Rote Karte für den inneren Kritiker: Wie aus dem ewigen Miesmacher ein Verbündeter wird*. München: Kösel, 2014.

Pratscher, Steven D., Phillip K. Wood, Laura A. King und B. Ann Bettencourt. „Interpersonal Mindfulness: Scale Development and Initial Construct Validation". *Mindfulness* 10, Nr. 6 (2019): 1044–61.

Proulx, Nichole, Sandra L. Caron und Mary Ellin Logue. „Older Women/Younger Men: A Look at the Implications of Age Difference in Marriage". *Journal of Couple & Relationship Therapy* 5, Nr. 4 (2006): 43–64.

Qari, Salmai. „Marriage, Adaptation and Happiness: Are There Long-Lasting Gains to Marriage?" *Journal of Behavioral and Experimental Economics* 50 (2014): 29–39.

Rapp, Ingmar und Björn Schneider. „The Impacts of Marriage, Cohabitation and Dating Relationships on Weekly Self-Reported Physical Activity in Germany: A 19-Year Longitudinal Study". *Social Science & Medicine* 98 (2013): 197–203.

Reissman, Charlotte, Arthur Aron und Merlynn R. Bergen. „Shared Activities and Marital Satisfaction: Causal Direction and Self-Expansion versus Boredom". *Journal of Social and Personal Relationships* 10, Nr. 2 (1993): 243–54.

Renninger, Lee Ann, T. Joel Wade und Karl Grammer. „Getting That Female Glance". *Evolution and Human Behavior* 25, Nr. 6 (2004): 416–31.

Reynolds, P, P T Boyd und R S Blacklow. „The Relationship between Social Ties and Survival among Black and White Breast Cancer Patients. National Cancer Institute Black/White Cancer Survival Study Group." *Cancer Epidemiology* 9, (1994).

Rick, Scott I., Deborah A. Small und Eli J. Finkel. „Fatal (Fiscal) Attraction: Spendthrifts and Tightwads in Marriage". *Journal of Marketing Research* 48, Nr. 2 (2011): 228–37.

Roelfs, David J., Eran Shor, Rachel Kalish und Tamar Yogev. „The Rising Relative Risk of Mortality for Singles: Meta-Analysis and Meta-Regression". *American Journal of Epidemiology* 174, Nr. 4 (2011): 379–89.

Rogge, Ronald D. und Thomas N. Bradbury. „Till Violence Does Us Part: The Differing Roles of Communication and Aggression in Predicting Adverse Marital Outcomes." *Journal of Consulting and Clinical Psychology* 67, Nr. 3 (1999): 340–51.

Rubin, Harris und Lorne Campbell. „Day-to-Day Changes in Intimacy Predict Heightened Relationship Passion, Sexual Occurrence, and Sexual Satisfaction: A Dyadic Diary Analysis". *Social Psychological and Personality Science* 3, Nr. 2 (2012): 224–31.

Ryff, Carol D. und Burton Singer, Hrsg. *Emotion, Social Relationships, and Health. Series in Affective Science*. Oxford, New York: Oxford University Press, 2001.

Sabiniewicz, Agnieszka, Barbara Borkowska, Katarzyna Serafińska und Piotr Sorokowski. „Is Love Related to Selfies? Romantic Selfie Posting Behavior and Love Levels among Women and Men". *Personality and Individual Differences* 111 (2017): 297–300.

Schade, Lori Cluff, Jonathan Sandberg, Roy Bean, Dean Busby und Sarah Coyne. „Using Technology to Connect in Romantic Relationships: Effects on Attachment, Relationship Satisfaction, and Stability in Emerging Adults". *Journal of Couple & Relationship Therapy* 12, Nr. 4 (2013): 314–38.

Schneider, Maren. *Ein Kurs in Selbstmitgefühl: achtsam und liebevoll mit sich selbst umgehen: das 8-Wochen-Programm*. München: O.W. Barth, 2016.

Simmons, R. A., P. C. Gordon und D. L. Chambless. „Pronouns in Marital Interaction: What Do ‚You' and ‚I' Say About Marital Health?" *Psychological Science* 16, Nr. 12 (2005): 932–36.

Simpson, Jeffry A. „Influence of Attachment Styles on Romantic Relationships", *Journal of Personality and Social Psychology* 59, Nr. 5 (1990): 971-80.

Slatcher, Richard B., Pranjal H. Mehta und Robert A. Josephs. „Testosterone and Self-Reported Dominance Interact to Influence Human Mating Behavior". *Social Psychological and Personality Science* 2, Nr. 5 (2011): 531–39.

Slatcher, Richard B. und James W. Pennebaker. „How Do I Love Thee? Let Me Count the Words: The Social Effects of Expressive Writing". *Psychological Science* 17, Nr. 8 (2006): 660–64.

Slotter, Erica B., Wendi L. Gardner und Eli J. Finkel. „Who Am I Without You? The Influence of Romantic Breakup on the Self-Concept". *Personality and Social Psychology Bulletin* 36, Nr. 2 (2010): 147–60.

Smith, Anthony, Anthony Lyons, Jason Ferris, Juliet Richters, Marian Pitts, Julia Shelley und Judy M. Simpson. „Sexual and Relationship Satisfaction Among Heterosexual Men and Women: The Importance of Desired Frequency of Sex". *Journal of Sex & Marital Therapy* 37, Nr. 2 (2011): 104–15.

Smith, G. D., S. Frankel und J. Yarnell. „Sex and Death: Are They Related? Findings from the Caerphilly Cohort Study". *BMJ* 315, Nr. 7123 (1997): 1641–44.

Snyder, Jeffrey K., Daniel M.T. Fessler, Leonid Tiokhin, David A. Frederick, Sok Woo Lee und Carlos David Navarrete. „Trade-Offs in a Dangerous World: Women's Fear of Crime Predicts Preferences for Aggressive and Formidable Mates". *Evolution and Human Behavior* 32, Nr. 2 (2011): 127–37.

Snyder, Mark, Ellen Berscheid und Elizabeth Decker Tanke. „Social perception and interpersonal behavior: On the self-fulfilling nature of social stereotypes". *Journal of Personality and Social Psychology* 35, Nr. 9 (1977): 656–666.

Specht, Jule und Boris Egloff. „Stability and Change of Personality Across the Life Course: The Impact of Age and Major Life Events on Mean-Level and Rank-Order Stability of the Big Five", *Journal of Personality and Social Psychology* 101, Nr. 4 (2011): 862-82.

Stahl, Stefanie. *Das Kind in dir muss Heimat finden: das Arbeitsbuch: In drei Schritten zum starken Ich*. 1. Aufl., München: Kailash, 2017.

Stahl, Stefanie. *Das Kind in dir muss Heimat finden: der Schlüssel zur Lösung (fast) aller Probleme*. München: Kailash, 2015.

Stahl, Stefanie. *Jeder ist beziehungsfähig: der goldene Weg zwischen Nähe und Freiheit*. München: Kailash, 2017.

Stevenson, Richard J., Trevor I. Case und Megan J. Oaten. „Effect of Self-Reported Sexual Arousal on Responses to Sex-Related and Non-Sex-Related Disgust Cues". *Archives of Sexual Behavior* 40, Nr. 1 (2011): 79–85.

Szuchman, Paula, Jenny Anderson und Regina Schneider. *Mehr Sex, weniger Abwasch*. München: Goldmann, 2012.

Taylor, Paul, Cary Funk und April Clark. „As Marriage and Parenthood Drift Apart, Public Is Concerned about Social Impact", Pew Research Center Report 2007.

Tennov, Dorothy. *Love and limerence: the experience of being in love*. Lanham: Scarborough House, 1999.

Tramitz, Christiane. *Irren ist männlich: weibliche Körpersprache und ihre Wirkung auf Männer*. München: Bertelsmann, 1993.

Verstaen, Alice, Claudia M. Haase, Sandy J. Lwi und Robert W. Levenson. „Age-Related Changes in Emotional Behavior: Evidence from a 13-Year Longitudinal Study of Long-Term Married Couples." *Emotion* (2018)

Visserman, Mariko L., Emily A. Impett, Francesca Righetti, Amy Muise, Dacher Keltner und Paul A. M. Van Lange. „To ‚"See"' Is to Feel Grateful? A Quasi-Signal Detection Analysis of Romantic Partners' Sacrifices". *Social Psychological and Personality Science* 10, Nr. 3 (2019): 317–25.

Visserman, Mariko L., Francesca Righetti, Emily A. Impett, Dacher Keltner und Paul A. M. Van Lange. „It's the Motive That Counts: Perceived Sacrifice Motives and Gratitude in Romantic Relationships." *Emotion* (2018): 625–37.

Wachs, Karen und James V. Cordova. „Mindful Relating: Exploring Mindfulness and Emotion Repertoires in Intimate Relationships". *Journal of Marital and Family Therapy* 33, Nr. 4 (2007): 464–81.

Waite, Linda J. und Maggie Gallagher. *The Case for Marriage: Why Married People Are Happier, Healthier, and Better off Financially*. New York: Broadway books, 2000.

Waldinger, Robert J, Shiri Cohen, Marc S. Schulz und Judith A. Crowell. „Security of Attachment to Spouses in Late Life: Concurrent and Prospective Links with Cognitive and Emotional Wellbeing", *Clinical Psychological Science* 3, Nr. 4 (2015): 516-29

Walsh, Debra G. und Jay Hewitt. „Giving Men the Come-On: Effect of Eye Contact and Smiling in a Bar Environment". *Perceptual and Motor Skills* 61, Nr. 3 (1985): 873–74.

Walster, Elaine, G. William Walster, Jane Piliavin und Lynn Schmidt. „‚Playing Hard to Get': Understanding an Elusive Phenomenon." *Journal of Personality and Social Psychology* 26, Nr. 1 (1973): 113–21.

Waters, Ian, William Watson und William Wetzel. „Genograms. Practical Tools Forfamiy Physicians", *Canadian family physician* 40 (1994): 282-7.

Welling, Lisa L.M., David A. Puts, S. Craig Roberts, Anthony C. Little und Robert P. Burriss. „Hormonal Contraceptive Use and Mate Retention Behavior in Women and Their Male Partners". *Hormones and Behavior* 61, Nr. 1 (2012): 114–20.

Whitchurch, Erin R., Timothy D. Wilson und Daniel T. Gilbert. „‚He Loves Me, He Loves Me Not …': Uncertainty Can Increase Romantic Attraction". *Psychological Science* 22, Nr. 2 (2011): 172–75.

White, Gregory L und Thomas D Kight. „Misattribution of Arousal and Attraction: Effects of Salience of Explanations for Arousal". *Journal of Experimental Social Psychology* 20, Nr. 1 (1984): 55–64.

Wiebe, Stephanie A., Susan M. Johnson, Melissa Burgess Moser, Tracy L. Dalgleish und Giorgio A. Tasca. „Predicting Follow-up Outcomes in Emotionally Focused Couple Therapy: The Role of Change in Trust, Relationship-Specific Attachment, and Emotional Engagement". *Journal of Marital and Family Therapy* 43, Nr. 2 (2017): 213–26.

Wiebe, Stephanie A., Susan M. Johnson, Marie-France Lafontaine, Melissa Burgess Moser, Tracy L. Dalgleish und Giorgio A. Tasca. „Two-Year Follow-up Outcomes in Emotionally Focused Couple Therapy: An Investigation of Relationship Satisfaction and Attachment Trajectories". *Journal of Marital and Family Therapy* 43, Nr. 2 (2017): 227–44.

Williams, L. E. und J. A. Bargh. „Experiencing Physical Warmth Promotes Interpersonal Warmth“. *Science* 322, Nr. 5901 (2008): 606–7.

Yeh, Hsiu-Chen, Frederick O. Lorenz, K. A. S. Wickrama, Rand D. Conger und Glen H. Elder. „Relationships among Sexual Satisfaction, Marital Quality, and Marital Instability at Midlife.“ *Journal of Family Psychology* 20, Nr. 2 (2006): 339–43.

Zajonc, R. B., Pamela K. Adelmann, Sheila T. Murphy und Paula M. Niedenthal. „Convergence in the Physical Appearance of Spouses“. *Motivation and Emotion* 11, Nr. 4 (1987): 335–46.

Alle in diesem Buch veröffentlichten Aussagen und Ratschläge wurden von den Autoren und vom Verlag sorgfältig erwogen und geprüft. Eine Garantie kann jedoch nicht übernommen werden, ebenso ist die Haftung der Autoren bzw. des Verlags und seiner Beauftragten für Personen-, Sach- und Vermögensschäden ausgeschlossen.

Für die Inhalte der in dieser Publikation enthaltenen Links auf die Webseiten Dritter übernehmen wir keine Haftung, da wir uns diese nicht zu eigen machen, sondern lediglich auf deren Stand zum Zeitpunkt der Erstveröffentlichung verweisen.

Wir haben uns bemüht, alle Rechteinhaber ausfindig zu machen, verlagsüblich zu nennen und zu honorieren. Sollte uns dies im Einzelfall aufgrund der schlechten Quellenlage leider nicht möglich gewesen sein, werden wir begründete Ansprüche selbstverständlich erfüllen.

Bei der Verwendung im Unterricht ist auf dieses Buch hinzuweisen.

MIX
Papier aus verantwortungsvollen Quellen
FSC® C145070
FSC www.fsc.org

echtEMF ist eine Marke der Edition Michael Fischer

1. Auflage
Originalausgabe

Covergestaltung: Meritt Hettwer, unter Verwendung eines Motivs von © in8finity/shutterstock, © travelaround/shutterstock
Dieses Werk wurde vermittelt durch die Montasser Medienagentur, München.
Layout/Satz: Meritt Hettwer
Gedruckt bei GGP Media GmbH, Karl-Marx-Straße 24, 07381 Pößneck

ISBN 978-3-96093-741-8

www.emf-verlag.de